日本古代の氏姓制

中村友一

八木書店

はじめに

本書は、タイトルに示すように日本古代史上に重要な位置を占める制度、氏姓制について考究するものである。「氏姓」とは、「姓」一字で表されたり、氏名と混用されたり、中世以後では名字とも混用されるようにもなる用語であるが、厳密には、人名から個人名を除いた部分を指す。さらに氏姓は、藤原・源・平・橘などの氏名（ウヂナ）と、真人・朝臣・宿禰・臣・連などの姓（カバネ）に分けられる。この概要については本書中で述べるが、氏と姓（姓は氏の格が低い場合、与えられていないこともある。このような氏族は、無姓という）によって表され、氏族を律していた制度が氏姓制である。原始的な血縁親族を中心にし、それを背景にした共同体による古典的な政治システムを「氏族制」と呼称しているが、まったく次元が異なるものである。

日本古代における法制度の歴史を振り返ってみると、七世紀初頭に遣隋使が日本へ帰国して以降、律令制が漸次導入され整備されていき、次第に機能しはじめた。そして、『大宝律令』（以下、とくに行論上必要でない限り「律」は略す）施行により、ほぼ整った法体系が成立する。この遣隋使の帰国と『大宝律令』施行の間を過渡期として、遣隋使の帰国より前の政事（マツリゴト）の構造や制度については、文献史料の信憑性の問題もあって必ずしも明らかになっていない。

氏姓制は慣習的に律されて、律令制整備期に先行して存在し、以後も律令制とも併存していく。このように、長期に渉って存在し続ける制度であることから、日本古代における政事構造や政治史・法制史などを解明する上で大きな方向性を示しうる位置を占めている。

本書で述べていくように、氏姓制は本質的な特徴から見て諸外国に範をとったものではない、日本独特（日本固有）の制度である。また前述したように、氏姓制は古代だけにとどまらず中世以後、近代まで各時代をとおして存在し、律令制下においてもその影響を随所に見ることができる。さらに、律令格式、とりわけ令と格式には律令制にかかわる規定も存在し、法自体に影響が看取される。しかしながら、氏姓制はそれ自体を規定した成文法が存在せず、慣習的な規範があったと想定されるのみである。本書では、これを慣習法として規定し、成文法と並立する位置付けに立って考察している。

また、氏姓制独自の氏と姓という要素は、通時代的に意義を有しているが、とりわけ古代ではその時々の政事構造と天皇（大王）の政策指向により変容するものでもある。さらに、政治事件などに各氏族や王族がかかわるが、個人と母体である氏族という関係性と事件とのかかわりという新たな分析視角も与えるものである。よって、氏姓制は政治史にも大きく関与すると言える。

以上から、氏姓制は政治制度史に限らず、政治史・法制史などに相関する検討素材であり、古代史上の様々な位相において重要な意義を持つ制度であることが諒解いただけるかと思う。のみならず、本書において検討する具体的な氏名はそれほど多くはないが、表などにより分類した例も含めると氏名・部名は多種多様である。奈良時代後半以降、有力な氏族は氏名の二次的な表示機能として家名を用い、平安末期以降の領主は名（苗）字を加えて用いた。後世では、本来の氏姓である「本姓」が意識されていたが、古代以来の氏名と家名や名字とが並存する状況でもあったのである。昨今の名字や家系の研究者や愛好家にも、それらの由来が律令制導入前にまで遡る氏姓制にあり、その制度的な淵源をぜひ知っていただきたい。本書は、広範に渉る氏姓制の重要性を説くために、古代史研究者に限らず読んでいただきたいとの思いを込めて一書に編んだものである。

それでは、なぜ氏姓制は律令制の完成とともに消滅・埋没せずに残ったのであろうか。その要因を突きつめていくことは、氏姓制の重要性を明らかにすることに他ならない。本書をとおして、この問題を解明していきたいと思う。

なお、本書中における歴史用語や私に使用した用語の定義については、混乱を避けるために序章において述べている。専門的に歴史を研究されていない方が本書を手にされても、右のような手順をふんでいることを知っていただき、そこから自説を展開するという方法論を理解していただくためである。

本書が多くの方に手にしていただき、多くの御批正を賜ることを祈念することを記して、「はじめに」の締め括りとしたい。

『日本古代の氏姓制』目次

目　次

挿表一覧

日本古代の氏姓制

序章　氏姓制の問題意識と用語の定義

一　課題と用語の定義

日本古代における法制度の歴史は、七世紀初頭に遣隋使が日本に帰国して以降、律令制が漸次導入され整備されていき、次第に機能していった。そして、『大宝律令』施行によりほぼ整った法体系が成立する。この遣隋使の帰朝と『大宝令』施行の間を過渡期と考えたとき、それより前の時代における政事の構造や制度は、文献史料の信憑性の問題もあり必ずしも明らかになっていない。中でも慣習的に律された氏姓制（ウヂ・カバネ制。後述）は、律令制整備期に先行し、併存しながら以後も残存していく。このことから、政治制度史の好例の氏姓制をてがかりにすることで日本古代の政事構造や政治史・法制史などを解明する重要な手がかりの一つとなりうるのである。

そもそも、なぜ氏姓制は律令制の完成にもかかわらず消滅・埋没せずに残ったのであろうか。

要因の第一に挙げられるのは、本書で述べていくように、氏姓制が本質的な特徴から見て諸外国に範をとったものではない日本固有の慣習法だからである(1)。このため、通時代的に存在し、律令制下においてもその影響を随所に見ることができるのである。よって、政治史・法制史などの検討素材になりうると言える。

第二に、氏姓制が、通時代的に通底する独自の意義を有しながらも、その時々の政事構造と天皇（大王）が志向する政策により柔軟に変容できる制度であったからである。氏姓制は、氏姓の構成要素となる各氏族や王族自体が個別の研究課題になるばかりではなく、それらの有機的なかかわりから政治史にも大きな分析視角を与える制度でもある。

このように、氏姓制は古代史上の様々な位相において重要な意義を持つものであったことは疑うべくもないが、どのような意義をもったかについては各章の考察をとおして述べることにしたい。

本書の多くは既出論文を基にしている。以下、文中で略称するためにここにおいて掲示しておく。

・「賜姓・改賜姓の意義とその類型化」『法政大学大学院紀要』四三、一九九九年。拙稿aと略す。以下同じ。
・「『新撰姓氏録』における「氏」と同祖同族関係」『駿台史学』一一六、二〇〇二年。拙稿b。
・「『新撰姓氏録』における帰化渡来系氏族」『大学院文学研究論集』一七〈明治大学〉、二〇〇二年。拙稿c。
・「大宝継嗣令考―その復原を中心として―」『続日本紀研究』三四四、二〇〇三年。拙稿d。
・「名負氏と律令制前の政事構造」『律令制国家と古代社会』吉村武彦編、塙書房、二〇〇五年。拙稿e。
・「『新撰姓氏録』と「未定雑姓」氏族について」『ヒストリア』一九六、二〇〇五年。拙稿f。
・「カバネ「君」か「山君」か」『王権と信仰の古代史』あたらしい古代史の会編、吉川弘文館、二〇〇五年。拙稿g。
・「律令制下の氏姓制」『延喜式研究』二三、二〇〇七年。拙稿h。
・「日本古代「氏姓」の成立とその契機」『歴史学研究』八二七、二〇〇七年。拙稿i。
・「中臣氏族の形成と展開」『東アジアの古代文化』一三二、二〇〇七年。拙稿j。

次に、本書で用いる用語の定義を行っておきたい。

氏姓　まず、氏姓制を構成するための本質となる「氏姓」から述べなければならないが、これを分解して「氏（ウヂ）」から定義する。

早くに津田左右吉[2]が説き、直木孝次郎[3]や義江明子[4]・中村英重[5]らが発展的に継受しているように、「氏」とは政治組織であり、王権との政治的関係を指標するものである、という考えが通説的な立場であろう。

だが、あまり触れられていないが、「氏」の本質はすでに古く江戸時代後期に、氏姓制研究の出発点と言える本居宣長[6]の註釈により端的に言い表されている。以下に引用する。

さて古は氏々の職業各定まりて、世々相継て仕奉りつれば、其職即其家の名なる故に、【氏々の職業は、もと其先祖の徳功に因てうけたまはり仕奉るなれば、是も賛たる方にて名なり、】即其職業を指ても名と云り、さて其は其家に世々に伝はる故に其名即又姓の如し、されば名々と云は職々にて即此も氏々と云にひとしきなり、

右の本居宣長の見解は、氏姓の本質的な意義である「名負氏」（後述）を端的に解説し、氏が政治的な関係に由来する点を述べている。また、「宇遅と云物は常に人の心得たるが如し、（中略）宇遅ももと賛めて負たる物なればなり、【是はた言は賛たる言に非るも、負たる意はほめたるものなり、】」と本質的な意義を鋭く解説している。ただし、賛（讃）められた氏名だけではなく悪い意味の名を負うこともあるので、宣長の理解は一面的ではある。

語源に関しては、音韻論による各説や古朝鮮語由来説などもあって一つの論点となっているが、本書の主旨とは外れるので詳説しない。結論だけを述べれば、倭語を基にして「氏」という漢字が当てられるようになったと考える。

「氏」の構造については、直木[7]によれば、「氏」は中心に有力な血縁関係の家とその外周に血縁・非血縁関係の家を含む同族団であり、身分ないし階級の差を内包する。その中心をなす家は、大和朝廷と何らかの政治的関係を持つことを原則とし、五位相当以上に昇りうる豪族と考えられている。

ほぼこの理解に異論はないが、本書の第四章以下で検討する「改賜氏姓」記事には五位以下の人々もその対象として散見するので、身分的にはほとんどの公民に該当しうる集団と見なすべきである。

名称上の区分については、加藤晃[8]の「姓字の用法は、一般に、「ウジ」・「カバネ」を合せた名称のことと解されやすいが、厳密にいうならば、人名から個人名を除いた部分の名称のことともいうべきであろう。」という意見を承けて、前之園亮一[9]の「姓と記す場合は、人名から個人名を除外した部分を指し、朝臣・宿禰・臣・連などのカバネを指す時は、カバネと記し、ウヂという場合は、人名からカバネや族字を除いた部分を指すものとする。」という見解に従うべきであろう。

本書では上記の理解に基づき、用語の混乱を避けるためにウヂを「氏」とし、氏の名称に視点をおく場合には「氏名」・「氏称」とする。狭義では血縁的父系親族集団、広義ではその周縁、同祖同族関係氏族の各血縁的親族集団を包摂する政治的集団を指す[10]。真人・朝臣・宿禰・臣・連などのカバネは「姓」とする。「姓」は「ウヂ」・「カバネ」もしくは両方を備えた「ショウ（セイ）」としての意味で使用されるが、本書では「ショウ（シセイ）」に対しては便宜的に「氏姓（シショウ・セイ）」という表記を用いることにする。

以下の用語の理解について、望月の歌で有名な藤原道長を例にとってみれば、次のようになる。

氏（藤原）＋姓（朝臣）＝氏姓

氏姓（藤原朝臣）＋個人名（道長）

「姓」についても、再び本居宣長の見解を参照しておこう。(11)

可婆禰と云は、宇遅を尊みたる号にして即宇遅をも云り、（中略）又朝臣宿禰など、宇遅の下に着て呼ふ物をも云り、此は固賛尊みたる号なり、又宇遅と朝臣宿禰の類とを連ねても加婆禰と云り、【藤原朝臣大伴宿禰などの如し、】されば宇遅と云は、源平藤橘の類に局り、【朝臣宿禰の類を宇遅と云ることは無し、】加婆禰と云は、宇遅にも朝臣宿禰の類にも、連て呼ふにも亙る号なり、

この解説は、氏姓それぞれの名称と使われ方についての的確な指摘である。しかし、宣長は姓を「賛め尊んだ号」、つまり尊号と言っているが、「姓」を保持している方が無姓のものよりも上位ではあるが、尊号ではない。序列を示すという見解もあるが、本来的にはその機能も無い。これも語源論になってしまうので本書では触れないが、姓がある程度、氏の格（大臣・大連・大夫などの政治上の地位）と対応することにより、姓が序列を示していたり尊号として氏に付随するとの見解が提起されてしまうのである。このような理解は結果論になるが、姓は氏の体（テイ・体裁や性格などの意）を示すものと考える。つまり、姓は氏の職掌・出自・本拠地・格などを総合して賜与されたもので、天皇の裁量によるものであり、賜与対象の性格は曖昧である。

次に、個別の用語について定義する。

氏族　家々（狭義での氏）の集まりを総体として捉えたものが「氏（広義）」である。「氏族」は、その氏を構成する成員を念頭に置いた人的結合体という面を重視した場合に用いる。そこには原始的な血縁共同体ではなく、広義での「氏」を構成している者を含めて考えている。つまり、広義での氏・氏族とした場合は非血縁的な構成員も含まれるので、同祖同族関係の集団の構成員を示すものとする（「同族」も同様に捉える）。

また、狭義の氏と断った場合のみ、血縁親族集団構成員（氏人）を指すものとする。本書では政治組織という視

点から氏族を捉えているので、とくに断らない限りは広義の氏の意味で使う。

名負氏（ナオイノウヂ）　「名負」は史料上「負名」と記されることが多いが、平安期の公田請作を示す用語との混同を避けるため、名に負うの語順のとおり「名負氏」と呼称する。「負名入色者」も同様に「名負入色者」とする。意義は第二章で検討することにする。

次に、「名負」の語順でも通用していたことが知られる実例を挙げておく。

『万葉集』巻十一、二四二二［二四一八］歌

何　名負神　幣嚮奉者　吾念妹　夢谷見

いかならむ　名に負ふ神にし　手向けせば　我が思ふ妹を　夢にだに見む

帰化渡来人・帰化渡来系氏族　一般に帰化人や渡来人などとされるが、荒井秀規(12)が指摘するように、国外から日本に来る要因には実質的には帰化や求めに応じて、もしくは単なる渡来の場合など様々な事由がある。日本へやってきた様々な要因、理由やその期間を問わず中国・朝鮮から来て定住した人・氏族とその出自を持つ人・氏族を指すこととする。

賜氏姓・改賜氏姓　「氏」「姓」のどちらか、または「氏姓」両方を賜与・変更されること。とくに断りなく「改賜氏姓」と記したときには、「賜氏姓」や「貶氏姓」なども含むものとする。なぜなら、「賜氏姓」は「改」と記されなくても無氏姓からの賜与の場合も含めて、元の氏姓からの変更をともなうからである。「賜氏姓」と「改賜氏姓」とは「元来保持していた氏姓が新たに賜った氏姓へと変わる」という意味において同一だからである。

この改賜氏姓には、「下賜型改賜氏姓」・「認可型改賜氏姓」・「特殊改賜姓」の三つの類型がある。それぞれ次のような特色と推移が析出される。

下賜型改賜氏姓　天皇の意志による恩典的もしくは懲罰的な改賜氏姓。天皇の政事行為の一つとして位置付けられる。天武天皇代には改賜氏姓自体が恩典としての意味を持つ。そのため、本来は氏族の動向に直接的影響を与えない。文武～聖武天皇代にかけて地位・身分の変化をともなうようになる。光仁・桓武天皇代に至り、ほぼ政治的位置付けの変動をともなうようになる。

認可型改賜氏姓　戸籍に記載された事項の改正や同祖同族化にともなう氏族側からの申請が契機となり、天皇が受動的に改賜氏姓を承認するという型式。改賜氏姓は国史に多くの事例が見られるが、その多くがこの類型に該当する。天武天皇代には未見だが、その後、地位・身分の変動をほとんどともなわないながらも数多く見られるようになる。

特殊改賜氏姓　天皇らの名前を忌避するなどの契機により、名称の変更などを行うもの。天武天皇代の八色の姓はこの一種と考えられるが、氏族の実勢力上には影響しない。八色の姓以外の事例も氏族の政治的序列などの変動をともなうものではない。

以上の三類型が基本であり、これらの検討の詳細は第四章において述べる。また、この他の用語の定義は必要に応じて適宜行うことにする。

右に例示した用語は本書のキーワードとなるものである。検討の対象となる期間も五世紀代から十世紀中頃までとかなり長い。そのため、「天皇」と「大王」の用語については、特別に使い分けずあえて「天皇」に統一した。これは、天皇と臣下（公民＝有氏姓階級）という関係性が名称にかかわらず変化することなく継続していたと考えるからであり、この関係性において様々な制度、政治や事件が絡んでくると見なされるからである。

天皇と臣下の関係性はその後も継続し、本書の対象時期よりはるかに下る近現代にまで通じるものであり、多かれ少なかれ氏姓制の残滓も見出せるのである。天皇と臣下の関係性をもっともよく具現化している制度が氏姓制である。しかしながら、日本固有の性格を顕現化し制度として機能し存続しながら、それを明文化したものが無く慣習的に律されていたことも特徴的である。

このように、なぜ成文法ではない制度が通時的に存続しえたのか、なぜ形を変えながらも第二次世界大戦後の華族制度の廃止まで、その影響を様々な制度にまで与え続けたのか。この理由についてはこれまで言及されることがなかった。

氏姓制の前提としての氏姓の成立と、氏姓の本質的意義にこそ氏姓制が存続した理由がある。氏姓制の特質と重要性を描出することは、本書の考察対象時期より以降にも氏姓制の影響が残る理由を示すことに繫がると考える。

二　構成と個別の課題

前節で述べたような大きな問題意識から、本書では時代別にではなく、分析視角ごとに五つの章を設ける。そこでは、各個別の問題意識に基づいて検討することになるが、どのような意図で構成したのかを次に整理しておく。

第一章「氏姓」の成立とその契機

本章では、制度の根本となる氏姓の成立を探ることから始める。氏姓の成立については研究史上で多々取り上げられて研究の蓄積も多い。しかしながら、単なる事実としての成立を明らかにするばかりではなく、その時代背景や契機をあわせて検討する。これを第一の論点とする。

分析対象として、①『日本書紀』に表れた氏姓の史観、②金石文に表れた氏姓、③中国側史料に見える個人名の検討の三点から氏姓成立の時期を探る。対外的な名乗りを対外関係の位相の中で捉えることにより、成立時期は六世紀初頭という結論を導き出す。

氏姓が成立することとは、換言すれば、王権が氏姓を創出することに他ならない。そこには何らかの目的意識があったはずである。この点は、これまでの研究に欠けている視点であり、本書において解明すべき論点の第二点目である。氏姓は天皇（大王）が賜与主体となることを目的としていたのであり、東アジア諸国との正式国交が途絶したときに生じた閉鎖性が日本独自の特徴を持つ契機となったと想定する。

つまり、王権側の目的意識により氏姓は創出されたのであり、日本固有の性格を示す要因が慣習法という制度的な特徴にあったことを見出す。

第二章　律令制前の政事構造と氏

本書の「律令制前」とは、遣隋使派遣以前のみを指す。「律令制導入前」とは「律令制前」も含み、遣隋使派遣以降の律令制導入期も過渡期として含め、『大宝律令』を体系的な法典整備と見なし、『大宝律令』施行前までを指す語として使う。『大宝律令』の施行以後を「律令制下」として区別するが、とくに法という意味でなく具体的に述べる場合は「律」は除外する。

本章では前章で明らかにしたように、日本の王権にとっての必要性から創出された氏姓が、氏姓制という慣習法による制度となりうるだけの本質的な意義を有していることを論究する。当該章で述べるが、「政事（マツリゴト）」とは、通常の政治・行政一般を指す他に、祭事も含めた概念とする。この政事の運営を氏族が分掌することこそ、氏姓制の本質的な意義である。

氏は名に負う職掌を表象する「名負氏」であることを特徴とし、自らがかかわる政事を氏称に顕示した。これまでも各氏族の考察をとおして部分的に論じられるところであった。それでも、これまで言及されることの無かった

「君」姓を持つ氏族、具体的には猨女君氏を中心に検討することにより、通説的な名負氏の理解、つまり連・造を特徴的な姓と考え、それに加えて臣姓も名負とするような近年指摘される見解を、君姓も含ませることでさらに発展的に止揚することを第三点目の論点とする。

あわせて、近年君姓の一種とし、「山君」が姓と見なされる狭々城山君氏を中心とした（山）君姓を検討する。その結果、「山君」を姓と見なす説は成立しえず、「君」が姓であることを明らかにすることを第四点目の論点とする。このような個別事例の検討から、姓の表象的な性格を明らかにする。これにより、氏姓が王権に関する名負氏として名に負うところの性格（職掌と地名・地形）を知ることになる。日本の氏族が単純な血縁家族の集合体ではなく政治団体であるということ、そしてその構造について解明すること、加えてその構造について言明するが、氏名の多様性を析出し、姓の多様性をあまり評価しない結果を導き出すことを第五点目の論点とする。

これまでの検討により明らかにされる、氏姓制を企図した意識や氏姓制に内包された意義についての重要性を提示する。先に検討した（山）君姓氏族と類似する氏名である山部氏をとおして確認を試みる。山部氏と先に検討した狭々城山氏との比較により名負氏が示す特徴を明らかにし、類似の氏名が必ずしも類似の職掌を負っていたわけではないという、これまでの氏族研究に対しての警鐘を鳴らすことが第六点目の論点となる。

加えて、第一章で指摘する日本の氏姓制の固有性について、中国と朝鮮諸国との比較をとおして述べる。具体的には、名負氏の他に、天皇と賤が氏姓を持たない点、氏姓の賜与貶奪権能を有して政事行為として多用する点を強調する。これらの日本の固有性を析出し、中国や朝鮮諸国との差異を論じることを第七点目の論点とする。

第三章　律令制導入前と律令制下の氏姓制

本章では、まず氏姓や氏族を律する制度的沿革を追う。

はじめに律令制下に至るまでの氏姓制の整備変改過程を検討するが、これは徐々に成文法の影響を受けていく過程に他ならない。この間に氏上制の制定と変革、八色の姓制定や、それに先行する「連賜氏姓期」が発現し、それらが氏姓制にどう影響したのか、その占める位相を検討する。法整備という律令の影響を間接的に受けて、結果として、氏姓制に関する整備も進んだものと捉えられる。氏姓制の変遷を、これらの政治史上に位置付けることで両者を連動させ論究することを第八点目の論点とする。

次いで、『養老令』における氏姓制を描出するために、氏姓制が成文法である『養老令』に与えた影響を探る。また、『養老令』における氏族の位置付けや氏族・部に関連する条文を検討し、氏姓制が律令国家にとって意義が高かった点を指摘する。あわせて、氏族の継嗣に密接にかかわる「継嗣令」の規定を、『大宝令』の復原を行い『養老令』と比較することにより、八世紀初頭と後半との差異を明らかにする。

この第三章における検討によって、律令制前から律令制後までの氏姓制の沿革を通覧しうる。あわせて、律令制導入過程で氏姓制の変容を看取することになる。これが第九点目の大きな論点となる。

第四章　賜氏姓・改賜氏姓から見る氏姓制

第三章で述べた氏姓制の意義も、各氏族や個々人が恣の氏姓を称していては、いかに慣習的であるとしても制度としては成り立たなくなってしまう。これをどのように統制していたのかを明らかにするために第四章を設ける。

本章では、王権、なかんずく天皇（大王）が氏姓の賜与貶奪（賜う・付与する・貶しめる・奪う）権を有し、制度ならしめていることを追究する。この賜与貶奪権についても、研究史的にわずかながら言及されるだけである。いわゆる天皇大権は石母田正[13]により律令制下に限って措定され、各分野の研究に細分されたが、近年ではまとまった検討を見ない。ここでは、河内春人[14]が石母田説を次の五つに簡要にまとめたものを掲示しておく。

①官制大権　②官吏任命権　③軍事大権　④刑罰権　⑤外交権・王位継承権

右のうち、律令制前に遡る可能性がある大権はあるだろうか。まず、⑤王位継承権はその資格を有することであって、発動する権能は天皇（大王）に限らず、群臣が推戴するという事例もある。皇位を継承した後には別人（存在する場合には皇太子など）が継承権を持つというのは指名権とも言うべきもので、継承の語義とは矛盾しており外すべきだろう。

また、②官吏任命権や③軍事大権、④刑罰権は律令機構の中で官司に分掌されており、必ずしも天皇のみが行使しうる権利ではない。もちろん、それらは下位の事例に限られており、天皇が総括し、官司に分掌を認めていることによるからでもある。⑤外交権に関しては、六世紀初頭の筑紫君磐井や大臣外交の存在が指摘されており、天皇の専権とまでは言えないのではないか。外交ではないが、多国間の交流・交易などは近年盛んに指摘される。日本のみならず朝鮮半島においても出土資料がそのことを雄弁に物語っている。

①官制大権は、広く捉えれば慣習法である。氏姓制もこの中に内包されているとも言えるが、この点には言及されていない。むしろ、制度や法に対する天皇の関与の方法と、その権能の強さを別個に考える必要があろう。

このように見てみると、①の中に含む氏姓の賜与貶奪という行為は、氏姓の成立当初よりひときわ天皇の専権を明示していると言えよう。この点を、事例を基に詳しく検討することで新たに解明される点がある。

その一つに、氏姓の賜与貶奪を行う天皇（大王）の行為、すなわち「賜氏姓・改賜氏姓」がある。史料上では同じ用字で記されていても、実態としてはその契機によって三種に類型化できることを明らかにする。下賜型・認可型・特殊の三種類である。時期的には下賜型に始まり、次いで認可型が現出するという変遷である。これらの変化を追究することを第十点目の論点とする。

次いで、氏族の改賜氏姓前後の状況変化を検討し、氏族側が天皇の政事行為である改賜氏姓をどう捉えていたのか、また、どのような影響があるのかを中臣・藤原氏を中心に検討する。下賜型改賜氏姓の氏族の栄誉としての受け止め方と、認可型による申請とをとおして、氏姓の皮相面（位階と職ではなく、まず氏姓の称という面）から変革を望む氏族の意識を看取しうるが、これら氏族側から氏姓制がどのように見られたのかという視点による検討を第十一点目の論点とする。

もう一つ、氏姓の賜与貶奪を検討して看取できることに、ときの天皇（大王）それぞれの個性が発露しているということが挙げられる。膨大な改賜氏姓記事を丹念に検討していくと、天皇（大王）各個人の性格や政事の志向が窺われる。このことから敷衍して、氏姓制と政治史との関連性を解明することを第十二点目の論点とする。これにより、政治史上に特徴を発現させていた孝謙～称徳天皇代の特殊性を、改賜氏姓の面からも確認する。

第五章　平安時代前半の氏姓制

本章では、変容しつつあった氏姓制が平安時代前期にどうなったのかを追究する。第一に、とくに平安時代の初頭に位置するが、奈良時代からの改賜氏姓の影響を受けた政策とその結果として上進された『新撰姓氏録』を検討する。平安時代にかけての氏姓の変容を見通すこと、結果として『新撰姓氏録』上進と氏族の政治勢力との相関を探る。ここで、平安初期における氏族の擬制的同祖同族関係を析出することを第十三点目の論点とする。その結果として、天皇による氏の間接的管掌が形を変えて残存していることが知られるのである。

第二に、政治制度史・法制史的な分野にも関連するが、法制度上、とりわけ『延喜式』を中心として氏姓制の変容後の姿を析出することを第十四点目の論点とする。このことは、平安時代前期の氏姓制を知る上で大きな意義を持つ。変容を遂げた氏姓制の実相を析出しつつも、明快にその影響が見出されることにより、十世紀段階においても氏姓制が古代政事の基層認識として息づいていたことを指摘する。

終章では、本書のまとめを行いながら、氏と家、平安時代以降の家への視点や親族論など、関連する問題点への予察を述べる。

本書では、右に掲げた五章の大きな問題意識と、そこに連結する十四点の論点に沿って論を進める。これら以外にも関連して検討・言及する内容は多岐に渉る。また、各視角ごとに区分することをせずに、時代的に区切ることもしないのは各章それぞれが多様に連関しているからであり、劇的に変容も遂げることなく緩やかなものであるからである。このことは、とりもなおさず氏姓制が古代史の多くの分野・事項に関連することを物語っている。

前述のように、時代的には古墳時代中頃から、『延喜式』施行の十世紀中頃までを本書の対象とする。およそ飛鳥・奈良・平安時代前期までに及ぶ氏姓制、そして氏姓制をとおして王権と政治史・制度史にも視野を拡げた研究領域となった。

だが、各章に通底する分析の素材はあくまでも氏姓であり、その構成要素、人的集団である氏族である。各章ごとに異なる多くの問題意識を内包しているが、逆にそれだけの意義を有していたとも言える。つまり、本書をとおして氏姓制の重要性を訴えたものであることは各章における論点をご覧頂ければ明らかだと思う。繰り返しになるが、史料上には氏姓制の個別の発現事例しか記載が無い。しかし、氏姓制が成文法ではない慣習法としての制度史的な位置付けと日本の固有性を顕示するその特徴から重要性を持っていた点を強調するものである。

註

（1）　本論で使用する「慣習法」とは、厳密な法学用語としてではなく、成文法により規定されてない制度を指すものとする。逆に、律令格式や国史に明文化されている規定は「成文法」とする。

例	法形態	法体系	特徴	範疇
氏姓制	慣習法	非明文	非体系的	固有性有り	比較的曖昧な規定
			→←	→←（双方の影響関係・区分は曖昧に）	
律令格式	成文法	明文	体系的	外来性・とりわけ中国	名目的に細部まで規定

（2）津田左右吉『日本上代史の研究』岩波書店、一九四七年。
（3）直木孝次郎「「氏」の構造について」『日本古代の氏族と天皇』塙書房、一九六四年。
（4）義江明子『日本古代の氏の構造』吉川弘文館、一九八六年。
（5）中村英重『古代氏族と宗教祭祀』吉川弘文館、二〇〇四年。
（6）本居宣長『古事記伝』（『本居宣長全集』十二、大野晋編、筑摩書房、一九七四年、186頁）。出版完了は一八二二年。
（7）直木前掲註（3）論文。
（8）加藤晃「我が国における姓の成立について」『続日本古代史論集』上、坂本太郎博士古稀記念会編、吉川弘文館、一九七二年。
（9）前之園亮一「ウヂとカバネ」『日本の古代』十一　ウヂとイエ、中央公論社、一九八七年。
（10）「政治」といった場合には、現代でも使用するような政策とその立案・実施を中心とし、行政までも含めた概念として用いる。「政事」とした場合、古代におけるマツリゴトを主要素とした概念を指すものとする。井上亘の定義によれば、政事と祭事を包括した語がマツリゴトであるとする。しかしながら、本書で扱う倭王権の成立とその後の治世下においては、祭政一致というよりもむしろ政事が主で祭事が包括されていると考えられる。よって、政事の中に祭事が概念上内包するものとして用いる。律令制下で、名目上神祇官と太政官が二官と併称されていても、実態として太政官が中心であることからもこの点は諒解されよう。

井上亘「マツリゴト覚書―所・座・ミコト」『国文学―解釈と教材の研究―』四四―一一、一九九九年。
(11) 本居前掲註(6)書、187頁。
(12) 荒井秀規「古代相模の「渡来人」」『三浦古文化』四八、一九九〇年。なお、帰化・渡来・移住などの用字に関しても多々問題を孕んでいることについては、田中史生『倭国と渡来人―交錯する「内」と「外」―』(吉川弘文館、二〇〇五年)を参照。
(13) 石母田正『日本の古代国家』Ⅲ章、岩波書店、二〇〇一年、初出は一九七一年。同『日本古代国家論』第一部、岩波書店、一九七三年。
(14) 河内春人「古代史研究における「天皇大権」」『歴史学研究月報』四八八、二〇〇〇年。

*本書で主に用いる史料を一括して掲示しておく。以外は適宜触れる。

『古事記』(『古事記　祝詞』)日本古典文学大系、岩波書店、一九五八年。

『日本書紀』日本古典文学大系、岩波書店、一九六七年。『書紀』と略。『古事記』と連称する場合は『記紀』と略。

『続日本紀』新日本古典文学大系、岩波書店　『続紀』と略。

『日本後紀』新訂増補国史大系、吉川弘文館　『後紀』と略。

『日本三代実録』新訂増補国史大系、吉川弘文館　『三代実録』と略。

『日本紀略』新訂増補国史大系、吉川弘文館　『紀略』と略。

『風土記』日本古典文学大系、岩波書店、一九五八年。

『養老令』は『令義解』(新訂増補国史大系、吉川弘文館、『義解』と略)、註釈は『令集解』(同上、『集解』と略)による。

『万葉集』は『万葉集』（本文篇・訳文篇、塙書房、一九六三・一九七二年）を用いる。歌番号は『新編国歌大観』（二、私撰集編、角川書店）により［　］内に旧番号を挙げる。訳文の参照と番号の対象には伊藤博校注『万葉集』（上・下、角川文庫ソフィア、角川書店、一九八五年）を使用した。

『延喜式』は新訂増補国史大系（吉川弘文館）を中心に神道大系（神道大系編纂会）も参照。神祇、及び註については『延喜式』（上、虎尾俊哉編、訳注日本史料、集英社、二〇〇〇年）も参照した。

『類聚三代格』新訂増補国史大系、吉川弘文館　『三代格』と略。

『新撰姓氏録』は佐伯有清『新撰姓氏録の研究』（本文篇、吉川弘文館、一九六二年）、同『新撰姓氏録の研究』（拾遺篇、吉川弘文館、二〇〇一年）による。なお田中卓『新撰姓氏録の研究』（田中卓著作集9、国書刊行会、一九九六年）も参照。『姓氏録』と略。

『古語拾遺』（西宮一民校注、岩波文庫、一九八五年）

『倭名類聚抄』は『諸本集成倭名類聚抄』（京都大学文学部国語国文学研究室編、臨川書店、一九七一・一九七七年）を用いる。


引用した史料の凡例を示しておく。
・［　］内は本註、〈　〉は割註、（　）は中略や補足に際して用いる。
・引用史料の漢字については、おおよそ通用字体に改めたが、「廿」などの一部の漢数字やカタカナの「ニ」に繋がる「尓」、及び一部の固有名詞については旧字体や異体字を用いる。

第一章　「氏姓」の成立とその契機

一　研究史と問題の所在

氏姓制の研究を進める上で、避けてとおれないのは「氏」と「姓」の成立についてである。出発点が明らかにされなければ、その制度自体の特質が本来的なものなのかどうかという判定ができないからである。よって、本書の主題である氏姓制を考究するためには、まず制度の骨格となる氏姓の成立から解き明かさなければならない。

研究史を顧みると、氏・姓の研究は江戸時代後期の国学者本居宣長による「氏姓」に関する註釈に始まり(1)、今日まで枚挙に遑がないほど膨大に蓄積されてきている。

しかしながら、多くの研究は姓や個別氏族の名義などを問題としており、その基礎とすべき氏姓そのものと、その成立に関してはあまり触れられていない。ここにおいて氏と姓の成立について別個に研究史を概観しておくことにする。

まず、「氏」の成立時期に関する代表的な見解を一口にまとめてしまえば、その時期を五世紀半ばから六世紀前半とするのが通説となっている。

研究史上の公表時期の新旧は成立時期の見解の新古にほぼ逆転して対応しているが、公表の順を追って要点を挙げよう。早い時期の研究では、ほぼ五世紀とする阿部武彦説[2]が挙げられる。次いで、崇峻紀の「葛城臣烏那羅」を成立した事例と見なして五世紀末とする平野邦雄説[3]が現れた。以降、少しく研究の蓄積が停滞するが、『書紀』の史料批判などが進展すると平野説に疑義を唱えて五世紀半ば頃とする志田諄一説[4]が登場してくる。以降は研究が着実に積み重ねられてくる。前之園亮一[5]は雄略天皇代を少し遡る五世紀後半頃、後にウヂの組織が広まるとされ、さらに部民制成立を指標として五世紀末から六世紀前半とする吉村武彦説[6]や、国造・ミヤケ・部とともに六世紀前半（継体・欽明天皇代頃）に成立したとする熊谷公男説[7]などが公にされた。また、最近の業績である中村英重説[8]でも、氏の成立を吉村・熊谷説とほぼ同時期の六世紀前半に想定している。

次に、「姓」の成立時期に関しても、氏と同様に五世紀前半～六世紀前半とする見解が大勢を占める。成立の時代順に見てみると、関晃[9]説では、伴造層の成立が五世紀前半、職種名に由来する姓の成立は五世紀後半以降とする。氏よりも前に成立したことを想定し、姓の成立は五世紀前半とする志田説、稲荷山鉄剣銘を姓と見なし雄略天皇代の四七一年に成立したとする前之園説などが五世紀代を想定する。六世紀代に成立したとするのは、氏と連動して六世紀初頭から使われはじめ、六世紀前半に成立したと説く熊谷説、「人」字を姓と見なして六世紀に成立したとする直木孝次郎説[10]などがある。また個別事例になるが、やや遅く見積もって六世紀前半から中葉に「造」の姓が成立とする阿部武彦説[11]も挙げられる。

やや変則的な見解であるが、近年、引用頻度が高く通説的に扱われているのが、段階的に成立したとする加藤晃説[12]である。第一段階はほぼ六世紀、第二段階は推古～孝徳天皇代、第三段階は孝徳～天智天皇代と想定している。

これらの説とは異なり、制度的な整備という点を重視する立場から、成立を七世紀代に下らせる見解も見受けられる。

時代順に見ると、制度的な面を重視して天武天皇代の八色の姓を中心とする時期に成立したと説く北村文治説[13]、庚午年籍を制度としての成立の指標とする山尾幸久説[14]、律令制的な姓としては庚寅年籍を画期とする湊敏郎説[15]などが挙げられる。また、成立の下限と見なしていると思われるが、七世紀末以前とする義江明子説[16]もある。以上の諸見解において依拠する史料は、金石文を中心とする立場と、そうではなく『書紀』の信頼できる年代以降を中心とする立場とに大別され、それが成立時期の見解の早晩にも結び付いている。

だが、制度的に不整備でも、あるいは成文化されていなくても、氏姓制として整備されるためには氏姓が成立するという前提が必要であろう。そもそも、法令はその都度変改を加えて整備されるものであり、ほとんど完全な制度として出発する事例は寡聞にして知らない。氏姓制が慣習法的な性質のものであることからすれば、整備という観点はなおさら成立以後の問題となる。よって本章では、慣習法により律された氏姓制がどのようにして創出されたのかを問題とする。そのために、氏姓の創出時期を明らかにすることを第一の目的とする。

とはいえ、ただ単に成立時期を推定するだけでは、諸説あることから窺えるように水掛け論となるおそれもある。そこで、氏姓成立の契機や要因を探ることによって、蓋然性をより高めることにする。この点については、第二章において後述するが、氏姓制における日本独自の特質についても、氏姓創出の段階に淵源があると考えられる。よって、成立の契機や日本を取り巻く時代背景を明らかにすることが重要となってくるのである。この論究を本章の課題の二点目とする。

氏は、後述するように王権の政事構造を担う形で成立した。そのため、後に氏族となる集団が本源的に有することとなる政治性を成立時期の指標とすることができる。政治性とは、第二章で検討するように、氏の構成員が何らかの形で王権の政事に参画することで生じるものである。

このように考えるならば、氏の成立は自然発生的ではなく、王権による賜氏姓や命（＝名付ける）氏名もしくは部名に発するものであるとすることができる。この点に、皇帝一族とそれ以外の氏族とを区別することに端を発する中国的な姓（セイ。以下、氏名に該当する中国・朝鮮の姓はセイを用いる）との質的差違が根本的に内在している。日本の氏姓は、その創出時における賜受関係が、氏姓が定まった後にも改賜氏姓による天皇の賜与貶奪権を保持することへと関係が引き継がれている。この関係性からも氏姓の政治性が明らかである。

また、セイとの違いは、第二章で検討するように氏姓、とりわけ氏名が政治的な君臣関係を示し、仕奉すべき職掌を表象している名負氏[18]という特徴に顕現化している。

ただし、姓については吉村武彦[19]が、「古代のカバネはウヂの序列を表すもので、ウヂ名が成立していない段階では、本来的なカバネの機能はない」との叙述を参考とすべきであり、氏に後発し付帯的に機能するという指摘は正鵠を得ていよう。

二　日本側史料に見る氏姓成立の時期

(1)『書紀』史観の検討

このように、姓の成立も、律令制下における氏に対する天皇の権能も、ともに氏の成立が前提となる。よって、氏名を中心に氏姓賜与の権能を、はじめに『古事記』『書紀』両書より読み取ることにしたい。具体的には、氏の

「祖」記載や賜氏姓・命氏（部）名の記事に注目して『記紀』編纂時の氏姓成立観を明らかにすることが本節の狙いである。『記紀』史観を見る理由は、そこに各氏族の伝承・主張が込められており、さらには国史に記載されることで承認を得た歴史となっているからである。無論、記載内容をそのまま史実と見なすわけではないが、氏族の『記紀』編纂への影響力と、賜氏姓時期とが少なくとも無視できない伝承の反映となって投影されていると考えられる。

そこで、両書の本文・分註中の「祖」を示す記事を基に総体的に検討してみる。

まず、『古事記』についてはどうだろうか。記事を拾うと、本文中に「某氏祖某」という事例は20件、某（神・人）に分註で「某氏祖」とする事例は71件、賜氏姓・命氏（部）名関係記事は3件4例ある。

次に、『書紀』については数が多いので各天皇毎に区分した表1を参照されたい。[20]

事例数は本文中137、分註中18、賜氏姓関連は21例あり、伝承と結び付いていない（表中に名の挙がらない）天皇も懿徳・成務・仁賢など、まま見受けられる。

その他、表1から窺えることを列記してみる。第一に、神名や人名に「祖」の記載がある事例の分布について、神代を除けば垂仁・景行・応神天皇代などが目立っている。これは『書紀』編纂に際し、本宗氏の氏族伝承の一部もしくはそのものを利用した可能性が想定できる。

このことにより、具体的ではないにしろ、それらの氏族説話のモデルとされる天皇（大王）の存在が推測できる。つまり、『書紀』編纂段階、天武天皇代頃における史観に基づきそれ以前の天皇へと伝承が割り振られた結果が表出していると推定できる。

第二に、神名・人名に「祖」として分註が付される件数では、応神・仁徳天皇代までに全件数が包含され、とく

表1 『書紀』に見える天皇と結合する氏族伝承の事例数

時代区分	即位	本文中「祖」	分註中「祖」	賜氏名・命氏名	備考
神代		26	4	1	他に「皇祖」1件有り
神武	1	10	0	1	賜氏姓か？ 名前2件有り
綏靖	2	1	0	0	
安寧	3	1	0	0	
孝昭	5	1	0	0	
孝安	6	1	0	0	
孝霊	7	1	1	0	
孝元	8	1	0	0	
開化	9	2	0	0	
崇神	10	6	1	0	
垂仁	11	11	6	2	
景行	12	19	0	0	「不知姓名」3件有り
仲哀	13	3	0	0	
神功		8	4	0	「不知何姓人」3件有り
応神	15	16	1	0	
仁徳	16	8	1	2	1件名前。倭直祖麻呂別
履中	17	1	0	1	
反正	18	1	0	0	
允恭	19	0	0	1（貶姓）	定氏姓記事有り
安康	20	1	0	0	
雄略	21	3	0	5	「未詳何姓人」1件有り
清寧	22	1	0	0	
顕宗	23	3	0	3（削除籍1含む）	
武烈	25	1	0	0	

継体	26	2	0	0	
宣化	28	2	0	0	
欽明	29	4	0	3	「不知姓名」1件有り
敏達	30	1	0	1	
崇峻	32	0	0	1	逃亡のため改氏姓1件有り
推古	33	2	0	0	賜姓か？1件・11年条
計		137	18	21	
以降	改賜氏姓の事例が出てくることから、氏姓は成立後の段階に移る。				

〔凡例〕
・「祖」として数えたものには、数件「苗裔・後・之先・之縁」の語句も含む。
・数え方は「某氏祖・某氏祖」は2件、「某氏・某氏祖」は1件として数える。
・分註の件数の数え方は一箇所につき1件として数えた。そのため、1件の中には複数氏が含まれる事例が多いが割愛した。
・時代区分は、件数の見える天皇毎に区切り、即位前紀なども含むものとする。

に垂仁天皇代と神功皇后代の多さが目立っている。

本文ではなく分註であることからすると、本宗氏のように伝承の主体とならずに傍流と見なされる。そのような傍流の同祖同族関係氏族[21]は、応神・仁徳両天皇代以前に有力な本宗氏族や王統に連なる系譜を王権により承認される必要があったのではなかろうか。換言すれば、このように古い時期に伝承が結合している例より以降では、『書紀』編纂時に近い時期に結び付くような新しい系譜の作為は比較的困難だったという状況が想定されよう。

この想定は、北村文治[22]が指摘する「カバネをもつ人物名の形式」が、「ほぼ応神・仁徳朝ごろより以降各時代に登場する」という傾向とも適合関係にある。

これらのことから、私は「祖」関係記事は潤色や各氏族の主張の摺り合わせの中で『書紀』編纂に近い時期にまとめられ、神代も含め、具体的伝承や史実に抵触しない部分に附加されたのだろうと考える。実際、最初の賜氏姓記事である天鈿女命（の後裔）への猨女君[23]という賜氏姓は神武東征説話におけるエピソードとして収録される。

三点目として、応神・仁徳天皇代を下った時期では、賜氏姓・命氏（部）名記事が多いのは雄略天皇代であることを挙げられる。各氏族伝承が反映される核となる存在として雄略天皇が目されていた有様を『書紀』の述作中に看取できる。しかし、ただ単に古い時代にそれぞれ氏族伝承が結び付いていたかというとそうではない。前述のように、表1からは話の主体となる氏族の祖先伝承と数多く結び付いている天皇と、わずかの記事しか配当されない天皇とで多寡があるからである。この点から、氏姓成立にかかわる『書紀』史観が窺える。

それでは、氏姓制に密接にかかわる記事を見ていこう。

雄略天皇代を遡る允恭天皇代には乱れた氏姓を正す伝承がある。著名な允恭紀の記事を次に引用する。

《史料1》『書紀』允恭天皇四年九月己丑・戊申条

己丑、詔曰、上古之治、人民得レ所、姓名勿レ錯。今朕践祚、於レ茲四年矣。上下相争、百姓不レ安。或誤失二己姓一、或故認二高氏一。其不レ至二於治一者、蓋由レ是也。朕雖レ不レ賢、豈非レ正二其錯一乎。群臣議定奏レ之。群臣皆言、陛下挙レ失正レ枉、而定二氏姓一者、臣等冒レ死、奏可。

戊申、詔曰、群卿百寮及諸国造等皆各言、或帝皇之裔、或異之天降。然三才顕分以来、多歴二万歳一。是以、一氏蕃息、更為二万姓一。難レ知二其実一。故諸氏姓人等、沐浴斉戒、各為二盟神探湯一。（中略）是以、故詐者愕然之、予退無レ進。自レ是之後、氏姓自定、更無二詐人一。

この允恭紀と同じく、『古事記』允恭段でも定氏姓記事の記述が見える。

《史料2》『古事記』允恭天皇条

於㆑是天皇、愁㆓天下氏氏名名人等之氏姓忤過㆒而、於㆓味白檮之言八十禍津日前㆒、居㆓玖訶瓮㆒而、（割註略）定㆓賜天下之八十友緒氏姓㆒也。

吉村は[24]、これ以外に『古事記』序文「定㆑境開㆑邦、制㆓于近淡海㆒、正㆑姓撰㆑氏、勒㆓于遠飛鳥㆒。」の検討から、允恭天皇代に定氏姓の歴史的認識があったことを指摘する。また、前之園は[25]、考察のプロセスに疑問が残るが「実はこの頃に氏姓がかなりな程度に形成されつつあったことを意味しているのである。」という、同様の指摘をしている。

これらの見解から見るに、允恭天皇代の氏姓正定の記事は、『書紀』編纂を遡る過去に氏姓を豪族の勝手ではなく天皇（大王）の権能の管理下においたという歴史的事実とそれにまつわる伝承が実際にあり、『書紀』編纂頃には、それらの伝承がほとんど史実として皇族と氏族ともに共通認識となっていた。その反映の記事であると見なせよう。

次に、今来の才伎（帰化渡来人）の渡来が雄略天皇代にあたるという歴史的認識が存在していたことを指摘しておきたい。

《史料3》『書紀』雄略天皇十五年条

秦民分㆓散臣連等㆒、各随㆑欲駈使。勿㆑委㆓秦造㆒。由㆑是、秦造酒甚以為㆑憂、而仕㆓於天皇㆒。々々愛㆓寵之㆒。詔聚㆓秦民㆒、賜㆓於秦酒公㆒。々仍領㆓率百八十種勝㆒、奉㆓献庸調絹縑㆒、充㆓積朝庭㆒。因賜㆑姓曰㆓禹豆麻佐㆒。（割註略）

《史料4》『書紀』雄略天皇十六年十月条

詔、聚㆓漢部㆒、定㆓其伴造者㆒。賜㆑姓曰㆑直。〈一云、賜、漢使主等、賜㆑姓曰㆑直也。〉

他に、『古語拾遺』でも長谷朝倉（雄略）天皇代のこととして『書紀』と同様の記述がされている。歴史的な実年代はともかく、このような帰化渡来人及び氏族の渡来や賜氏姓などの記事が雄略天皇代に配当されていたことからすれば、氏姓の成立はそれ以前に設定せざるを得なくなる。

『書紀』の史観としては、すでに雄略天皇代には日本固有の氏姓が成立している。表1の数値にも明確に表れているように、それに見あう、日本における氏姓が存在している時期に齟齬のないような天皇代に帰化渡来系氏族への賜氏姓が行われるという関係性を保って伝承が配置されている。雄略天皇代の賜氏姓5件中の過半の3件が帰化渡来系氏族に対して行われているからである。これにより、氏姓成立（賜氏姓の開始と置換できよう）は雄略天皇代よりも時代的に遡る位置に記事が配当されたことは疑いない。

だからこそ、氏姓正定伝承と結び付いている允恭やその他内国氏族の始祖伝承の多くが雄略天皇の前代へと割り振られていったのである。本章の論点からは外れるが、『書紀』の氏族伝承は単純に暦日の短縮などといった操作を経た解釈では実年代を推測できないことも敷衍して指摘できよう。

さて、允恭天皇代の氏姓正定伝承や、雄略天皇代の帰化渡来系氏族の渡来伝承はそれ以前にもあり、以後は記事が具体性を帯びてくる。その例を見よう。

《史料5》『書紀』顕宗天皇元年五月条

狭々城山君韓帒宿禰、事連㆔謀㆓殺皇子押磐㆒。臨㆑誅叩頭言詞極哀。天皇不㆑忍㆓加戮㆒、充㆓陵戸㆒兼守㆑山。削㆓除籍帳㆒、隷㆓山部連㆒。惟倭帒宿禰、因㆓妹置目之功㆒、仍賜㆓本姓狭々城山君氏㆒。

この顕宗紀の削除籍記事は、用語の潤色もあるのでそのまま史実とは認められない(26)。しかし、王権が氏姓の与奪に関与しており、そこから雄略天皇代以降に王権が氏姓に関する権能を持っていたと『書紀』編纂時には意識されていたことは窺えるのではなかろうか。

ところで、本書第四・五章において述べるが、同祖同族関係には政治的な紐帯により氏同士が結び付いている。

それは、氏姓の成立以後に発現する宗族[27]以外の中小の氏（後に擬制的同族関係を結ぶことになる枝族）の主張に左右される。氏姓が成立しなければ同祖同族関係を形成することはない。表象となる氏姓がまず成立し、それ以降に同祖同族関係形成という先後関係となることは言うまでもない。時代が下って、『姓氏録』には多くの改賜氏姓を経た結果として、中心氏族（本宗氏）に結び付く同祖同族関係という図式がほぼ完成しているが、この同祖同族関係の結合時期には新古それぞれある[28]。氏姓が成立しなければ中心氏族の求心力が表出しないので、結合の過程が始まるのは氏姓成立の直後である。それ以降からの段階での新たな賜氏姓による同族化に比して、氏姓成立期の同祖同族氏族化は当然それよりも以前となる。この時の新古の差が、『書紀』においてそれらの伝承が配当される天皇の新古にも影響を与えていることは表の内容からも推量される。

ところで、『記紀』とは異なる史料を参照してみると、後の史料だが『濫觴抄[29]』「百姓」の項目には「景行天皇十三年癸未五月、諸国平民、始賜㆓百姓㆒。」とあり、平民（公民）に氏姓が賜与されたのが景行十三年としている。もとより信をおけないが、氏姓賜与が比較的古い時期であったとする認識自体は存在していたようである。もっとも、『記紀』などからはこれを裏付ける記事もなく、この条の情報源は明らかではないので参考とするにとどめる。

付言しておくと、崇峻天皇の名「泊瀬部（長谷部若雀尊）」は氏姓と密接にかかわる「部（子代・名代）」成立以前とは考えられない名称であり、史実である可能性が高いと考えられる。『書紀』に内在する意識としての氏姓成立の下限については、崇峻天皇代より前に求めることも可能だろう。

結局のところ、『古事記』『書紀』両書には、氏姓の成立が記されずに神代から表れている。そのため成立の具体的時期や契機を窺うことは困難である。次いで、同時代史料に対象を移して考察しよう。

(2) 金石文に見える氏姓

本項で検討する金石文の史料性は、記銘された遺物から求められる考古学的な手法による相対的な年代観しか知りえないという制約がある。しかしながら、一次史料としての価値があり、氏姓の成立を考える上でも重要な史料的価値を有するものと評価できよう。

まず、「王賜」と記されて王の存在が知られる「稲荷台一号墳出土鉄剣銘」(30)には、氏姓や人名が記載されていない。この他の何例かの鉄刀銘文も同様の理由から考察対象から外す。

次に掲示する「稲荷山古墳出土鉄剣銘(31)(以下適宜略す)」は言うまでもなく重要な史料である。

《史料6》稲荷山古墳鉄剣銘

(表)辛亥年七月中記、乎獲居臣上祖名意富比垝、其児〔名脱ヵ〕多加利足尼、其児名弖已加利獲居、其児名多加披次獲居、其児名多沙鬼獲居、其児名半弖比、

(裏)其児名加差披余、其児名乎獲居臣、世々為杖刀人首奉事来至今、獲加多支鹵大王寺在斯鬼宮時、吾左治天下、令作此百練利刀、記吾奉事根原也、

この銘文からは雄略天皇に比定される「獲加多支鹵大王」の存在と、「大王」という称から王の身分的な超越化が窺われる。稲荷山古墳が前方後円墳(32)であることから、「大王」とは倭王権の王であると見なしてよいだろう。ただし、鉄剣銘に見える系譜記事をその後の文章で書かれた系譜とは安易に比較すべきではない(33)。銘文の内容を素直に読めば、埋葬者の立場(「左治天下」)を顕彰し、その系統の「奉事根原」を称揚するためのものである。少なくとも名負氏の主要素、すなわち王権との政治的関係は成立していたとは言える。この王権との政治的関係は氏

族の意識に根深く残っていくことは『万葉集』の大伴家持の和歌[34]に端的に表出している。
稲荷山鉄剣銘と並んで「江田船山古墳出土大刀銘[35]」を挙げなければなるまい。

《史料7》江田船山古墳大刀銘

台〔治ヵ〕天下獲□□□鹵大王世、奉事典曹人、名无□〔利ヵ〕弖、八月中、用大鉄釜、并四尺廷刀、八十練、□〔九ヵ〕十振、三寸〔才〕上好□〔刊ヵ〕刀、服此刀者、長寿、子孫洋々、得□〔王ヵ〕恩也、不失其所統、
作刀者、名伊太□〔和ヵ〕、書者張安也、

古墳の築造時期は五世紀後半～六世紀前半と見られている。史料6の稲荷山鉄剣銘と同じく、本銘文に記された、雄略天皇に比定しうる「獲□□□鹵大王」の存在は、この時期に王権との統属関係が築かれた範囲が列島の東西に伸張していた事実を窺わせる。現在は長方形に近い形を呈しているが、前方後円形なので、被葬者は倭王権に連なる人物であったと見なせよう。

史料7の銘文の「奉事典曹人」からは、稲荷山古墳鉄剣銘と同様に王権との政治的関係が窺える。だが、无利弖や「作刀者」の伊太和ともに氏姓を保持していない。また「書者張安」は帰化渡来系の人物と考えられる。いずれにしても、史料6・7からは氏族を形成する核となる、王権への仕奉をなす首長の存在が知られる。
次に掲げる「隅田八幡神社人物画像鏡銘[36]」が一つの画期となる。

《史料8》隅田八幡神社鏡銘

癸未年八月日十、大王年男弟王、在意柴沙加宮時、斯麻念長、奉遣開中費直穢人今州利二人等、取〔所ヵ〕白
上同二百旱、作此竟、

吉田孝[37]は、この鏡銘について「のちの姓氏に比定できそうな称がみられる確実な初見史料」と評価する。鏡銘に

見える「癸未年」は四四三年か五〇三年に該当するとされるが、他に三八三年・五六三年説もある。さらに、東野治之[38]はたんに未年と見るべきとする可能性を指摘する。

しかしながら、平川南[39]が説くように、文字の割付から判断するとやはり癸未年と捉えるべきだろう。すると、遅く見積もっても六世紀初頭には「開中費直[40]」という氏姓が成立していた証左となしうる事例となる。「費直」は『書紀』欽明天皇二年七月条に引用される「百済本記」に「加不至費直」とあることからしても、後の姓「直（アタイ）」の旧表記であり、氏姓の存在事例であることは疑いない。

次いで「出雲岡田山一号墳出土鉄刀銘[41]」を挙げる。

《史料9》岡田山一号墳鉄刀銘

各田卩（阝）臣□□□素□大利□

岡田山一号墳は、築造年代が六世紀中葉～後半とされる前方後方墳で、銘文の有る刀の年代は、柄頭の紋様などから六世紀第四半期頃とされる。古墳の築造規格（前方後方形）の崩れや横穴式石室の採用などからしても、六世紀は遡らないと考えられ、鉄器の化学調査からは古墳時代後期の特徴に近いとされる。ただ、文献史学の立場から本書では六世紀代と幅を持たせて捉えておきたい。

出雲国の額田部に関連して、『出雲国風土記』大原郡条から「前少領額田部臣押嶋」や従父弟で現郡司の「少領外従八位上額田部臣」の「伊去美」といった人が知られる。史料9の岡田山一号墳の所在郡（意宇郡）とは郡が異なるが、同族後裔であるだろう。銘文自体は短文ながら、在地の額田部臣氏の存在と「部」がすでに成立していること、そこから敷衍して伴造の成立の下限も設定しうる重要な史料である。

次に、「法隆寺四天王像光背銘文[42]」を取り上げる。

《史料10》法隆寺四天王像後背銘文

（広目天）山口大口費上而次　木閇二人作也　「筆」〔別筆〕

（多聞天）薬師徳保上而　鉄師𢏳古二人作也　「片文皮臣」〔別筆〕「薬師光」〔別筆〕

（持国天）片文皮臣光

東野は右の後背銘文のうち、「片文皮臣」（多聞天）を「汗文皮臣」、「片文皮臣」（持国天）を「汗久皮臣」と読み、これらは「的臣」の古い表記とし、七世紀には氏姓が少なくとも成立していたと指摘する。造像・記銘年代には議論があり確定できないが、「山口大口費」の「費」は「費直」で、「直」の旧表記である姓が存在している。このことからも、やはり推古天皇代には氏姓が成立していると言えよう。また、名ではなく氏姓が記されていることからも、限定された範囲での氏姓が個人特定のための表象としての役割も備えていることを看取できる。この点から、氏姓制がある程度整っていたと考えられる。

以上の検討をふまえ本節を小括しておく。五世紀段階では氏姓を持つ人名が見られない。稲荷山鉄剣銘文（史料6）の人名に付随する号は姓の先行形態とも評価[43]できるが、一代ごとに異なっていることからも称号と見なすべきである。この段階で稲荷山鉄剣銘・江田船山大刀銘（史料7）のように、名負氏の要素が成立し、王権と後の氏に繋がる氏族の間に政治的関係が成立した。つまり、稲荷山・江田船山と隅田八幡（史料8）・岡田山（史料9）の間に挟まれた時期に氏姓成立の画期が存したのである。すると、隅田八幡鏡銘の癸未年の解釈が鍵となるが、岡田山古墳出土鉄刀銘との関係からおよそ六世紀初頭が氏姓成立の時期と推定することは許されよう。

また、「部」の成立していることが岡田山一号墳出土鉄刀銘から確認される六世紀後半までには、少なくとも氏姓が成立していることも疑いない。しかし、前掲銘文の「某人」（部民制に先行する人制の存在）という事例から判断[44]すると、伴造層には部民よりも先行して氏姓を付与したのではなかろうか。

三　中国側史料に見る氏姓成立の時期

次に、氏姓の成立時期に関して中国側の史料から検討してみる。中国側の史料は中国と日本という場所の違いはあっても同時代史料に基づく二次（編纂）史料であり、中華的な思想による作為を取り払えば史料的な価値は高い[45]。二次史料であっても、『魏書』烏丸鮮卑東夷伝に「中国に礼が失われたとき、四方の異民族の間にその礼を求めるということも、実際にありえるのである。それゆえこれらの国々を順々に記述し、それぞれの異なった点を列挙して、これまでの史書に欠けているところを補おうとする[46]。」と見える記述態度を鑑みれば、当時の日本の実情を示す史料としては金石文に次ぐ史料的価値の高さを認めるべきだろう。多少の偏見や蔑視による潤色もあろうが、人名などに手を加える必要性は無く、むしろ、王号や将軍号などにかかわるものは除正に関する正式な手続きが必要であることなどからも、とくに正確を期したものと考えられる。

倭人名を記さない『漢書』などを省略すると、編纂年次自体は次の『魏書』よりも下るが、最初に具体的な人名が記載されるのが『後漢書』東夷伝倭条である[47]。ここには安帝の永初元年（一〇七）に生口を献じた「倭国王帥升等[48]」や桓霊の間の大乱を経て共立された女王「卑彌呼」が記される。「大夫難升米等」とある「等」字の解釈（王が複数存在したのかどうかという用字）などの問題があるが、氏姓が記載されていないという事実は否定できない。

同様に、いわゆる『三国志』の『魏書』東夷伝倭人条には『後漢書』と同じく女王「卑彌呼」が、景初三年（二三九）には「大夫難升米」や「次使都市牛利」が知られる。景初三年の両人は、難升米が「率善中郎将」、牛利が「率善校尉」を授かっている。さらに、正始四年（二四三）には「大夫伊聲耆・掖邪拘」が知られ、同八年には

「狗奴国男王卑彌弓呼」・「載斯烏越」・「宗女壹与」が登場する。

この官名は漢字の字義による名称と考えられ、人名は発音を基にした表記と見られるが、いずれにしても人名に該当する部分には氏姓を含んでいない。

次いで、『宋書』夷蛮伝倭国条は倭の五王記事として著名である。高祖の永初二年（四二一）には「倭讃」、太祖の元嘉二年（四二五）には遣使された「司馬曹達」が知られる他、「讃死弟珍立」という情勢を伝える。「司馬曹達」の解釈をめぐっては問題もあるが、近年の通説どおり「司馬」を将軍府官名と見なすと、名が「達」一字と考えられるので、「曹」がセイとすべきだろう。翻って、江田船山大刀銘（史料7）に見える「張安」も同じく、かつて名乗っていたセイを倭国においてもそのまま使用したと言えるのである。その場合「張」がセイとなる。

さらに、「倭隋等十三人」を平西将軍などに除正を求めて許されているが、ここでの「倭隋」の「倭」を対外的セイと捉えるか、倭国内にも使用した氏姓と見なすかという問題も存している。倭の五王の中で、例えば「倭讃」は「倭王讃」の略称と考えられるから、「倭隋」も「倭王」族の一人と見なす立場に賛同する。『宋書』は初出の人名にはセイが記されること、初出の場合でも有セイ者との血縁関係が明記されるときには省略する原則があるという武田幸男の指摘からすれば、中国の男系血縁関係の常識を倭国に関する見聞にも当てはめて「倭」セイで記されたのではなかろうか。

『宋書』の記事から「倭王」家が形成されていることを証することは可能である。しかし、「氏」族の形成を論じるまでに敷衍することは躊躇される。吉村武彦は、元来倭国王には国内で使うようなセイが無く、対宋交渉の必要上、国名を姓として使わざるをえなかった、とする。この指摘のように、倭側が便宜的に朝鮮諸国に倣って中国的なセイを名乗った、あるいは中国側が倭独自の名乗りを中国的セイと捉えてしまったという二とおりのケースが考えられる。

この後、倭王武は南斉の建元元年（四七九）の鎮東大将軍、梁の天監元年（五〇二）四月の征東将軍への進号が知られるが、新王朝における名目上の冊封と見なして実際には遣使されていないと捉える。

いずれにしても、日本的な氏姓は見られないが、それまでの中国との交渉や継続的な朝鮮半島との関係からすれば、人名に付される中国的なセイが存在すること自体、倭人は認知していたと想定することができよう。

最後に、『隋書』東夷伝俀《ママ》（倭）国条を参照すると、まず開皇二十年（六〇〇）条が注目される。

《史料11》『隋書』東夷伝倭国、開皇二十年条

俀〔倭〕王姓阿毎字多利思比孤、号二阿輩雞彌一。遣レ使詣レ闕。上令二所司一訪二其風俗一。使者言俀〔倭〕王以レ天為レ兄、以レ日為レ弟。（中略）高祖曰、此太無二義理一。於レ是訓令レ改レ之。王妻号二雞彌一、後宮有二女六七百人一。名二太子一為二利〔和〕歌彌多弗利一。（後略）

また、六〇七年に当たる大業三年と翌年の記事も見てみる。

《史料12》『隋書』東夷伝倭国、大業三年・四年条

其王多利思比孤遣レ使朝貢。（中略）其国書曰、日出処天子、致二書日没処天子一無レ恙云云。（中略・明年）俀〔倭〕王遣二小徳阿輩台一、従二数百人一、設二儀仗一、鳴二鼓角一、来迎。後十日、又遣二大礼哥多毗一、従二二百余騎一郊労。既至二彼都一。（後略）

史料11の「阿輩雞彌[54]」・阿毎多利思比孤の記載から、この時期には王権を中心に天孫・日子の思想が確立していたことを知る。また、「阿輩雞彌」という王の号からは、氏姓を持たず尊称で呼称されていたと考えることができる。相対的に有力であるから王となっているのではなく、後の「天皇」に値する質的上昇を遂げていることが窺え

る。

さらに、同条からは中国側が「阿毎」をセイと誤解していることも読み取れる。これにより、中国側筆記・対話者は名乗りの前半部分をセイとする固定観念があったのではなかろうか。これは、先の『宋書』の「倭讃」や「倭隋」などの例にも逆説的に敷衍できるだろう。つまり、倭称はセイとして使用された蓋然性が高いのである。

史料12に見える「阿輩台」・「哥多毗」は使者の氏姓に当たることは間違いない。「哥多毗」は、従来言われるように「額田部」の「ヌ」を除いた（聞き取れなかった可能性が高い）音声をとったものと考えて間違いないだろう。「ヌカタベ」のアクセントは中高もしくは尾高であって頭音の「ヌ」にアクセントが無いことから、この説については頷首いただけよう。また、「ヌ」は万葉仮名としては「奴」がもっとも多く用いられ、甲乙類の区別が無い。その後の音の変化も見られないことから、ほぼ現在の音に近いと見なして大過ない。であるならば、若干個人差もあろうが、舌尖を上歯あるいは上歯茎に一部掛けて発音する、有声鼻音かつ歯茎音が基本であり、平たく言えばくぐもった発音であるために中国側には聞きとれなかったということである(55)。「阿輩台」については、諸説があって定説を見ないが、「哥多毗」の例や他の名称と比較すれば個人名と捉えるべきではなく、氏名に該当するか、もしくはその一部と想定すべきと考える。

本節のまとめを述べる。第一に、『宋書』までの「倭王某」・「倭某」とされる段階に、『隋書』の「阿毎多利思比孤」・「阿輩雞彌」への記載の変化から、推古天皇代に天皇が皇・王族とそれ以外の臣下の氏族から隔絶化した存在へと変化したことを看取した。ここに王から後の天皇へと繋がる思想的背景が明瞭に表れ、かつ「天」の思想とともに王権が伸張している状況を見た。

二点目に、王族が倭称から氏姓を有さない名のみとなったことは、中国や朝鮮の模倣ではなく、日本独特のもの

表2　各史料に見える氏姓制と王権との対応

段階	『記紀』の年代観	金石文	中国史料	備考
王権の伸張	崇神・応神天皇代（和風諡号から）	5世紀半ば（稲荷台古墳）	『魏書』と『宋書』の間カ（武王の上表など）	邪馬台国などの評価次第
政治的関係の発生	応神・雄略天皇代帰化渡来人編成に際して	5世紀後半～6世紀初頭（稲荷山・江田船山古墳）	看取できず	氏の前身の発生（職掌的な関係の発生）
称号の発生	神代（猨女君賜氏姓等）	5世紀後半～6世紀初頭（稲荷山古墳）	『隋書』以前は人名のみ	氏姓の本義の発生
王権の氏姓制に対する質的変化	允恭・顕宗は氏姓に権能を発揮	看取できず	『隋書』阿輩雞彌・阿毎多利思比孤に顕示	王族と百姓の隔絶化（天の思想が看取）
氏姓の成立	崇峻以前（穴穂部）雄略以前に反映。神代から見える	隅田八幡画像鏡以前（503年以前カ?）	『隋書』遣使以前（607年以前）	氏姓の見えるもの。部称も確実に存在
同祖同族関係の形成	推古天皇代から『書紀』編纂期、以後継続			拙稿b・c参照（「墓記」など）

〔凡例〕（　）内は主に根拠を示す。

である。『隋書』の記述から『宋書』に見える「倭」を日本的な氏名と見なす必要は無く、対外的なセイとして使用した、もしくは中国側の誤った認識が介在して付されたという二つの可能性を指摘した。

倭の五王段階において王権は伸張したが、氏姓の成立はそれより後のことである。その下限は、『隋書』に見える遣使よりも前とするべきと結論する。

四　氏姓成立の契機

前節で具体的に考察した氏姓の成立時期とその関係を表2として掲げる。もとより、お互いの史料的性格が異なっているので表2の各欄の時代観念はすべて一致しているとは限らないが、相互に連関させて考えることは許されよう。

まず、氏姓成立の契機に関して、表2から看取されることを列記する。

①允恭記紀（史料1・2、28～29頁）の伝承は大王による氏姓賜与の伝承の投影であろうが、最終的に完成した『書紀』史観ではそれ以前に氏姓賜与や祖先伝承を多く配置している。あえて実年代を想定すれば、六世紀に入ってからであると思われ、その下限を推古天皇代、もしくは崇峻天皇代に求められると指摘した。上限については、当然ながら析出できない。

②五世紀代、氏姓成立に先行して王権と氏の母体となる集団の間に、名負氏の前提となる「奉事」による政治的関係が発生している。論理的には、氏姓成立の前提として天皇・王権との政治的関係が必須なので、この段階以降に氏姓は成立する。

③雄略天皇代以降の賜氏姓・命（氏・部）名の記載が多い。このことは賜氏姓等が実際に行われた事実の一端を反映すると考えられる。さらに、この段階で各史料に記された雄略に当たる「獲加多支鹵」・「倭王武」という称を媒介にすることで、表2の各項の新古は連動しているということも見逃せない。ただし、稲荷山・江田船山の銘文（史料6・7、32・33頁）には氏姓が記されないのでこれ以降と考え、氏姓成立の実年代は雄略天皇代・倭の五王の遣使以降から『隋書』編纂以前となり、下限は崇峻・推古天皇代以前に絞られる。さらに、金石文の遺物としての編年や銘文の干支年から氏姓成立は六世紀に下るものと考えられる。順序としては、姓の前身が称号的に賜与されつつ、氏が賜与されはじめるのと同時、もしくは直後に続いて姓へと発展して氏姓が成立し、固有法としての氏姓制へと発展していくものと思われる。これは成文法ではない、慣習法として天武天皇代の八色の姓の賜与まで続いていく。

しかし、氏姓が公民層の下部へと浸透するのは、戸籍制と連動してさらに後代に下ると思われる。

④②の指摘と表2とを参考にすると、氏姓成立よりも前に「奉事根原」が記され名負氏の要素が形成されて

いる（稲荷山・江田船山、史料6・7）ことから、氏が政治的団体であることを再確認できる。さらに、「杖刀人」・「典曹人」などを輩出する母体は父系であるべきことも確認される。換言すると、職掌に奉仕する男子が「名（氏名）」を相承するので、血縁を中心とする宗族（本宗氏）は男子を中心に継嗣するものである。[56]

④の指摘をふまえて氏姓の成立とその特質（職の継承が主対象）を鑑みると、氏姓制の母体となる氏族の構造は、父系制[57]・両属性[58]（父方・母方双方に自由に属しうる性質）や双系制[59]といった親族的な問題は、別分野の社会学・文化人類学の手法では明らかにしえない構造であると言える。本書でたびたび述べるように、氏姓を持つ氏族は政治的な集団であり、外縁に結び付く擬制的同祖同族関係氏族も広義での氏に含まれるからである。

ただし、田中良之[60]をはじめとする骨考古学の成果によれば、主に九州地方の事例検討が中心となっているものの、妻や家長の弟などを埋葬するような例もあったが、五世紀後半になると男性家長とその子のみを同一墓に埋葬するように変化するという重要な傾向があることを指摘している。加えて、六世紀前半から中葉にかけて、家長の妻でおそらくは次世代家長の母が同一墓に埋葬されるようになるという。

また、清家章[61]は田中の検討素材が九州と中国地方に偏っていることを指摘しながらも、近畿地方における検討結果からも同様のことが言えると指摘した。つまり、五世紀後半においては父とその男子を同一墓に埋葬するという父系による埋葬原理が、ほぼ列島を覆っている原則だったことが明らかにされたわけである。

以上のことから、ある程度富裕・有勢な階層（検討対象とした造墓が可能な階層）では、すでに血縁親族の継承関係も父系を基軸としていたと見なしてよい。すると、政治的な集団の各個体の継承も血縁親族と同様に父系を基軸としていたと考えることが穏当だろう。

さて、論点を変えてみよう。諸先学は前掲②・③の段階で氏の成立と見なしているが、職掌の継承は氏族の成立の必要条件であっても十分条件ではない。なぜなら、萌芽的な職掌名が成立しても、それらを氏姓に負って仕奉するにはもう一段階のステップが必要だからである。ここに、これまで論じられてこなかった氏姓成立の契機が存在していると見られる。

そこで、氏姓制成立の契機について検討するために、もう一度表2を参照していただきたい。前節で指摘した、倭の五王の遣使以降、推古天皇代の遣隋使派遣までの中国との没交渉と、その間に推定される氏姓成立という二つの画期が連動していることが想定されよう。従来、国内治世の整備という観点から氏姓や部・国造などが順次成立していったとあまり深入りせずに言及されてきた。だが、少なくとも氏姓に関しては、対外関係との密接なかかわりが重視されると考えられるのである。

五世紀中~七世紀初頭の間、公的な遣使が無いことについては、朝鮮への派兵なども影響したとも思われる。だが、没交渉であることをことさら重視するのは、保立道久[62]が述べるような、脱却すべき「島国根性」的な歴史観なのかもしれない。それでもなお、国家レベルでの通交に比すれば民間レベルでの交流では制度・政策的な影響や伝播はしにくいだろう[63]。本書では取り上げていないが、出土遺物や七支刀の銘文などから、豪族層レベルより上層の人々の間にも通交[64]があったことは疑いない。ただし、第二章で述べるように、制度的に先天的な独自性が有る日本の氏姓は、そのような通交の影響によるものでもないことは明らかである。

それでは、逆説的になるが、中国との没交渉を氏姓の創出する契機として考えたとき、どのような要因が考えられるのであろうか。私は以下のように推測する。

朝鮮諸国との友好あるいは緊張関係の中で、倭王（大王＝天皇）も中国の将軍号を授かることになる。その行為自体によって、同じように受爵される朝鮮諸国王や倭王の臣との関係に問題が生じることに倭王は気付いたのではなかろうか。つまり、倭王が能動的に中国秩序を媒介にしても、倭の「王」と、朝鮮諸国の王や倭隋ら倭王族との関係において地位の傾斜関係は構築できても、そこには君臣の上下関係が顕示されないのである。ここに至り、倭王はその権力の伸張を背景に、中国皇帝に代わる一つの秩序を創出し、倭王が倭王権の臣下へ「氏姓」を下賜するという立場への移行を企図した、と考えてもあながち不当ではあるまい。

換言すれば、「氏姓」が創出されたのは何かを下賜する主体へと倭「王」の権威を昇華させるためだったと想定できよう。重ねて述べるが、『宋書』に見られる爵号除授から、『隋書』における対等外交の企図へという倭側の姿勢の変化が看取される。この前後において、対中外交の態度の違いがその背景となる内政整備と連動していることが明らかであろう。

以上から、氏姓創出はその勢力の及ぶ内部に賜与貶奪権を発揮しうるものであり、中国の爵号除授に変わりうる秩序を示すものとして創出された。それは対宋外交末期の国交途絶を契機としたとの結論を得た。繰り返すが、氏姓の創出という国内的な史実は、東アジア史の流れの中で位置付けていく必要がある。そのような視点からすれば、中国王朝と国交の再開された隋代において、「倭」姓から「阿毎多利思比孤」・「阿輩雞彌」という呼称への変化は、七世紀に至って倭王権と氏姓制がある程度機能する段階に至ったことに対応していると言える。

小結

最後に、本章で得られた結論を要約しておくことにしたい。

第一に、『記紀』に示された編纂期頃の史観の検討の結果、雄略天皇代を基軸にして、その前代へ賜氏姓伝承を配置し、中でも允恭天皇代を画期と見なしていたことが分かった。あわせて、各天皇代の記事の精粗は、結び付く氏族伝承の多寡によるものであると指摘した。

第二に、『書紀』・金石文・中国側史料の結節点となる雄略天皇を支点と考えたとき、倭王武の遣使よりも後に「氏姓」が成立している。その契機は、対外関係中（爵号除授）にヒントを得て、対内的に賜与する主体となるために「氏姓」を創出したと推断した。第二章において後述するが、氏姓制の独創的な特徴から、この時期に成立したこと、中国・朝鮮からの影響関係が薄いことの傍証となる。

以上の検討から、氏姓を要素とする氏姓制は、その契機と構想において対外関係の動向に影響され、中国との国交途絶期間中に創出されたことが分かった。この正式国交の途絶期間という外因的な要素のために、後に日本の固有を示す特徴的な慣習法による制度となったのである。このような日本古代の固有の制度が、逆説的には東アジア世界の中で有機的な関係を有していたことも窺知できた。

一方、氏姓制と並んで六世紀頃の内政整備の一つとして挙げられる部民制も氏姓成立直後に成立したと考えられる。部民を示す「部」称は、氏姓とも密接にかかわり氏名とも混在するようになるが、本来は氏姓を保持する階級の下部に設定された。この制度創出の契機などは本章の問題意識と通底し、朝鮮半島諸国との関係も問題にされるところである。部称は漢字の字義によるものであり、発生も日本的なものと捉えているが、この点については別に論じる機会を得たい。

本章では、氏姓制によって東アジア世界の中での日本の政事制度への影響の一端を垣間見た。そこには、朝鮮半島との活発な交流よりも中国との正式国交の有無が影響していることが看取された。氏姓制のような日本に固有的な事項、研究対象においても、より幅広い視野での時代背景を念頭に置いて行論する必要性も指摘しておきたい。

註

（1）本居宣長『古事記伝』遠飛鳥宮巻（『本居宣長全集』一一、大野晋編、筑摩書房、一九七四年）などによる。出版完了は一八二二年。
（2）阿部武彦『氏姓』〈日本歴史新書〉、至文堂、一九六〇年。
（3）平野邦雄「日本古代における『氏』の成立とその構造」『古代学』一二―一、一九六五年。
（4）志田諄一『古代氏族の性格と伝承』雄山閣、一九八五年。
（5）前之園亮一a「ウヂとカバネ」『日本の古代』一一 ウヂとイエ、中央公論社、一九八七年。同b「宋書南斉書・名代・猪膏から見た氏姓成立と盟神探湯」『学習院史学』三八、二〇〇〇年。以下、とくに断らない限り前之園説は両論文による。
（6）吉村武彦「六世紀における氏・姓制の研究―氏の成立を中心として―」『明治大学人文科学研究所紀要』三九、一九九六年。
（7）熊谷公男『大王から天皇へ 日本の歴史』〇三、講談社、二〇〇一年。以下、熊谷説は本書による。
（8）中村英重「ウヂの成立」『日本古代の中世の政治と宗教』佐伯有清編、吉川弘文館、二〇〇二年。後に中村『古代氏族と宗教祭祀』（吉川弘文館、二〇〇四年）に再録。
（9）関晃『古代の帰化人』吉川弘文館、一九九六年。
（10）直木孝次郎『日本古代国家の構造』青木書店、一九五八年。
（11）阿部武彦『日本古代の氏族と祭祀』吉川弘文館、一九八四年。
（12）加藤晃a「我が国における姓の成立について」『続日本古代史論集』上、坂本太郎博士古稀記念会編、吉川弘文館、一九七二年。同b「日本の姓氏」『東アジア世界における日本古代史講座』一〇、学生社、一九八四年。最近では、須原祥二がこの立場に従っている（須原「「仕奉」と姓」『日本律令制の構造』笹山晴生編、吉川弘文館、二〇〇三年)。

(13) 北村文治『大化改新の基礎的研究』吉川弘文館、一九九〇年。また武光誠「姓の成立と庚午年籍―部姓の起源について―」(『古代史論集』上、井上光貞博士還暦記念会編、吉川弘文館、一九七八年)も孝徳天皇代から庚午年籍に姓の制度化を求めるが、それ以前の姓とは別なものとすることや、部が令制前に成立していないとするなど問題が多く首肯できない。

(14) 山尾幸久『カバネの成立と天皇』吉川弘文館、一九九八年。

(15) 湊敏郎『姓と日本古代国家』吉川弘文館、一九八九年。

(16) 義江明子『日本古代系譜様式論』吉川弘文館、二〇〇〇年。

この他の関係論考も多いが、前之園亮一『研究史 古代の姓』(吉川弘文館、一九七六年)・直木孝次郎「古代氏族研究の動向」(『日本古代の氏族と天皇』塙書房、一九六四年、初出一九五七年)・野口剛「ウヂ研究の現段階」(『古代史研究の課題と方法』国書刊行会、一九八九年)・吉村武彦「氏・姓の成立に関する研究とデータベースの作成」(平成5年度科学研究費補助金(一般研究c)研究成果報告書、一九九四年)などを参照されたい。

(17) 後の天皇権に繋がる大王権を想定して使用する。賜氏姓・改賜氏姓の権限は天皇(大王)しか所持しないためである。以下、基本的に天皇権・皇権・王権(=倭王権)と呼称するが、『書紀』などを利用しての時代区分をする際には便宜的に「天皇」の呼称を使用する。

(18) 「名負氏」の用語については序章で述べた。拙稿a・e・g論文、及び本書第二章参照。

(19) 吉村武彦『日本古代社会と国家』岩波書店、一九九六年。

(20) 「祖」記事として数えた各記事は紙幅も費やすので省略する。数え方が私とは若干異なるが、西宮一民「記・紀「祖氏族」記事と成立論」(『神道史論叢 瀧川政次郎先生米寿記念論文集』瀧川政次郎先生米寿記念論文集刊行会編、国書刊行会、一九八四年)も参照されたい。

また、始祖を論じた最近の研究に竹本晃「『日本書紀』における『始祖』と氏」（『古代文化』五八―Ⅰ、二〇〇六年）がある。

（21）擬制的同祖同族関係氏族は、実際には血縁関係ではないが、祖先神を共有して同族関係に組み込まれた氏族を指す。拙稿b・c・e・f論文も参照。

（22）北村註（13）書。

（23）猨女君については拙稿e論文、及び本書第二章参照。

（24）吉村武彦「日本の古代社会と首長制」『歴史学研究』五四七、一九八五年。

（25）前之園前掲註（5）b論文。

（26）この記事に潤色があることは、「籍帳」の存在や「皇子」の字句などから間違いない。

（27）拙稿d論文、及び本書第三章において、氏の構造から「宗族」や「宗」の字義について若干言及した。

（28）本書第四章や第五章などで述べるが、詳細は拙稿b・c・f・j論文も参照。また、平安時代にまで下る氏の結合を説いたものには、例えば竹本晃「古代における氏の系譜結合と改姓」（『日本歴史』六六二、二〇〇三年）などがある。

（29）『濫觴抄』上（『群書類従』二十六輯所収、続群書類従完成会、一九九一年）。

（30）市原市教育委員会・市原市文化財センター編『「王賜」銘鉄剣概報』吉川弘文館、一九八八年。墳形は円で、白石太一郎によれば古墳の築造時期は五世紀中頃とする。下賜主体の「王」の性格を推測することは難しい。以下、金石文史料に関しては、文字自体を重視するので返点は付さない。

（31）埼玉県教育委員会『稲荷山古墳出土鉄剣金象嵌銘概報』埼玉県政情報資料室、一九七九年。古墳の築造時期は塩野博によれば五世紀末ないし六世紀初頭。

（32）私は前方後円墳（後方墳も含め）を大和における政権が王権へと伸張し、その下で傾斜的な同盟関係にある勢力を顕示するものと考える。よって、前方後円墳を築造した地域と被葬主体は大和の倭王権傘下の勢力であると考える。都出比呂志『古墳時代首長系譜変動パターンの比較研究』（科学研究費補助金（基盤B・一般2）研究成果報告書、一九九九年）・同『前方後円墳と社会』（塙書房、二〇〇五年）などを参照。

(33) 生田敦司「記紀を遡る系譜史料の基礎的考察」（『龍谷史壇』一一五、二〇〇一年）も同様な指摘をしている。

(34)『万葉集』巻十八、四一二二［四〇九八］為幸行芳野離宮之時、儲作歌一首

多可美久良　安麻乃日嗣等　天下　志良之売師家類　須売呂伎乃　可未能美許等能　可之古久母　波自米多麻比弖　多不刀久母　左太米多麻敝流　美与之努能　許乃於保美夜尓　安里我欲比　売之多麻布良之　毛能乃敷能　夜蘇等母能乎毛　於能我於弊流　於能我名負弖　大王乃　麻気能麻尓々々　此河能　多由流許等奈久　此山能　伊夜都芸都芸尓　可久之許曽　都可倍麻都良米　伊夜等保奈我尓

（高御座　天の日嗣と　天の下　知らしめしける　皇祖の　神の命の　恐くも　始めたまひて　貴くも定めたまへる　み吉野の　この大宮に　あり通ひ　見したまふらし　もののふの　八十伴の緒（男）も　己が名負へる　己が名負ひて　大君の　任けのまにまに　この川の　絶ゆることなく　この山の　いや継ぎ継ぎに　かくしこそ仕へ奉らめ　いや遠長に）

『同』巻二十、四四八九［四四六五］喩族歌一首　并短歌

比左加多能　安麻能刀比良伎　多可知保乃　多気尓阿毛理之　須売呂伎能　可未能御代欲利　波自由美乎　多尓芸利母多之　麻可胡也乎　多婆左美蘇倍弖　於保久米能　麻須良多祁乎々　佐吉尓多弖　由伎登利於保世　山河乎伊波禰左久美弖　布美等保利　久尓麻芸之都々　知波夜夫流　神乎許等牟気　麻都呂倍奴　比等乎母夜波之波吉伎欲米　都可倍麻都里弖　安吉豆之万　夜万登能久尓乃　可之波良能　宇禰備乃宮氏　美也婆之良　布刀之利多弖氏　安米能之多　之良志売之祁流　須売呂伎能　安麻能日継等　都芸弖久流　伎美能御代々々　加久左波奴　安加吉許己呂乎　須売良弊尓　伎波米都久之弖　都加倍久流　於夜能都可佐等　許等太弖尓　佐豆気多麻敝

流　宇美乃古能　伊也都芸都岐尓　美流比等乃　可多里都芸弖氏　伎久比等能　可我見尓世武乎　安多良之伎
吉用伎曽乃名曽　於煩呂加尓　己許呂於母比弖　牟奈許等母　於夜乃名多都奈　大伴乃　宇治等名尓於敝流　麻
須良乎能等母
（ひさかたの　天の門開き　高千穂の　岳に天降りし　皇祖の　神の御代より　はじ弓を　手握り持たし　真鹿児
矢を　手挟み添へて　大久米の　ますら猛男を　先に立て　靫取り負ほせ　山川を　岩根さくみて　踏み通り
国まぎしつつ　ちはやぶる　神を言向け　まつろはぬ　人をも和し　掃き清め　仕へ奉りて　秋津島　大和の国
の　橿原の　畝傍の宮に　宮柱　太知り立てて　天の下　知らしめしける　天皇の　天の日嗣と　継ぎて来る
君の御代御代　隠さはぬ　赤き心を　皇辺に　極め尽くして　仕へ来る　祖の職と　言立てて　授けたまへる
子孫の　いや継ぎ継ぎに　見る人の　語り次てて　聞く人の　鑑にせむを　あたらしき　清きその名そ　おぼろ
かに　心思ひて　空言も　祖の名絶つな　大伴の　氏と名に負へる　ますらをの伴）

右の歌の大伴家持の観念に、天皇に仕奉する名負氏の意識を明確に窺い知ることができる。

（35）江田船山古墳編集委員会編『江田船山古墳』熊本県玉名郡菊水町、一九八九年。銘文は同書、及び東京国立博物館編『江田船山古墳出土国宝銀象嵌銘大刀』（吉川弘文館、一九九三年）による。

（36）隅田八幡神社人物画像鏡銘は釈読に諸説あるが、『寧楽遺文』（下、訂正版、東京堂出版、一九六二年）を基に、『原色版国宝』一　上古・飛鳥・奈良Ⅰ（毎日新聞社、一九六七年）と小林行雄『古鏡』（学生社、一九六五年）を参考にした。

（37）吉田孝「古代社会における「ウヂ」」『日本の社会史』六　社会的諸集団、岩波書店、一九八八年。

（38）東野治之『書の古代史』岩波書店、一九九四年。以下、東野の所説はすべて同書によるものとする。

（39）平川南「地下から発見された文字」『新版　古代の日本』一〇　古代資料研究の方法、角川書店、一九九三年。

（40）石和田秀幸「隅田八幡神社鏡銘文「開中」字の再検討―「耳中部」木簡出土の意義―」（『千葉史学』三六、二〇〇

〇年）によれば、「帰中費直」で「き（の）あたひ」と読むべきとする。ここで筆者の解釈を示す準備は無いが、いずれにしても氏姓であることから、ひとまず従来の説に従っておく。また、沖森卓也は「へちうほち」と読むべきとする（『日本古代の表記と文体』吉川弘文館、二〇〇〇年）。しかし、後述のように少なくとも後半二字については「直」の旧表記で訓義により「あたい」と読むべきだろう。

また、「開中費直」と「百済本記」については笠井倭人「加不至費直の系譜について──『百済本記』読解の一例として──」（『日本書紀研究』五、塙書房、一九七一年）を参照。

（41）島根県教育委員会『出雲岡田山古墳』一九八七年。銘文解読などすべて同書による。東野は銘文自体について、万全を期してか判読不能とされながらも、名を「今河」と推測される。判読は、ここでは措くこととする。

（42）銘文は『飛鳥・白鳳の在銘金銅仏』（同朋舎、一九七九年）、及び『寧楽遺文』（下、訂正版、東京堂出版、一九六二年）、東野註（38）書を参照。

（43）吉村前掲註（6）論文でも同様な評価がなされている。

（44）人制が部制と並存しつつも、成立はやや先行する点については、大きな問題であり、部制とあわせて別に論じる予定である。

（45）前之園前掲註（5）b論文において『宋書』『南斉書』百済国伝を同様の意義で利用していることが注目される。

（46）現代語訳は『三国志』Ⅱ（世界古典文学全集、筑摩書房、一九九二年、295頁）による。

（47）以下の史料の引用・参照は、石原道博編訳『新訂 魏志倭人伝・後漢書倭伝・宋書倭国伝・隋書倭国伝』（〈岩波文庫〉岩波書店、二〇〇〇年）の影印版による。翻刻及び返点は筆者。『後漢書』南朝宋の范曄（三九八～四四五）撰。『魏書』は『魏略』を中心に『翰苑』などによっている西晋の陳寿（二三三～二九七）撰。『宋書』南朝梁の沈約（四四一～五一三）撰。『隋書』唐の魏徴（五八〇～六四三）撰。

(48) 西嶋定生「倭面土國王出典攷」(『就実女子大学史学論集』五、一九九〇年)・同「倭面土國王出典續攷」(『就実女子大学史学論集』九、一九九四年)。西嶋によれば、本来の『後漢書』には「倭王」か「倭国王」とあったものと推断しているのに従う。

(49) 倭の五王については、以下の諸書を参照。笠井倭人『研究史 倭の五王』(吉川弘文館、一九七三年)・坂元義種『倭の五王—空白の五世紀—』(教育社、一九八一年)・西嶋定生『日本歴史の国際環境』(東京大学出版会、一九八五年)。

(50) 府官制については、鈴木靖民「東アジア諸民族の国家形成と大和王権」(『講座日本歴史』一、東京大学出版会、一九八四年)・同「倭の五王の外交と内政—府官制的秩序の形成」(『日本古代の政治と制度』林陸朗先生還暦記念会編、続群書類従完成会、一九八五年)・同「倭国と東アジア」(『日本の時代史』二 倭国と東アジア、吉川弘文館、二〇〇二年)などを参照。

ただし、「司馬」が中国的セイである可能性は残されていると考える。

(51) 坂元義種『古代東アジアの日本と朝鮮』吉川弘文館、一九七八年・沈仁安『東アジアのなかの日本歴史』1 倭国と東アジア、六興出版、一九九〇年。

(52) 武田幸男「平西将軍・倭隋の解釈—五世紀の倭国政権にふれて—」『朝鮮学報』七七、一九七五年。以下、武田説はすべて同論による。また坂元前掲註(51)書も参照。

(53) 吉村前掲註(19)書。

(54) 「阿輩雞彌」の読みについては諸説ある。坂元義種「推古朝の外交—とくに隋代との関係を中心として—」(『歴史と人物』一〇〇、一九七九年)・佐藤長門「七世紀における倭王権の展開過程—群臣の組織化を中心として—」(『國學院大學紀要』三九、二〇〇一年)など。最近では北康宏が「あまきみ」と読むべきとする新たな説を提示している(北「天皇号の成立とその重層構造—アマキミ・天皇・スメラミコト」『日本史研究』四七四、二〇〇二年)。

ここでは「阿」字の音韻から見て「あめきみ」としておく。「阿」字を「お」と発音するのは唐音に見られるが、発声や滑舌の問題と後出する「阿輩台」の問題とも絡めて後考を期したい。
(55) 発音や音韻に関しては、橋本進吉『古代国語の音韻に就いて』(岩波書店、一九八〇年、初出一九三七～三八年)・馬淵和夫『国語音韻論』(笠間書院、一九七一年)などを参照。
(56) 拙稿d論文。同論文により『大宝令』から『養老令』を通じて、氏族の継嗣と密接にかかわる令制の継嗣を考察したが、令制前についてはさらに検討の余地を残している。本書第三章も参照。
(57) 清水昭俊「ウヂの親族構造」(『日本の古代』一一 ウヂとイエ、中央公論社、一九八七年)などで、通説的理解と言えよう。私も基本的にウヂとは父系的性格を有するものと考えている。
(58) 義江明子『日本古代の氏の構造』吉川弘文館、一九八六年。また、父系出自を志向する複数の父系血縁集団と見なす明石一紀説も類似の見解と言えよう(明石『日本古代の親族構造』吉川弘文館、一九九〇年)。近年では、官文娜も義江説と同様の結論として「非単系の血縁集団」と述べている(官「氏族系譜における非出自系譜の性格」『日本社会の史的構造』古代・中世、大山喬平教授退官記念会編、思文閣出版、一九九七年、後に『日中親族構造の比較研究』思文閣出版、二〇〇五年に改題修訂して所収)。
(59) 吉田孝『律令国家と古代の社会』(岩波書店、一九八三年)・杉本一樹「戸籍制度と家族」(『日本の古代』一一 ウヂとイエ、中央公論社、一九八七年)など。
(60) 田中良之『古墳時代親族構造の研究―人骨が語る古代社会―』柏書房、一九九五年。
(61) 清家章「近畿古墳時代の埋葬原理」(『考古学研究』四九―一、二〇〇二年)・同『古墳時代前半期の埋葬人骨と親族関係』(科学研究費補助金(奨励A)研究成果報告書、二〇〇一年)など。
(62) 保立道久『黄金国家―東アジアと平安日本―』青木書店、二〇〇四年。
(63) 文化の伝播に関しては、伊東俊太郎『文明の誕生』(講談社学術文庫、一九八八年)を参照。

（64）このような関係は、鈴木靖民「倭国と東アジア」（『日本の時代史』二 倭国と東アジア、吉川弘文館、二〇〇二年）など参照。七支刀の銘文は村山正雄『石上神宮七支刀銘文図録』（吉川弘文館、一九九六年）を参照。

第二章　律令制前の政事構造と氏

一　問題の所在

一九八六年に吉村武彦[1]により提唱された「仕奉」と「貢納」の概念は、律令制導入よりも前（以下「律令制前」とする。「律令制導入前」とした場合は、律令制前も含め、遣隋使派遣以降からの過渡的段階を含めた『大宝令』よりも前を指す）の古代政事制度[2]や、百姓以上における王権をめぐる政治的諸関係を導き出す上で非常に有益であった。吉村の要点は以下のとおりである。

官人から百姓、蕃国人・夷狄や皇親に至るまで、すべての臣民は共通に王権に「つかへまつる」意識を持っており、直接王権に仕奉するものと、直接王権に関係しない場合には貢納と労働による仕奉とがある。前者は臣・連・伴造・国造による人的仕奉、後者は氏名を持つ百姓の労働力による奉仕か物的な貢納によるものである。

「仕奉」という語は、右の提言により学術用語としても定着するに至っている。例えば、辞典の項目に採用された[3]他、多くの論考において使用されている[4]。とりわけ近年では「仕奉」を律令制官人の奉仕理念と同一と見なし、官人制へも適用を試みる大隅清陽の論考や、名負氏と関連させる須原祥二[5]の論考なども公表され、発展的に継承されている。

また、松下正和[6]による律令制下の仕奉の考察は、理念的ではなく現実的に「臣」（官人貴族層）を直接的な仕奉対象と見なしていたとの指摘もあり、注意を喚起される。理念と現実とのギャップには常に意を払わなければならないからである。

本章では、これらの先行研究をふまえ、律令制前の「仕奉」[7]の実態を明らかにする。これにより、氏姓の独自性の一端が解明されると考えるからである。仕奉関係を読み取る指標として、氏姓制での「名負氏」の検討を行い、律令制前の政事構造を明らかにすることを第一の論点としたい。

次いで、姓の性格を明らかにすることを目的とし、その素材として「某山君」という氏姓を検討する。近江国に特徴的に存在するこの氏姓を、類似した他の氏姓とともに分析することにより、姓は氏に比べて多様性が無いことを述べる。

一方で、姓の種類にかかわらず、氏名を中心とした名負の特徴がある。第二の論点として、氏名に特徴が表出している名負の性格は、姓の種類とかかわらないことを明らかにする。

最後に、名負氏のみならず、氏姓の所持・不所持と氏姓の賜与貶奪権という観点から、日本の氏姓が日本独自の固有な制度であることを明確にし、その上で同時代における中国や朝鮮諸国との差異を析出することを第三の論点とする。

二　律令制下の君臣関係

倭王権が律令制を導入するより前、すなわち律令制前の君臣関係は、臣下・百姓[8]による王権への多様な「仕奉」が基底にあり、王権の政事・支配が支えられていたと考えられる。

考察の前提として、この「仕奉」の概念そのものが問題となろう。律令制前のみならず、律令制下の官人社会においても「仕奉」や「奉仕」の文言は宣命をはじめ諸史料に普遍的に存在し、さらには官人の職務奉仕理念に「仕奉」を適用する大隅説も提出されているからである。

そこで、律令制下の君臣関係の理念を明らかにすることで、「仕奉」が律令制前と同列に扱えるのかどうかを検討する。結論から言えば、律令制の前後において君臣関係の構造は変容し、それに応じて「仕奉」の用語も変化していると考える。

検討に先立って大隅説の大要を示しておく。王権（この場合天皇）と官人との関係は、九世紀末に昇殿制が成立するまでに「仕奉」に対する「君恩」賜与という互酬的性格を持つようになり、王権と五位以上集団とそれ以外（六位以下）の各々の関係に整理される。そして、六位以下の官人と王権との関係は、官人の「仕奉」として上日があり、王権の「君恩」として考選・季禄を与えるという論理による関係であると説いている。

大隅は上日以外の様々な「仕奉」を認めてはいるものの、用語としての「仕奉」が該当するのは正月叙位に預かる五位以上の官人を対象であったと限定的に捉えている。

大隅の説くような五位と六位との差については、虎尾達哉[9]の指摘、すなわち五位と六位との断層は中国律令には無く、日本の律令制定者が「マヘツギミ」層を意識して差別を設けた、と説いているのも参考になろう。たしかに、中国律令の品階における差等とは異なり、日本における貴（五位以上官人）とそれ以下との差等は多少の変化があった位階制の導入前から存在した日本独自の固有性に由来する。

とはいえ、官人の給与を含めた待遇差を旧大夫層氏族の出自の差（＝身分差）に求める大隅説には疑問が感じられる。官人の職務奉仕と給禄関係は、王権と「マヘツギミ」層の関係と同じ理念とは考えられないからである。そこで、大隅が「仕奉」における身分の断層の根拠としている官人給与の規定をいくつか見てみよう。

《史料1》「養老禄令」1給季禄条

凡在京文武職事及太〔大〕宰・壱伎・対馬、皆依二官位一給レ禄。自二八月一至二正月一、上日一百廿日以上者、給二春夏禄一。正従一位、絁参拾疋・綿参拾屯・布壱佰端・鍬壱佰肆拾口。（正従二位―少初位中略）〔家令降二一級一。唯文学不レ在二降限一。〕秋冬亦如レ之。

『養老令』より前の『大宝令』にも季禄の規定が存在したことは『令集解』から指摘できる。(10) さらに、右に掲げた史料1の「大宝禄令」の給季禄条(11)の復原案では品位による文給規定も知られるが、文給額は明確ではない。しかしながら、家令も『大宝令』段階から規定されていたことから推せば、季禄の文給対象は、『大宝令』の施行当初から位階の上下を問わず、すべての貴族・官人層であったと見なせよう。

次に、位禄と時服を見よう。これらは養老令制では規定を欠くので、平安期の史料ではあるが奈良時代の制度をほぼ継承していると見られる『延喜式』の規定を分析する。

《史料2》『延喜式』太政官式、諸司時服条

凡諸司時服者、起二十二月一尽二五月一。計二上日一百廿以上及番上八十以上一、各給二春・夏料一。中務省録二人・物数一、六月七日申二太政官一。〈其太政官時服者、当月一日録送二弁官一。惣造レ目四日下二符中務一。〉九日奏聞。廿日官符下二大蔵一、廿二日出二給之一。其日弁官一人就二大蔵省一行レ事。（割書略）其無品親王及乳母時服、同月十日官符下二大蔵一、十五日出給。秋冬准レ此。

《史料3》『延喜式』太政官式、給位禄条

凡給二位禄一者、中務・式部・兵部三省録二応レ給人・物数一、十一月十日申二太政官一。即造二惣目一、十五日少納言奏

レ之。廿日官符下二大蔵一、廿二日出給。〈事見二儀式一。〉其身在二外国一及国司者、以二当国正税一給レ之。

《史料4》『延喜式』民部省式下、季禄・位禄・時服条

凡季禄・位禄・時服之類、及諸国地子等、承二知官符一、省加二奉行一、直下二所司一。

さて、史料1や3からは五位以上の貴族層に対して位禄・季禄などの律令制的支給論理が貫徹していたことが知られる。つまり、位階を有するものはその位階と職務情況により半ば機械的に給料を支給されているのである。同様に史料2を見れば、支給額はともかくとして、その対象として長上官と番上官の区別すらないことも知られる。

このことから、少なくとも律令制における官人の給禄には律令制の論理（位階と上日・勤務内容）による奉仕が前提とされていたと言えるだろう。「延喜式部式上」に「凡在外五位已上位禄者、准二当土沽一、便給二正税一。」とあるように、位禄は位階により支給とその額が区別[12]されていたが、給禄の論理としては季禄・時服と同列に認識されていたことは、史料4で「季禄・位禄」と並列に記載されていることからも明らかだろう。

この他にも、勤務査定の基準を規定した「養老考課令」最条では、内容は官職によりそれぞれ異なるが、大少納言においても六位以下官人とも共通する最が考慮された。また、「養老考課令」59内外初位条には「三位以上奏裁。五位以上太政官量定奏聞。六位以下省校定。」という規定が見られる。これにより、位階によって奉仕の形式は異なっていても、議政官レベルでの奉仕も六位以下と同じであると言える。つまり、律令制における官人すべては、天皇との人格的関係ではなく、律令制による機構的関係（官職―官人）における職務奉仕理念に基づいていたと判断されるのである。

以上をまとめる。位階と職に対する給付、官人の緩怠などによる褒貶すなわち考課などから、少なくとも『大宝令』施行当初から議政官も含めたすべての官人には同じ奉仕論理が働いていた。換言すれば、位階や職による差等

はあっても、勤勉な職務奉仕と給禄との相関関係が律令制下における官人奉仕の論理であったと結論付けることができよう。

このように、大隅が根拠とする給禄・考課[13]の待遇差は「仕奉」の本質的な違いではなく、あくまでも律令制における数量的もしくは手続き上の差異でしかないのである。

であるならば、大隅の区分は、従来言われてきている五位以上の貴族層とそれ以下の官人層との断層を、「仕奉」の違いへと誤って置換し理解されたものと言えよう。律令制下での君臣関係の理念は律令制前における関係も内包しつつも、機構における奉仕と給禄の関係こそが本義である。特例として散見される人格的な互酬的関係については律令法以外の論理によるものと見なすべきである。

この点に関しては、前述した虎尾説も一端を表しているが、本書第三・五章でも後述するように、律令には固有法の影響などによる日本独自の変改も見られる[14]。視点を変えれば、律令に影響を与えるだけの素地を有する王権と臣下との関係が想定されることとなる。この想定に大過なければ、前章で述べたように、王権の成立に端を発する臣下の「仕奉」も律令制とは別の論理を考えるべきである。律令制前の政事構造は天皇と臣民との人格的関係から出発し、次第に制度の枠組を創出していったからである。各時期を通じて見られる「仕奉」や「奉仕」といった文言は、広義には文字どおりの「つかえまつる」ことを指すが、狭義には臣民の側の変容があるので、その意味するところを時代によって厳密に区別すべきではなかろうか。

本節では、「仕奉」の概念が律令制前と以後とでは異なっている可能性を指摘した。それでは、律令制導入よりも前の「仕奉」はどのようなものであったのだろうか。律令制前の政事構造を明らかにすることが「仕奉」概念の違いを明確にし、政事構造の特徴を示しうるものと考えられる。節を改めて「名負氏」を手がかりにこの点を考察することにしたい。

三　「名負氏」と「仕奉」に見る政事構造

⑴「名負氏」と律令制前の政事構造―研究史を中心に―

前節では、「仕奉」は律令官人の奉仕理念としての「奉仕」と、律令制前の王権と臣下との人格的関係の「仕奉」をも引き継いだ広義での文言として用いるべきではないことを明らかにした。そして、王権と臣下との間の人格的関係こそが狭義での「仕奉」であり、とりもなおさず律令制前の政事構造の論理を示していることになる。制度的に未成熟な律令制前の政事は、当然ながら王権と臣下・百姓との人的関係に依拠するものと考えられるからである。

私は、この関係による政事構造は氏姓を持たない王族（後の「皇親」）と有氏姓者による政事体制と捉える。名称によって王族・賤と有氏姓とが弁別されるが、加えて、氏名に名負という政事的な特徴を示していることは単なる区別という意味以上の意義を有している点で重要である。本書で主題としている氏姓制が、政事構造を明らかにする上で重要な鍵となってくるのはこのためである。

以上の問題意識から、本節では政事構造を形成する氏姓制の重要な特色である「名負氏」⑮について考察する。まず、名負氏についての研究史を簡略に触れておこう。

従来の包括的な理解では⑯、検討を積み重ねずに印象論から、名負氏の特徴は連や造系の姓を持つ氏族が多いとされてきた。個別氏族の事例から名負氏に言及する研究では、連姓の代表的な例とされる中臣氏（本書第四章参照）が挙げられるが⑰、氏称の由来となる名負の本義については定説を見ない。また、伴の中の伴、大いなる伴などと言われる大伴連氏や、武具をはじめとするモノあるいは霊力を指す、もしくはそれらを含めた総称的なモノを扱うとされる物部連氏[18]なども名負氏として挙げられる。他に氏称に名負氏の特徴が顕現化している例として、本章で検討する山部連氏が挙げられよう。造姓の氏族においては、氏称そのものである衣縫造氏（本書第五章表16には縫部が見える）などが例示される。

一部の氏族を対象とした名負氏の検討は漸進しているものの、臣姓などの氏族が実際のところどのような性質の名を負った名負氏であるかについてはあまり言及されてこなかった。また、前述した以外にも個別氏族を考察対象にして各氏族の名負氏としての性格を明確にしている業績は散見できるが[19]、氏姓制総体の特質を明らかにするという視点に欠けており、そのために名負氏の本質が明らかにされていない。さらに、本章とは直接関連しないが、時代が下った律令制下での名負氏については研究が多少深化しており、大嘗祭を中心に名負氏の非律令的性格を指摘した中嶋宏子[20]の研究なども注目される。中嶋によれば、律令制導入前の政事体制やその本質的な理念が機能して、大嘗祭にかかわる一部の名負氏が後世まで存続したものと解される。

このような状況下において、先述のように吉村は論文「仕奉と貢納」により、王権との関係から氏姓制を捉え直す議論を起こした。さらに、「律令制的身分集団の成立」によって王民制や身分制から氏姓制総体の特質を示し、「仕奉」概念を敷衍させて連系氏族だけでなく臣系氏族をも名負氏の範疇に含めた。

これを承けた形で須原祥二の「「仕奉」と姓」が発表され、すべての「有姓者」[21]は名負氏であり、「姓」は庚午年籍作成当時の政治的状況を反映しているにすぎず、氏族の性格を限定するものではないと説いた。

しかしながら、右の二説には若干の問題もある。吉村説では、君と臣との対比関係として立論しているが、臣とされた有氏姓階層集団（氏族）の内部には氏上や氏人などの重層性があることをふまえれば、同一の氏の名であっても多様な仕奉の内容を想定すべきだろう。また、皇親・蕃人・夷狄らを有氏姓階層の範疇に含めてしまうと、後者のような氏族とは異なっても王民に含まれる階層の特殊な「仕奉」との質的差異が不明瞭になるおそれがある。皇親は別として、蕃人・夷狄らと天皇との関係と、君臣関係から見た場合の政事的な「仕奉」関係とは、若干異なる理念が働いていると思われるからである。

須原説にしても、大略は同意できるが、地名を負う氏姓を「用益権的地名「姓」」と理解し、その一方で「藤原姓」を地名姓とし、鎌足の「仕奉」を独占する指標の役割（功業を名負としていると述べていると思われる）を果たすものと理解しており、解釈の基準が一定していない。また、氏姓の分布や分類が庚午年籍定姓時の影響によるというが、一面的にすぎるだろう。[22] なぜなら、功を顕彰する名負の氏称が存在するならば、庚午年籍作成以降の改賜氏姓や戸籍貫附などの各氏族の変動に対応できないという問題が残るからである。これら以外にも、律令官人制の中に氏の名と名負とを結び付け、官人の中での区分に援用しているが、先の大隅説と同様の理由から疑問を感じる。

そこで、以上の研究史上の問題点をふまえ、氏名に名負の性格が特徴的に示されている名負氏を検討することにより、氏姓成立時の政事構造において名負氏がどのような存在意義を有していたかについて、節を改めて実例をとおして考察してみる。

なお、賜氏姓をまず一つの素材として本書を行論しているが、律令制下における給録に該当する概念として、律令制前の仕奉に対する「酬」がある。「酬」の内実は、賜氏姓以外にも初期的な官（ツカサ）への任官や部曲私有の認可など多様であると考えられる。この詳細は氏姓制とは別の分析視角が必要であるため、本書では追究しない。今後の課題としたい。

⑵ 氏姓成立時の名負氏―猨女君氏をてがかりに―

名負氏については、連・造姓氏族といった一部の姓のみが従来から追究され、それ以外の姓を有する氏族は考察されてこなかった。ところが近年、須原は律令官人制における氏族のすべては名を負うとする重要な指摘をした。これは首肯される見解である。結論から言えば、名負はすべての氏姓に関して該当し、そしてそれは律令制導入前においても有効に機能していた制度であったと考えている。

ここでは、猨女君（公）[23]氏を事例として律令制前の政事構造について考察することにしたい。猨女氏は神代にまで遡る説話中に登場する。『書紀』第九段一書第一の説話に賜氏姓について記されるのがそれである。

《史料5》『書紀』神代下、第九段一書第一

（前略）又以二中臣上祖天児屋命・忌部上祖太玉命・猨女上祖天鈿女命・鏡作上祖石凝姥命・玉作上祖玉屋命、凡五部神一、使二配侍一焉。（中略）時皇孫勅二天鈿女命一、汝宜下以二所レ顕神名一、為中姓氏上焉。因賜二猨女君之号一。故猨女君等男女、皆呼為レ君、此其縁也。（後略）

この記事[24]はいわゆる天孫降臨に際して、前駆として遣わされた猨女氏の祖先神である天鈿女命が猿田彦に道案内をさせた。それにより猿田彦の神名に因んだ猨女君という氏姓を賜ったというものである。『古事記』・『古語拾遺』[25]にも同工異曲の氏族伝承がある。

しかし、『書紀』同段の他の一書などにはこの天鈿女命の動向は記されていない。そのため、元々は一部の氏族の人口に膾炙して伝承化された挿話だったと考えられる。それが藤原氏と同族で神祇官にその勢力を扶植していた中臣氏と結び付いて一書の中でも第一に挙げられ、その内容を認定された国史上の伝承となったのである。

猨女氏の性格について、田中日佐夫[26]は、猨女が「あるときは太陽神＝「天照大神」となり、あるときは山人とも

なることができた」と推断するが、根拠が無く推測の域を出ない。また松村武雄[27]や本位田菊士[28]は、猨女氏が伊勢地方の神話・儀礼と関係があり、志摩地方の御贄を貢献する有力海人族の一つとする。だが、史料5は神武東征説話の通過点としての伊勢地方とその由緒を述べるという含意こそが本義であり、猿田彦の登場はむしろ付属的な要素である。よって、この説も単なる付会にすぎず、猨女の名負の性格を解き明かした研究は現在のところ見られない。

さて、猨女氏の具体的な仕奉内容を考察する前に、猨女君氏の氏姓の由来となった猿田彦の名が何を表しているのかを分析することが一つの鍵となろう。

これまでの研究によれば、「サ（神稲）ル（の）田」との註釈[29]が見られる他、西郷信綱[30]は猿楽と同じで「戯（さ）る」だろうとする。しかし、「戯」が「さ」と訓むかどうかは問題と思われるし、後述する猨女の職掌や、『書紀』の天鈿女命の奇行からは別の側面を考える必要があろう。すなわち、猨女の性格から分析することが順当な方法であると考える。

もっとも、先の神代紀の記事（史料5）以外に六国史や律令においては猨女氏の存在を窺うことはできない。また、木簡などの出土文字史料にも管見の限りでは猨女が記される例は現在のところ無い。そこで、平安時代に下る史料にまで対象を広げると、『延喜式』では三条文四箇所に散見する。

《史料6》『延喜式』神祇式、四時祭下、鎮魂祭条

（前略）右、中寅日晡時〈中宮鎮魂同日祭㆑之。〉五位已上及諸司官人参㆓集宮内省㆒。式部依㆑例検㆑列。（中略）内侍持㆓御服㆒自㆑内退出。大膳職・造酒司供㆓八代物㆒同時参。〈中宮・東宮准㆑此。〉縫殿寮令㆓**猨女**㆒参入。即大臣昇就㆑座。（割書略）喚㆓召使宣㆒。喚㆓式部㆒。（中略）訖神祇伯召㆓御琴弾某甲㆒。（割書略）次喚㆓笛工某甲㆒。（割書略）又命云、御琴・笛会之。〈四人共称唯。〉先吹㆓笛一曲㆒、即調㆓御琴㆒。歌者始奏。神部於㆓堂上㆒催㆓拍手㆒。御巫及

猨女等依レ例舞。訖即神祇官五位・六位各一人、〈中臣・忌部。〉及侍従五位以上二人・宮内丞一人・内舎人二人・大舎人二人、以レ次進舞二於庭一。（後略）

《史料7》『延喜式』神祇式、践祚大嘗祭、斎服条

凡斎服者、十一月中寅日給レ之。神祇官伯以下弾琴以上十三人、（割書略）各榛藍楷綿袍一領・白袴一腰、史生以下神服以上一百卌七人、（割書略）各青揩布衫一領。其御巫・**猨女**等服者、依二新嘗例一。小斎親王以下皆青揩袍。五位以上紅垂紐。〈浅深相副。〉自余皆結紐。（後略）

《史料8》『延喜式』神祇式、践祚大嘗祭、十一月卯日条

（前略）戌時。天蹕始警臨二廻立殿一。主殿寮供二奉御湯一。即御二祭服一入二大嘗宮一。（中略）宮中道并庭者、以二八幅布単八条一敷、大臣若大・中納言一人、率二中臣・忌部、〈中臣立レ左、忌部立レ右。〉御巫・**猨女**一、左右前行。〈大臣立二中央一、中臣・忌部列二門外路左右一。〉（後略）

これら『延喜式』の記載から猨女について知られることは、①鎮魂祭に参加して舞を舞うこと、②践祚大嘗祭において中臣・忌部に率いられて門外に列立すること、③史料7の記述から新嘗祭にも参加していたことが想定できること、などである。これらの点以外には猨女の具体的活動を知ることはできない。猨女はそれぞれの祭祀において、ごく限られた役割を担う存在だったことが看取されよう。

結論的に言えば、猨女の役割（仕奉内容）は史料6にも見えるとおり歌舞奏上であった。『古語拾遺』には天鈿女命が「挙二庭燎一、巧作二俳優一、相与歌舞」しており、「是以、中臣・斎部二氏、倶掌二祀之職一。猨女君氏、供二神楽之事一。自余諸氏、各有二其職一。」とある。同様に、『先代旧事本紀』[31]巻五「天孫本紀」にも「凡厥鎮祭之日、猨女君等主二其神楽一挙二其言一、大謂一二三四五六七八九十而神楽歌儛、尤縁二瑞宝一、蓋謂レ斯歟。」ともある。これらの史料

からも、神楽の際に猨女が舞うことが分かる。

このことから、神事祭祀に芸能（神楽の奏上）をもって仕奉することが猨女の職掌であることは明瞭である。その性格も、「猨女之祖、亦解二神怒一。」と記すところにこそ本義があるのではないだろうか。天鈿女命は、『記紀』の天岩戸神話では、天照大神に岩戸の外の様子に興味を抱かせ、『古語拾遺』では猿田彦の心を開かせた。このように、天鈿女命の舞には心を解きほぐす作用があったのである。『古語拾遺』で編者の斎部広成が「神の怒りを解く」と見なしたこと、同じく広成が述べる「凡鎮魂之儀者、天鈿女命之遺跡。」も、このような猨女の舞の特殊な効能から派生した職掌の一つだろう。

もっとも、史料7・8には猨女は御巫と併記されており、神事の中で目立った存在ではない。さらに、大同二年（八〇七）の『古語拾遺』編纂時には、猨女氏からは神部を出せない状況も看取しうる。この点は中臣氏と大きく違う点である。

猨女の性格に話を戻そう。『延喜式 上』の補註において、天岩戸に隠れた天照大神に対して行った天鈿女命の舞が鎮魂祭に繋がると指摘されているが、そのようには考え難い。同じように史料にあまり見られず、明確に性格を知りえないことから、「養老喪葬令」に規定される遊部との関係を想定する見解もある。だが、広成が「古語、天乃於須女。其神強悍猛固。故以為レ名。」と註している。天鈿女命の性格より見れば、鎮魂祭のみに限定されない、強健を思わせる特徴を有して祭祀儀礼の中での歌舞奉仕することが第一義の職掌と見て大過あるまい。このような名負の職掌から見れば、猨女は「然（さ）ある」＝「そのようにある」、つまり演じること、俳優を意味する名を負っていたと判断できる。この「演じる」ということが、儀式として整備された段階の『延喜式』においても取り入れられ、永く名負氏としての存在を保持していくことを可能としたのである。

ところで、猨女氏が名負氏として後世に名を残すことになったことを知ることができる格好の史料がもう一つある。『三代格』巻一、神宮司神主禰宜事[32]所収の弘仁四年（八一三）十月二十八日付太政官符がそれである。

《史料9》『三代格』巻一、「神宮司神主禰宜事」所収弘仁四年太政官符

太政官符

応レ貢二猨女一事

右得二従四位下行左中弁兼摂津守小野朝臣野主等解一稱、猨女之興、国史詳矣。其後不レ絶今猶見在。又猨女養田在二近江国和邇村・山城国小野郷一。今小野臣・和邇部臣等、既非二其氏一被レ供二猨女一。熟捜二事緒一、上件両氏貪二人利田一不レ顧二恥辱一。拙吏相容無レ加二督察一也。乱二神事於先代一。穢二氏族於後裔一。積レ日経レ年恐成二旧貫一。望請、令二下所司一厳加二捉搦一断レ用レ非レ氏上。然則祭祀無レ濫、家門得レ正。謹請二官裁一者。捜二検旧記一所レ陳有レ実。右大臣宣、奉レ勅、宜レ改二正之一者。仍両氏猨女永従二停廃一。定二猨女公氏之女一人一、進二縫殿寮一。随レ闕即補。以為二恒例一。

弘仁四年十月廿八日

この太政官符は、近江国の小野・和邇部氏[33]が猨女の名負氏ではないのにもかかわらず（おそらく地縁的関係を機縁とした従属関係を形成していたと考えられる）、これまで猨女を貢進してきたという旧慣を改め、猨女君氏から縫殿寮に猨女を出させること、また闕員が出れば追加すること、以上二点を恒例とせよ、と太政官の裁定が出されたというものである。猨女氏からは神部を出せないという先述の状況と共通するが、ここで猨女養田の利を略取していた小野氏の側から解状が提出されるという矛盾した経緯には複雑な背景があったと考えられる。

この背景には何があったのだろうか。次の三つの可能性が挙げられよう。

①小野氏・和邇部氏同士、もしくは両氏ともに内部で紛争があり、一方が他方を劣勢に追い込む目的で猨女の養田を根拠に訴えた。
②朝廷からの指摘を前提として、在地の小野氏側、あるいは猨女氏側が実情を訴える解状を作成した。
③とくに問題やきっかけがあったわけではなく、主体的に小野野主らの自発的行為により解状を提出した。[34]

まず、①についてはどうだろうか。訴える側、訴えられる側も小野氏らであり、仮に訴えが認められても同族同士では氏族全体にはマイナスにしか作用しない。むしろ、相手側を劣勢に追い込む可能性を探るならば、訴える側がかかわらない別の用件を持ち出す方が有効であり、自然でもある。②については、解状という形式や、それを指導したとする場合の官符などが引用されていないこと、さらには小野氏が養田を浸食していたことについて釈明していないことからも考えにくいだろう。すると残る③の可能性が高いと考えられる。

③の野主らの自発的行為と考えると、朝廷への心証を良くしようと考えた小野氏側の政治的な意図があったのではないかと想起される。もちろん、猨女養田の利益を手放すことにはなる。しかし、中央貴族としては衰退の兆しのあった小野氏だが、猨女養田を返還してもなお在地では有力氏族として存立していける基盤[35]があったからこその行為とも考えられる。さらに類似する例として、采女を中心に見られる地方氏族からの宮廷出仕者が地位を低下させた事例と軌を一にしているとも考えられる。小野・和邇部氏側が猨女貢進を肩代わりすることによって、中央政権内部においての有益性を認めなくなっていったのではなかろうか。

一方、猨女氏にしてみれば、史上に名を残す人物を輩出することもなく埋没していくところを、この太政官符によりわずかに踏みとどまる結果となった。[36]先に引用した『延喜式』の規定を経て、平安時代中頃まで猨女氏は命脈を保っている。『西宮記』巻十四裏書には、同族後裔と考えられる稗田氏の例が延喜二十年（九二〇）に、同じく

「猨女氏高橋岑則等」と記される同族後裔の高橋氏の事例が天暦元年（九四七）に見える。いずれも死闕の替人としての先例なので、その前後にも猨女氏の出自を持つ人が猨女に差点されていたことを示している。

とはいえ、出仕した猨女を足がかりとして母体となる在地の氏族が引き立てられることは無かった。神事芸能を名負としたところで、限定的なその職掌ゆえにその他の官司機構へ出仕するのには役立ちにくい。(37) 朝廷そのものの祭祀が衰頽すれば、祭祀にしか存立基盤を持たない猨女君氏が史上から姿が消えていくのも致し方ないと言えるだろう。

(3) 名負氏と政事構造―猨女君氏以外の君姓氏族をてがかりに―

前節では、猨女君氏が基本的に名負氏たる猨女の貢進によって、平安時代中はわずかながらも命脈を保っていたことを確認した。猨女は猨女氏の一族より貢進する、つまり名負氏に示された職掌の伝統が重要視されたということが認められるだろう。

とりわけ神事の分野では、律令制下でも氏姓制の影響が明文化し法制化されて色濃く残るが（本書第三・五章で述べる）、この猨女氏の場合もその一例と見なすことができるだろう。この事例は、先に見たような通説的な名負氏の理解とはやや異なり、君姓氏族も名負氏の構成要素たりうることを示している。

それでは、猨女君氏以外の君姓氏族はどのような名負だったのだろうか。主要な例として、『書紀』においていわゆる「大化」前代と律令制導入期以後とに複数回の記述が見られる君姓氏族を抽出すると、以下のとおりである。

偉（韋）那（猪名）・犬上・大三輪（神）・上毛野・車持・酒人・狭々城山・下毛野・当麻・三国・三輪・胸（宗）肩（方・形）

各氏を詳細に考察することは避けるが、氏名の負う内容を簡単に見ておくことにする。
①地名を負うもの　猪名[38]（猪名県＝摂津国河辺郡為奈郷）・犬上[39]（近江国犬上郡）・上毛野[40]（広域＝上野国）・狭々城山（本章第四節で述べる）・下毛野[41]（広域＝下野国）・三国[42]（越前国坂井郡三国）・宗形（像。[43]筑前国宗像郡）の各氏がある。関連して、王の名を負った当麻氏[44]（用明天皇皇子。地名の大和国葛下郡当麻郷が先行か）も同一範疇だろう。
②職掌に由来するもの　大三輪[45]（三輪ともに。大和国城上郡大神郷の地名と連動するが、ミワは神祀りにかかわる古語と考える）・車持[46]（輿輦の製作管理）・酒人[47]（酒人の伴造）の各氏がある。
これらから見ると、①の地名を負う例が多いが、とくに地名のみに限定されてはおらず、②の例も含めた多様な仕奉内容によって氏名を負っていたことが看取されよう。その性格を端的に独立性が強い「地方豪族」で地名を負うと従来は括られてきた君姓に限って取り上げてみても、如上のとおりである。臣・連や君姓に限らず、国史や法制の中で明文化した名負の各氏の称を検討すれば、氏名に何らかの仕奉内容を負う制度の拡がりを想定することができるだろう。この点は第三・五章などで触れる。

つまり、他の多くの姓も含めて、氏族は前述のような多様性を示す氏姓と、それに相応する仕奉内容により律令制を導入していく前の政事構造を構成していたのである。それは明文法などに顕現することで現在知りうる内容以上に、より明確に政事構造として機能していたと言えよう。

ここで、第二・三節で検討した内容を小結しておくことにしたい。

特定氏族による仕奉という行為を名負氏の特質として有する氏姓、それに基づく氏姓制の検討をとおして律令制前の政事体制の一端を垣間見た。その結果、氏姓制をとおしてすべての氏族による王権、とりわけ天皇への仕奉を名負氏として氏称に表象されていた蓋然性が高いことを明らかにした。

一方で、天皇を中心とした王権への本来の仕奉概念は、律令官人制の官職を通じての天皇に対する直接・間接の奉仕と等しい概念とは言えず、また同列に論じるべきではないことも指摘した。固有性を持つ慣習法である氏姓制的な仕奉は、律令制下においても律令制的奉仕と併存していき、その遺制は平安期まで存続するが、この点は第五章で述べる。

とはいえ、名負氏の属性のとおり、全氏人が名に負う職掌に従事させられるわけではないことは言うまでもない。第三節で取り上げた猨女君氏は猨女を貢上するが、他の氏人全員が猨女だったわけではない。また、特定の部称者やその伴造は同じ属性のみではなく、必要な関連部門の部民とも管掌関係、加えて同祖同族関係を形成していることからも、一つの名負のみで一つの氏と部として括られないことは明らかである。名負に職掌が表わされない大臣・大連・大夫などの議政官は名負の職掌とは別に中心的な氏から選ばれるが、その下部で実務・行政・祭祀などを名負氏族の代表である官人が主に担当して政事運営を遂行していったのである。

史料の残存状況の問題上、政事構造を描出しやすい律令制下の君臣関係を第二節において述べた。これにより、人格的関係に基づく律令制前とは異なり、天皇と律令官人とは奉仕と給録という互酬関係にあった内実を明らかにした。それは官人としての規定による勤務とその精励さを求め、それに応じる給録や考課を行うという律令による機構的な性質を顕示する関係であった。

また、猨女君氏を中心に考察した結果、名負氏の属性の多様さと表象される氏姓の多様さを析出した。このことから、機構的な関係に基づく律令官人とは異なる氏族とその代表者による仕奉と、天皇を中心とする王権という仕奉対象との人格的な関係を中心とする政事構造とを想定するに至った。とりわけ、律令制前の政事構造の基軸は、名負の仕奉を媒介とする天皇と有氏姓者との関係を主とした君臣関係にあると想定できるのである。

四　姓の性格―（山）君姓を中心に―

前節において猨女君を考察対象として扱い、[48] 関連して「狭々城山君」にも触れ、「狭々城山」を氏名に、「君」が姓である氏族として捉えた。しかしながら、姓の名称が「君」か「山君」のどちらなのかは、議論が分かれるところである。本節では先行研究の見解に導かれながらそれを検証し、あわせてこれらの姓を負う氏族の名負の性格について論究する。

(1)「山君」を含む氏族の氏姓

先行研究を整理するに当たり、まず氏姓に「山君」を含む関連氏族について言及した研究を氏族別に概観することにする。

第一に研究蓄積が多いのは前述の狭々城（貴。以下筆者が触れる際には「城」と統一）山君が挙げられ、岡田精司、[49] 石田善人、[50] 岡田隆夫、[51] 西田弘[52] らの研究がある。

次いで、小月（小槻）山君に関しては、橋本義彦、[53] 西田弘、[54] 亀田隆之、[55] 大橋信弥[56] の研究がある。

この他に、角山君については、戸田芳実、[57] 青木和夫、[58] 西田弘[59] の言及もしくは専論がある。近年では西田[60] が上記三氏について簡単にまとめている。

これらの氏族に関する研究の中で、姓については明確に言及したものが少なく、等閑に付されてきたきらいがある。しかしながら、「山君」を姓と見なさず、「君」のみが姓であると言及した諸説も見られる。岡田精司、[61] 石田善人、[62] 青木和夫[63] らの研究がそれである。また、史料上に「山君」とのみ見える事例（後掲表3―25、101頁）について、太田亮[64] は「山」を氏名として捉えていることも参考として挙げられる。

一方、「山君」という姓であると言及する倉野憲司[65]、土田直鎮[66]といった解釈も管見に入る（以下、「山君」＝姓説とする）。このような註釈ではなく、磯野浩光[67]による専論も公にされた。磯野説はその後、大橋信弥[68]や西田弘[69]らに参照されており、研究者に受け入れられつつある。さらに近年、大橋[70]によって狭々城山君を中心に再論されており、「山君」＝姓説が通説になりつつあるという状況である。

本節では、「山君」＝姓説について、果たして「山君」なる姓が存在していたのかを再検討し、氏姓と名負の性格を明らかにしたい。

また、ここから敷衍して、古代氏族の展開（とくに近江について）と個別の姓の考究も射程に入れ、名負氏と王権との関係を中心とする氏姓制の全体像の一端を解明したい。

(2)「山君」＝姓説の再検討

それでは、「山君」を姓と見なす「山君」＝姓説に対して再検討を行うことにしよう。

まず、倉野憲司が『古事記』に付した註を見てみよう。

「落別王者、（小月之山君、三川之衣君之祖也。）次五十日帯日子王者、（春日山君、高志池君、春日部君之祖。）」（後掲表3―3、100頁）に対する註として「小月（ヲツキ）は近江国栗太郡小槻。山君（ヤマノキミ）は山を守る部民のカバネ。三川（ミカハ）は参河国、衣（コロモ）は賀茂郡挙母（コロモ）。」・「春日は大和の春日か。高志（コシ）は越国、池は未詳。春日部の地名は諸国にあるが、いずれか不明。」とする。

次に、『書紀』の土田直鎮による註では「近江山君は不明であるが、雄略即位前紀安康三年十月条（筆者註記。後掲表3―5）に見える近江狭狭城（ささき）山君と関係があろう。」・「狭狭城は地名で、和名抄の近江国蒲生郡篠笥

（ささき）郷（今、滋賀県蒲生郡安土町付近）か。」と註釈している。

前者の倉野の註には根拠が示されておらず、疑問もあるが（後述）、それ以外は無難な内容となっている。後者の土田の註はルビが「狭狭城」にのみかかっていることから、厳密には「山君」を姓と見なしていた可能性も残るが、註釈内容は簡潔なため判断しかねる。

この問題に関して、前節で述べたように「山君」を姓と見なす研究の先鞭を付けた磯野浩光は、「山君」について以下のように述べる。

『続紀』天平宝字八年（七六四）九月壬子条に見える「角家足」は「山君」が脱落しているが、おそらくは角山君である。また、単に「山君」と記される勘籍の事例についても、『続紀』の事例との整合性から「狭狭城山君」が省略されている例に含めてもよい。そして、各氏族の本拠を推定した上で、山部を管掌する山部氏と混同される例もあるとして同等の地方伴造氏族であったとする。肝腎の姓については、本来は「山」＋「君」で「君」が姓であったとする。それが本拠地に勢力を張り、地名を冠することで「山君」がひとまとまりとなり、直木孝次郎[71]が検討した「阿比古」の事例を援用して、「山君」は氏と姓の二面性を具備するようになった。加えて、本拠地の地名＋山君を直木が提示する「第二種複姓」であると述べている。

次いで、大橋信弥説の要点を示す。近江国蒲生郡西部の古墳を狭々貴山君氏の墓域とする自らの推定を承け、大彦命（孝元天皇皇子）の後裔氏族のうち国造クラスの有力地方豪族として狭々城山君氏をグルーピングする。「狭々城山君」の称のうち「山君」については、姓「君」に職掌とかかわる山を付加した特殊な姓とする。これらの「山君」＝姓氏族の特徴として、配下に優秀な木工集団を保持し、鉄生産にかかわる山林の管理・掌握をしているが、この特徴が名負氏と同様であったとする。この構造は、伴造制的な関係の先行形態であったとも指摘している。

以上のような「山君」＝姓説は、通説として浸透しだしているものの、いくつかの看過できない疑問点がある。次に提示しておこう。

①文書などに簡便に（本氏姓すべてではなく略して）記す場合、姓のみよりも氏名のみを称する事例が大半を占めるが、後に「山君」が姓へと変容したと見なした場合、この点の説明ができない。

②仮に「山君」を氏名として名乗った場合、その階層の下端の氏人は「山君部」などの氏姓が見られても不思議はない。そのような氏姓がこれまでに知られないことは、逆説的に言って「山君」自体が氏名としてのまとまりを表していない蓋然性が高いことを示していよう。また、この点は直木説を援用して類例とした「阿比古」の事例にも言えるが、それぞれの名乗る場面や階級差により微妙な差異が生じる氏姓の表記を考慮していない。

③磯野説に言う「第二種複姓」の定義が不明だが、いわゆる複姓（私は「複式氏名」とする）は、それぞれが独立して単体の氏名となりうる複数種の属性を含んでいる氏称を指す。であるならば、氏称と姓とを混同して「山君」を姓として見なすことには疑問がある。

④大橋説でも、「山君」とは「特殊なカバネ」とするが説明不足である。③で指摘した磯野説と同じく、姓のみでの呼称は想定しがたい。

⑤「山」が含まれているからと言って短絡的に山部・山守部や山部氏に結び付ける論法にも疑問が残る。「山君」＝姓説に限らず氏族名を検討する手法によく見られるが、類似の氏称が、類似の性格を有するということは必ずしも実証されてはいない。

残念ながら、これらの疑問点を「山君」＝姓説ではクリアできるとは言えないだろう。それでは、「山君」を含む氏姓の氏族とはいかなる姓だったのだろうか。また、その氏名はいかなる名負だったのか。項を改めて検討しよう。

(3) 姓の性質から見る「山君」＝姓説

はじめに姓の基礎的な問題から検討しよう。氏と姓の制度上の理念的な性格がどのようなものであったのかを切り口としてみる。

言うまでもないが、氏と姓とでは性質に違いがある。「氏」は名負が示されるのに対して、「姓」は名誉的称号で、一部には序列をも示している。ここでは、とくに「姓」について検討する。

「山君」を姓として見なした場合、史料に見られる「山君」を集成した後掲表3（100〜102頁）のとおり、「山君」は古代において普遍的に存在していた。この表から、類似の姓と比較することが可能となる。

それでは、「山君」のように二文字で表記される姓にはどのようなものがあるのだろうか。次に掲げる。

県主・朝臣・稲置・忌寸・画師・曰佐・神主・吉志（士）・薬師・国造・宿禰・村主・毗登・真人・道師

主な例として右のような姓が挙げられる。これらの内、県主・稲置・画師・曰佐・神主・薬師・国造は律令制前の職名に由来して氏や姓へと転用されたと考えられるので、本来の姓に由来するものではない。天武十三年（六八四）の八色の姓制定によって新たに姓として始用された真人・朝臣・宿禰（個人名に付される称号は既出していたが）・忌寸・道師も除外される。また、毗登は首・史が一時的に変改されたもので、類例とは言えない。

すると、八色の姓以前において基本的な姓は一字（直・臣・連・造など）であり、本章で課題とされる「君」も、無論基本的な一字の姓に分類される。『記紀』に遺る姓や称号の旧表記「費直」・「使主」などもあるが、実態としては一字姓が中心を占めていたと言うことができよう。

ところで、大橋信弥が類似の例として挙げる「氏名＋某人」、いわゆる人制にかかわる呼称は、たしかに部や姓と同じように氏名に付随している。だが、これらは江人や漢人など「某」に相当する「江」や「漢」の部分が技術系の才伎を表し、部に先行する集団名として「人」字が結び付いている。逆に、単独に存在する姓に結び付いて直後に付く例は無い。

それでは、残る二字姓を見てみると、吉志と村主しか残らない。この二つの姓は、いずれも二字で一つの意味をなしていると考えられる。仮に、「山（にかかわることを管掌することを表す）＋君（地方豪族という性格を示す）」という二つの要素を含んだ姓と考えたとしても、吉士や村主の例とは性格が異なっており、「山君」が二字姓であることの例証とはならない。ましてや、複式（並列的に連接するという意味において。以下同）の姓などとは言い難い。

だが、「君」のみを姓として捉えるならば、先に提示した②・④の疑問点は解消する。

次に、後掲表3―10・18・28などに見えるように、氏姓に当たる部分に「山君（公）」しか記載されていない事例がある。疑問点の①〜④にもかかわるが、どのように考えられるのだろうか。

これについては、「某山君」を賜与された氏族を網羅し、それぞれの記事内容が示唆する氏姓の性格について具体的に見ていくことが筋道と考える。先に提示した疑問点⑤のように、先入観をなるべく排除してから行論したい。後掲表3を改めてご覧いただきたい。

まず、鍵となる例として「小月之山君」（表3―2）、「山君大父」（表3―10）、「山君足人」（表3―18）、「山君乎奈彌」（表3―32）などがある。これらの事例は、「山君」として「某＋山君」氏姓、すなわち「山君」という姓があったと捉えられる例と言えるが、大橋はとくに「小月之山君」を例証として挙げられる。

表3―10・18・32の例のように、「山君」と省略して記載される方法は、これがある程度正式な称として通用し

ていたことに起因しよう。この点については「山君」を含む氏族の性質を考慮した上で後述することにして、表3—2の「小月之山君」の事例をまずは問題としよう。

「小月之山君」が鍵となるのは、「之」字によって小月＋山君に分解されるように解されるからである。たしかに、「之」とあることから「小月の山君」と読むことができるだろう。しかし、「之」字が無くても通常古代の人名は「某（氏姓）の某（名）」と読まれていることは周知のことである。著名な複式氏名である蘇我倉山田石川麻呂も、各属性の節ごとに「の」を補って読まれている。丁寧にも「小月之山君」には「之」字が入れられているわけだが、翻って、「小月の山（の）君」と読んで、小月の山＋君と読むことも可能と言えるのではなかろうか。

この議論は水掛け論になるので別の視点からの検討に移ろう。

如上のように、「山君」＝姓説に有利な史料ばかりではない。一方で、「山君」＝姓説に氏姓の称という面だけから見ても単純に疑問を抱かせる例も存在する。「三川之衣君」（表3—2備考）、「上毛野鍬山公」(72)（表3—30）の例が挙げられる。

前者の「三川之衣君」に関しては、「小月之山君」と同じく『古事記』垂仁天皇段に記載があり、前述した倉野の註では「三川」と「衣」とも地名に由来すると解されている。先に保留した倉野説に対する疑問点はここにある。この氏姓の特徴としては、「小月之山君」などと同じであり、「之」字で氏と姓が分割されていると捉えるならば、「山君」同様に「衣君」の姓を想定してしかるべきである。だが、磯野・大橋説では論文の対象地域が近江を中心としていることもあり触れられていない。近江以外にも分布する「山君」を検討していない論法では「山君」を姓と見なす説自体が我田引水の感を免れまい。

次に、後者の「上毛野鍬山公」の氏姓を問題としよう。仮に「山君」＝姓の一つであるとすれば、「上毛野＋鍬

＋山公」となる。「上毛野」は問題ないが、「鍬」を属性に含む氏姓は存在せず、この氏族のみが複式氏名に「鍬」を含むとは考えにくい。むしろ、「春日山君」の例とを考えあわせると、「鍬山」という地名を想起した方が自然であろう。地名として捉えるならば、陸奥国信夫郡（『倭名抄』高山寺本他）の地名に由来することは疑いないだろうから、「上毛野＋鍬山＋公」と見なすべきである。坂東以北の氏族の称に、擬制的同祖同族関係を結んで（この場合上毛野氏との関係）、複式氏名の上部に擬制的同祖同族関係氏族の本宗氏名を、下部に地名を称する例が多いことからも裏付けられる。

最後に、より決定的な事例を挙げることにする。表3—25の大般若経願文に書写者として「山君薩比等」が見えるが、願主には九名の名が見える。その内、「山国人・山三宅麿・山泉古」三名の世俗の人名が知られる。これにより「山」が氏名であり、「山君」は氏姓であると知られる。同様に、天平六年（七三四）の奥跋がある「播磨国既多寺知識経大智度論」(73)に見える知識の中に「山直恵得・臣知・麿・乙知女・安麿・古麻呂・恵志・山持」の名が見え、山部が「山」と改称される延暦四年（七八五）以前であることからも、古くから「山＋直」という氏姓が存在したことが知られる。これらは「山」が氏称の構成要素の一つで、姓の構成要素でない点を明証する。

これは近江の「某山君」という例にも敷衍しうる。よって、氏姓自体の特徴と類例の検討から、「山君」は姓ではなく、「君」が姓として付与され、某山が氏名であると結論付けられる。

(4) 複式氏名「山」氏族の性格

前項では「山君」＝姓説に反駁し、「山君」を含む氏族の姓は「君」であるとの結論を得た。

それでは、この「地名＋山（もしくは一続きの山の名か）」をどう理解するかが次の問題となろう。

結論から言えば、氏名の属性を示すものと捉えられる。すなわち、「地名＋山（その地域の属性を示す）」という複式の氏名（いわゆる複姓）であると考えられるのである。

それでは、具体的に複式の氏名の属性として「山」を含む氏族を複式氏名「山」氏族と称することにして、この氏称を持つ氏族の性格を論じていこう。

そのためには、複式氏名「山」氏族と類似の氏姓を持ち、しばしば同列に取り上げられる「山部」（附けたりとして「山守」・「守山」）とはひとまず切り離して検討する必要がある。この点は前述の疑問点⑤にもかかわる。なぜなら、通説的見解となっている山部の性格は、吉備の山部を検討した結果、製鉄に関与する性格があるとされているからである。(74) この性格がすべての「山」を氏姓に含む氏族に敷衍されている現況があるが、前述のようにこのような性格付けには疑問が抱かれる。そもそも、山部に対する右のような見解自体にも首肯しかねるが、この点は次節において考察することにして、ここでは複式氏名「山」氏族の性格を抽出することにしたい。

そこで、氏族の性格が滲み出ている伝承や史話から見ることになる。

『記紀』に見える複式氏名「山」氏族は、狭々城山君氏をはじめとして系譜伝承記事に姿を見せる。孝元天皇皇子とする大彦命後裔氏族の姓は臣が中心である他、地方氏族に君姓（狭々城山君氏）や国造とされる氏族が数氏見られる。この事例については第五章で述べるが、中央の阿部氏との同祖同族関係化が比較的新しい、『書紀』編纂時に近いことを物語る。

後掲の表3を見れば明らかなように、市辺押磐皇子の殺害に始まり、顕宗天皇の即位に至る一連の伝承（表3―5～8）以外は、下って聖武天皇代（表3―15・16）に至るまで見るべき記事は無い。むしろ、地方の小豪族が紫香楽宮火事の鎮火の功や采女の貢進などの実績を積み、郡領氏族化した過程を窺知できよう。小槻山君氏も同様であるが、『書紀』に系譜記事以外の伝承が採録されていないことからすれば、采女貢進の実績により、在地で次第に実力を蓄え中央官人化を果たしたものと見なせよう。狭々城山君氏の性格と同様に設定されて賜与されたと見なされ、少なくとも天平期に至るまで具体的事績も知られないことから、後発する氏族であったことは疑いない。

この想定に大過ないとすれば、古代氏族の分布と勢力圏を検討する際に、前期から中期の古墳（古墳時代後期から終末期にかけての古墳はともかく）をそれぞれ「氏族」の勢力圏や故地として擬定しようとする手法があるが、それ自体疑問とせざるを得ない。現存地名からの推測という手法自体、地名の移動の可能性もあるのでより慎重に擬定しなければならないのは言うまでもないが、律令制下以降においても氏族の盛衰がある。氏の成立期やそれ以前については、なおのこと称が知られる氏族と古墳築造勢力とが合致する可能性が低くなると考えられるからである。

短絡的に勢力圏を想定すべきではないとしても、狭々城山君氏が『書紀』に一つの大きな伝承を残していること、及びその伝承の内容についてはどのように評価すべきだろうか。

《史料10》『書紀』雄略天皇即位前紀（安康天皇三年十月癸未朔条、表3—5）

天皇、恨丁穴穂天皇曽欲丙以二市辺押磐皇子一、伝レ国而遥付乙嘱後事甲、乃使二人於市辺押磐皇子一、陽期二校猟一、勧二遊郊野一曰、近江狭々城山君韓帒言、今於二近江来田綿蚊屋野一、猪鹿多有。其戴角類二枯樹末一。其聚脚、如二弱木株一。呼吸気息、似二於朝霧一。願与二皇子一、孟冬作陰之月、寒風粛殺之晨、将逍二遥於郊野一、聊娯レ情以騁射。市辺押磐皇子、乃随馳猟。於レ是、大泊瀬天皇、彎レ弓驟レ馬、而陽呼、曰二猪有一、即射二殺市辺押磐皇子一。々々帳内佐伯部売輪、〈更名仲手子。〉抱レ屍駭惋、不レ解二所由一。反側呼号、往二還頭脚一。天皇尚誅之。

《史料11》『書紀』顕宗天皇元年二月是月条（表3—6）

召二聚耆宿一、天皇親歴問。有二一老嫗一進曰、置目知二御骨埋処一。請、以奉レ示。〈置目老嫗名也。近江国狭々城

郵便はがき

料金受取人払郵便

神田支店
承認

750

差出有効期間
平成23年3月
20日まで

101-8791

515

東京都千代田区神田小川町三—八

八木書店

出版部 行

お願い 小社刊行書をお買上げいただきまして、ありがとうございます。皆様のご意見を今後の出版の参考にさせていただきたく、また新刊案内などを随時お送り申しあげたいと存じますので、この葉書をぜひご投函賜りたく願いあげます。

読者カード

書　名（お買上げ書名をご記入ください）

お名前　　生年月日　19　年　月　日

ご住所　〒　　—

TEL　　—　　—　　ご職業・ご所属
FAX　　—　　—
E-mail アドレス　　@

ご購入の直接動機
(1)書店でみて　(2)＿＿＿＿新聞雑誌の広告をみて
(3)＿＿＿＿の書評による　(4)＿＿＿さんの推せん
(5)ダイレクトメール　(6)その他＿＿＿＿＿

ご購読新聞・雑誌名（　　　　　　　　　　）

八木書店からの案内　　来ている／来ない

お買上書店名　　都府県　　市区郡　　　　書店

この本についてのご意見ご感想を

山君祖倭帒宿禰之妹、名曰二置目一。見二下文一。〉於レ是、天皇与二皇太子億計一、将二老嫗婦一、幸二于近江国来田絮蚊屋野中一、掘出而見、果如二婦語一。臨レ穴哀号、言深更慟。自レ古以来、莫二如斯酷一。仲子之尸、交二横御骨一、莫二能別者一。爰有二磐坂皇子之乳母一。奏曰、仲子者上歯堕落。以レ斯可レ別。於レ是、雖下由二乳母一、相中別髑髏上、而竟難レ別二四支諸骨一。由レ是、仍於二蚊屋野中一、造二起雙陵一、相似如一。葬儀無レ異。詔二老嫗置目一、居二于宮傍近処一。優崇賜卹、使レ無二乏少一。

《史料12》『書紀』顕宗天皇元年五月条（表3―7）

狭々城山君韓帒宿禰、事連三謀二殺皇子押磐一。臨レ誅叩頭言詞極哀。天皇不レ忍二加戮一、充二陵戸一兼守レ山。削二除籍帳一、隷二山部連一。惟倭帒宿禰、因二妹置目之功一、仍賜二本姓狭々城山君氏一。

一連の記事は雄略から顕宗天皇にかかるが、内容は同一説話が各条に分割して載録されたものである。史料10では、後の雄略天皇による市辺押磐皇子の殺害のために狭々城山君韓帒が与党している内容が示される。ここでは近江来田綿蚊屋野の地と、猪・鹿に言及して狩りに誘っていることに注目しておきたい。

その後、雄略とは系統の異なる市辺押磐皇子の子が即位して顕宗天皇となる。置目という老婆が市辺押磐皇子の御骨の埋まっている場所を知っており、遺骨を弔うことができた。これにより置目は優賞されているが、史料12では逆に市辺押磐皇子殺害に連なる狭々城山君韓帒宿禰は科罪される。ただし、置目の功により兄の倭帒宿禰は本氏姓の狭々城山君を賜わっている。

以上の説話から、山部連氏の職掌の一端として「陵戸兼守山」があることを知ることができる。また、説話の全体として狭々城山君氏としては功罪相半ばする構造となっている。しかしながら、狭々城山君の氏姓は倭帒宿禰の後裔へと受け継がれたであろうことは想定可能なので、一応プラスイメージ（功業）を中心に据えた賜氏姓説話と捉えるべきだろう。

さらに、狭々城山君氏の職掌について、置目の行動と韓帒宿禰の科罪内容から陵を守る陵戸や守山を職掌としていたと想起できるが、君姓を持つという姓が示す在地性と王陵（一部、地方にも推定地が存するが）とは結び付きにくい。そもそもこの説話自体が、天皇・皇子という表記や、当時存在するはずもない籍帳から名を削っているという記事内容からも、潤色されていることは間違いない。

むしろ、シンプルに郊外の遊狩地を中心に管理すること、それがこの氏族の存立基盤だったと想定する方が自然だろう。先に注目した近江来田綿蚊屋野にまつわる記事もそれを物語る。

猪・鹿の姿形を比喩した表現を用いて遊狩に誘う言葉は、やや省略した文辞ではあるが日本武尊説話にも見える。しかし、狭々城山君氏がこれらの遊狩対象の動物と密接に関係があることから、日本武尊説話よりも詳細な比喩表現を用いて記述されたと考えてもあながち不当ではあるまい。

翻って、狭々城山君という氏姓の構造も自明のこととなろう。狭々城という地名を負い、山野とそこに生息する動植物も含めた包括的な管掌をするという「山」に職掌上の属性を内包させた複式氏名を示しているのである。この氏名に、地方豪族としての特徴を主に示している「君」の姓を与えられている氏族という構造である。

このような地方氏族としての性格から、地方氏族の一つの仕奉形態として釆女を貢進するようになったと見なせよう。仁徳天皇四十年是歳条（表3—4）における隼別皇子の謀事の余話として、新嘗月の宴会において近江山君稚守山とその妻、加えて釆女の磐坂媛が登場するのは、こうした地方氏族による釆女貢進という仕奉とかかわるためである。この説話自体は、佐伯直阿俄能胡らが話題の中心なので、近江山君稚守山らは話の具体性を高めるためにペーストされたと考えられる。伊勢神宮や内外命婦といった用語などから後の潤色が想定されるこの仁徳天皇四十年の記事は、佐伯直氏の氏族伝承を基にして、先の雄略・顕宗紀（史料10～12）の賜氏姓説話以前へと架上された記事であると言える。

ただし、大橋信弥が指摘するように、この近江山君氏は狭々城山君氏が念頭におかれて記されていると考えられる。そして、おそらくは職掌にかかわる性質から連想して「椎守山」という名が創出された蓋然性が高い。やはり、先の史料10～12の賜氏姓説話は、狭々城山君氏の性格を物語る最たるものであると言えよう。

以上のような山にかかわる氏族的性格もあって、狭々城山君氏は天平十六年（七四四）に紫香楽宮付近の樹木を伐採して火事を食い止めることができた（表3―15）。この功績を挙げることにより、郡領氏族としての勢力も飛躍を遂げたのである。

天平十六年より以前は、私穀を陸奥鎮所に献った功により外従五位下を授けられた角山君内麻呂（表3―9）や、采女として従五位下に昇叙された小槻山君広虫（表3―13）らに位階の上では遅れをとっていたことが看取できる。狭々城山君氏は、早くに南近江の中心的な氏族としてスタートしながら、勢力の伸張という点では伸びあぐねた。しかしながら、紫香楽宮での功績以後、在地での優位性を確立し、「山君」のみでも在地では通用するようになったと考えられる。一方、他の複式氏名「山」氏族は改賜氏姓などにともなって京貫され、次第に「山」を負う意義を失っていったのである。

つづいて小槻山君氏については、前述のように系譜関係記事以外に具体的な記事が無く、名負の職掌を知りえない。だが、狭々城山君氏との地縁的な連関や「山」を氏称に含むことから類似の性格を想定すべきだろう。在地から采女を貢進する郡領氏族へと成長したが、後に近江から平安京へ出仕するようになった。その官職が京官であることもあり、改賜氏姓をともない京貫される傾向が見出せる（表3―43～45）。しかし、阿保朝臣氏としては長くは存続せずに小槻宿禰へと再び改賜氏姓される。このときにはすでに京貫氏族として定着していたので、「山」という属性は不要となっていたのである。

同じく角山君氏も「角」のみで称される事例があることから、「角＋山」の複式氏名を持つ氏族であったと捉えられる。角山氏も具体的活動が少ないが、内麻呂（表3―9）を同氏族の人物として見なし、墾田を所有していた家足（表3―14）と重ねあわせれば、やはり在地ではそれなりに有力な豪族であったと見なせよう。ただし、角山君氏の場合、その後、従八位上の医師として魚成（表3―37）が知られる程度で、中央官人化もしくは在地で武士化したかは明らかではない。

小槻山・角山君氏を見てきたところで、律令制前に系譜関係以外に内容を持った記事があるのは狭々城山君氏のみであることに気付く。「近江」が冠されることからも知られるように、在地で「山」を含む豪族と言えば、狭々城山君氏のみであったと想定して大過ないだろう。

であるならば、在地での利用が主である木簡や文書における記名は「山君」の称のみでも十分通用し、かつ特定可能であったと言えるのではなかろうか。複式氏名のタイプは異なるが、先の擬制的同祖同族関係の複式氏名を持つ「上毛野鍬山公」などは、中央への上申文書には正式な氏名を記すが、在地では本宗氏の氏名（ここでは上毛野）のみを記すだけで通用している例があることからも、蓋然性は高められる(75)。

先の疑問点①・②に即して見れば、「山君」と記すことは、氏だけでも姓だけでもない、かといって完全に正式ではない省略した形式で記載されていると捉えられよう。換言すれば、準公式的な記名法によると言えよう。前述のように、このような記名法でも充分に氏族・個人を特定できたから行われていたのである。国史には「山君」のみの人名が見られないこともこの想定を裏付けることができよう。

最後に、春日山君について簡単に触れておこう。同氏は、先行研究ではいずれも不詳とされている。『古代豪族系譜集覧』(76)に所収される系図の内容を積極的に否定する根拠が無いので、ある程度信憑性を認めることとする。この立場によって系図を参照すれば、同族が佐渡の石田君氏や高志池君氏（表3―3備考）であること、蒲原郡の郡領（一部沼垂郡にも）として見える註記からは越後地域に勢力を扶植していた豪族であることは疑いをいれまい。すると、この「春日山」も、複式氏名というよりは上毛野鍬山公と同様に山の名に由来する単称である可能性が高い。

以上の検討の結果から、上毛野鍬山・春日山各氏は地名を氏称に負う氏族であり、一方の狭々城山・小槻山・角山の各氏は地名＋山の複式氏名の氏族であることが明らかになった。これにより、近江だけではなく、「山君」の称を持つ氏族の姓は、「山君」ではなく「君」であることが明らかになったと言えよう。よって、「山君」＝姓説は成立困難と言えよう。

その上で、「山」を氏名に持つ氏族が「地名＋山」という複式氏名であり、その地名にかかわる山野の管掌が名負の職掌であるという結論を得た。また、「山君」のみが記載される氏姓は複式氏名の省略形と姓が付随した準公式的な記名法であることにも言及した。このような複式氏名「山」氏族の職掌からは、地理的・名称的な想定により鉄生産にかかわるという説があるが、与しえない。

以上の考察以外にも、なぜ近江国にこのような複式氏名「山」氏族が特徴的に存在するのかとの問題が残るが、地域史的な考察は本論での分析視角ではないこともあるので他日を期したい。また、山部氏は顕宗紀の説話に同時に登場することなどから、まったく関係がなかったとは言えない。しかし、氏姓が異なることから別の名負かどうかについては「氏」の特徴にかかわる問題である。よって、次節において検討することにしたい。

五　氏姓の特徴

本節では、第二～四節で検討を行った氏と姓の性格を、より特徴的な「部」称の性質により捉え直すことにしたい。その結果は氏姓制の独自性に置き換えることが可能であるし、律令制導入前の政事構造を、とりわけ豪・貴族層と王権との関係性を明確に提示しうることとなるからである。

また、中国における「姓（セイ、以下同）」の考察をした尾形勇が、[77]漢代のセイは家族名を表示しており、「氏名」という語句が存在しない点を指摘している。これを承ければ、日本における「氏姓」の各文字の表層的な受容と、各字の字義と実態との即応とは別問題であると考えられよう。つまり、中国のセイと日本の氏姓はそれぞれ別の集団呼称を表示しているのである。

第一章や本章第三・四節でも触れたように、日本における氏姓は単なる文字の受容や字義の継受ではなく、独自の意義を内包するものと想定されるのである。本節では、この独自性を明確に抽出することを目的としたい。

⑴　名負氏としての性格―山部氏との比較―

本項では、本章第四節で検討した複式氏名「山」氏族と密接に関連する山部氏との比較を試みたい。いわゆる「部民制」による称「部」を除いた「山」が氏称（名負の特徴を示す）となる山部氏とは、どのような性格を持つ氏族であったのであろうか。これを明らかにしなければ比較検討を行うことはできない。

山部氏の性格を抽出するために、前節で検討した複式氏名「山」氏族の事例（表3）と同じように、後掲表4（103～106頁）として管見に入る例を抽出した。

表4から明瞭な特徴を指摘することは難しいが、史料的に問題の無い時期から検討を始めてみることにしよう。山部氏の本宗氏（いわゆる嫡流とでも言い換えられる系統）は、天武十三年（六八四）の八色の姓による改姓（表4―15）により連から宿禰へと改姓された氏族である。表4に見える有位者が宿禰姓のみであることからも、宿禰姓を持つ氏族が本宗氏であることは明らかだろう。表4―31に掲示した、著名な万葉歌人の山部赤人も宿禰姓の人物である。

次いで、直姓の人物が複数知られる。「出雲国大税賑給歴名帳」や木簡など、現在知られる史料的な性格によると思われるが、無位かつ技能者ではない農民層と見られる無姓の存在も多数ある。これらの人物は傍系の出自か、別の氏であると考えて大過ない。

これらの傍系の氏族も本宗氏もともに、すべての山部という称は後掲表4―60（105頁）に見えるように、延暦四年（七八五）、当時の桓武天皇の諱である山部を避けて「山」とのみ称するようになる。『姓氏録』には数系統の山氏が見られるのもこのためである。

さて、氏族の性格を考える上で第一のてがかりとなるのは、任じられている職の種別を検討することである。この観点から、比較的史料上に見られるようになる律令制下の人名を見てみる。史料の残存状況の偏りもあるだろうが、写経生関連で表4―33の花麻呂・51の播磨万呂・55の吾方麿らが見える他、廝丁ではあるが47の小国や、49の千足らも写経生関係の箇所に所見しており、写経生に準じるものと考えられ、おおよそ性格に統一性が見える。また、花麻呂や播磨万呂は低位ではあるが有位者となっており、功を積んで叙位されたものと考えられるが、播磨万呂が宿禰であることから、本宗系の出自とも考えられる。

しかしながら、左京に本貫のある安万呂（表4―50）、伊賀国目の馬養（表4―53）らは、それぞれ正六位下・従六位上勲十二等を帯位しており、五位の手前にまで昇叙されている。

以上の事例から、写経事業にかかわる氏人は、名負の本義とは関係なく、その識字（文字認識度）の高さなどの個人的資質により任用されたと考えられる。そして、位階の関係からすれば、位階を有さない者は本宗氏の庶子、もしくは傍系の出自と考えられるのである。それらとは対照的に本宗氏の氏上は、位階で言うと五位の手前程度にまでに昇りうると考えられる。外位を含めて五位に到達して叙位されると国史に名が記されるが、翻って国史にあまり山部氏が記載されないことからすれば、山部氏は貴族の範疇に入る五位には昇りえなかった下級氏族であると評価できる。

次に、律令制下における山部氏の性格としてよく知られるのは、門号氏族としての一面である。『延喜式』や『撰集秘記』所引『弘仁式』・『貞観式』逸文、『年中行事秘抄』所引『弘仁式』逸文、加えて『拾芥抄』[78]或書から門号と対応する門号氏族を示したのが表5である。宮城門、いわゆる大内裏にある十二の門号とそこを衛士とともに守衛する氏族名[79]が知られるが、これを門号氏族と呼ぶ。表5のように、ちょうど山部氏のかかわる東面のみが位置とその門号や守衛する氏族に変動が見られ、議論のあるところである。

しかしながら、守衛に専当する門がいずれであっても、山部氏がいわゆる門号氏族として後の待賢門もしくは陽明門を中心に衛士とともに守衛する門部を出す氏族であったことは間違いない。門号としては表4―23（104頁）に「山部二門」とあり、人名の実例としては表4―55に「山司門衛伴部」として吾方麿が見える。だが、宮城門の警衛、意味を広くとり一般の門の守衛という性格として捉え直してみても、山部氏の本来の名負の職掌であったかというと、そうではないと思われる。

なぜなら、天皇の側近で警護するならばともかく、旧来の氏族の代表者（氏上）が政治事件などで真っ先に戦闘の矢面に立つ門番の立場に止まることがあるのか、ということが疑問だからである。後述するように、山部氏は派遣官としての活動が知られる（表4―4～9）。このことから、門衛としての職務は氏内でもより下級の氏人などが負っていたと考えるべきだろう。また、他の門号氏族の氏名を見ても、門衛とは異なる名負の職掌を有する氏名ばかりである。このことからも諒解されよう。

山部氏が門号氏族となったのは、本来の名負の職掌と門の守衛という職務に通底する性格を持つ、換言すれば相通じるものであったからと考えられる。

表5　門号と門号氏族

門号配置		弘仁式	貞観式	延喜式	拾介抄或書	起事	色彩
東面	北	県犬養	山	陽明門	若犬甘	山	青色
	中	山	建部	待賢門	山	建部	青色
	南	建部	的	郁芳門	達（建）部	的	黄色
南面	東	壬生	壬生	美福門	壬生	壬生	赤色
	中	大伴	大伴	朱雀門		伴	赤色
	西	若犬養	若犬養	皇嘉門		若犬養	黄色
西面	南	玉手	玉手	談天門	玉手	壬生	白色
	中	佐伯	佐伯	藻壁門	佐伯	佐伯	白色
	北	伊福部	伊福部	殷富門	伊福部	伊福部	黄色
北面	西	海犬養	海犬養	安嘉門	海犬甘	海犬養	黒色
	中	猪使	猪使	偉鑑門	猪使	猪養	黒色
	東	丹治比	丹治比	達智門	丹治比	丹治比	黄色

＊西本一九九九・佐伯一九六三（本章註（79）論文）を基に作表

それでは、本来の名負の性格とは何であったのか。残念ながら、史料の信憑性が比較的高い律令制下の存在形態からは、山部氏の名負の本質を析出できなかった。限られた史料の中では、やはり伝承の本質の中から名負の本義を見出す手法をとってみる他は無い。

そこで、古い性格を潜ませていると考えられる『記紀』の伝承の本質を探り、その中に名負の本義を見出す手法を用いてみよう。

まず、表4の中には一連の『記紀』説話が分割して記されており、『播磨国風土記』にも類似の説話を載せている。この一連の伝承に先立って、前掲の雄略天皇即位前紀・安康天皇三年十月癸未朔条（史料10、表3—5）において、市辺押磐皇子が帳内佐伯部売輪（仲手子）とともに近江の狭々城山君韓帒宿禰に騙されて、大泊瀬天皇（後の雄略）に殺される伝承が載る。

さらに、これも前掲した顕宗天皇元年二月是月条（史料11、表3—6）において、狭々城山君の祖倭帒宿禰の妹置目が皇子の遺骨の埋められた場所を覚えていたが、売輪の遺骨との見分けがつかなかったので相似する二つの陵を作ることになった、という功業譚がある。

これらの説話の一つの結末となる顕宗天皇元年五月条（史料12、表4—10。表3—7に同じ）については、前節において狭々城山君氏の氏族伝承として言及した。狭々城山君韓帒宿禰が皇子押磐を謀殺した罪により、死は免じられたが陵戸に充てられ山を守ることになり、山部連氏に隷属させられたというものである。

また、この史料12顕宗紀の近江国の説話とは逸れるが、この少し前には、億計（仁賢）・弘計（顕宗）二皇子発見の功により山部氏の祖の前播磨国司来目部小楯がかねて願っていた山官に拝され、山部連を賜氏姓されている。

《史料13》『書紀』顕宗天皇元年四月丁未条（表4—9）

詔曰、凡人主之所二以勧一レ民者、惟授官也。国之所二以興一者、惟賞レ功也。夫前播磨国司来目部小楯、〈更名磐楯。〉求迎挙レ朕。厥功茂焉。所二志願一勿レ難言。小楯謝曰、山官宿所レ願。乃拝二山官一、改賜二姓山部連氏一。以二吉備臣一為レ副、以二山守部一為レ民。褒レ善顕レ功、酬レ恩答レ厚。寵愛殊絶、富莫二能儔一。

この史料から、山部連氏は上位権力者として、山（陵）を守る陵戸山守部がそれに隷属する側になったという管掌関係を想定できる。しかしながら、この関係性が山部連氏の直接的かつ本質的な職掌によるものではないと考えられる。

なぜなら、表4—4〜11の一連の伝承は王権をとおした伝承なので、その内容が本来の性格に基づくものか、後次的に付与されたのかどうかについてを看取するには割引が必要だからである。なぜ割引が必要なのかと言えば、大嘗会の供奉料や国司や皇太子の用字など、律令制下の用語による潤色が見られ、そのため王権による、さらに後世の編集になるという二重のフィルターを外して本質的な事象を捉える必要があるからである。よって、『書紀』・『播磨国風土記』では山部連氏の先祖とされる小楯の本質的な活動こそ、山部連氏の主伝承として採択されていると見なされるのである。

伝承の中から、それを受け継ぐ氏族側の主張を潤色や誇張を外しながら見てみよう。まず、播磨から王を見出すということは通常ありうる事態ではない。そのため、王権の所在する大和と、播磨との関係性、及び顕宗・仁賢天皇に投影される何らかの皇（王）統の変革や政変が存在したと捉え、そこに小楯に具像化された山部氏の祖先が関与したという功績が本質的な部分と言えよう。であるならば、名負の本源的意義についても、小楯がやはり武人的性格を持ち、なおかつ部称である伊予来目部とされている点と密接にかかわるものと考えられよう。

説話内での小楯の動きは、中央からの派遣官にして、両皇子の護衛をするというものであった。その功績により山部連を賜氏姓され山官になっているのである。つまり、地方氏族というよりは倭王権の構成氏族であると捉えられるのである。前述のように、後世の藤原宮から平安宮の門号氏族とされていることからも明らかなように、警衛することを本来の職務としていたと考えられる。ただし、警衛の対象は説話のごとく王族というわけではないだろう。この説話は何かを警衛するという性質から、両皇子の警衛に発現形態を変化させているのである。

それでは、何を警衛するのが名負「山部」の本義であろうか。一説には、「山」とは陵戸が守るべき陵墓であり、それを守衛する任にあった氏族であるという見方もある。(80) たしかに、史料13に見えるように、陵墓の守衛は山部氏と関係の深い山守部の管掌事項であり、山部とまったく無関係であったとは思われない。しかし、山部氏が山守も管掌することになったことから派生的した後次的なものと考えられ、採用できない。

《史料14》『古事記』応神天皇段（表4―2）

此之御世、定二賜海部・山部・山守部・伊勢部一也。

この史料14に山部と山守部が並列別記されていることからすれば、両者は本質的には異なるものと理解されていたとすべきだろう。また、律令制前という古い時期に山守を称する人名が知られないことも、管掌する氏族が存在する古い職掌関係から設定された部でないことを想起させる。だとすれば、史料13で検討したように、山部と山守部とは名負の本義の点で異なるという結論とも整合する。加えて、山部と対応関係にあるとされる海部には、山守部のような陵墓守衛という性格を持ちあわせていないことから、本質的に山部に山守の性格があったとする見解には諒解できない。

よって、前節で検討を加えた「某山君」が、地名とそれに緊密にかかわる山の管理維持を特徴としたように、山部は山にかかわると見なすべきだろう。だからと言って、山部は山野の富を貢納することを名負の本義とする考え方にも二次的なものと考えられるので首肯できない。山部と対照して引き合いに出される海部の主職掌は海産物の貢納という説もあり、その延長線上に考えると山野の富を貢納するという見解が導出されてしまうのは仕方がないところであるが、やはり諒解できない。

なぜなら、このような名負の特徴を連姓系の氏族や部称全般において認めることが果たして可能かどうか疑問だからである。貢納などは山部や海部に限らずとも行うものであり、大多数の地名を名に負う氏族はいったい何を氏名の特徴とすべきだろうか。山と海と挙がると、地形的な分類の属性としては野と川しか残らない。それ以外の地名を負う氏名は、貢納以外の仕奉内容を示していると見なさざるを得なくなり、逆に不詳としなければならないような案件が増してしまうのではなかろうか。

また、『書紀』の伝承からは山部連氏は間違いなく中央派遣官の性格を具備している。『高橋氏文』の伝承に端的に表われているように、地方在地の氏族がその地の特産品を貢納すると考えられるので、考察の前提としていた山部氏は、地方氏族であるという見方からして相反する視覚によって検討されてきたと言わねばなるまい。翻って、山部連氏とは、結局のところ中央氏族的な性格に由来する伝承を有する氏族であると見なされる。(81)

山部連氏の性格は、伝承や律令制下での職掌、つまりは山陵の守衛も、宮門の警衛も、皇子の警衛もみな警衛を中心とする武人的な点に本質的な性格を求めることができるのである。それでは、この武人的な性格が、山という部称にどのように反映しているのかが問われるだろう。この点については、憶測にすぎないが、複式氏名「山」氏族と同じく一般の山にかかわると考えている。そして、中央氏族的な性格からすれば、後の畿内を中心とした地域の山地―山岳地帯というよりは、特定ではない産物があって用益すべき丘陵・山地（例えば、王権直轄の遊狩地など）―を警衛するために設定されたと考えられる。

要人の護衛を中心とした護衛には丈部や建部、山陵の守衛は山守部、さらに主に畿外の山がちな、もしくは山を中心とした地域の管掌には某山君氏らがそれぞれの名に負い、職掌の棲み分けがなされていたのである。

この警衛する武人という性格により、武官的な性格の宮城門の守衛などを行うといった二次的性格を発現させたものと結論付けられる。これを政事構造の推移の中で捉え直すと、氏族の本質的な職掌が古代の政事に組み込まれ運営されはじめる。本項で明らかにした山部の本質的な名負の性格が形成されたのはこの時点に該当する。おそらく氏姓制や部制の成立にやや遅れた時期のことと推察される。その後、次第に政事は構造が多様に拡大化し、これに応じて各氏族も性格が類似の職種へも任用されるようになり、律令制下においても氏姓制が残存しその影響力を窺わせるものとなる。

(2) 氏姓の賜与貶奪権

前述のように、氏姓は名負の特質を有して王権の政事構造を担っていることを示していたのである。しかし、各氏族が恣に氏姓を称していては、制度として成り立たなくなってしまうことは自明である。そこで、天皇が天皇大権の一つとして氏姓の賜与貶奪を行うことにより、氏姓を管理したのである。

これまでも触れてきたように、王権とりわけ天皇が氏姓の賜与貶奪(賜う・付与する・貶める・奪う)の権を有し、その行為を政治的意図をもって発動することは日本の大きな特徴と言えよう。このような氏姓の賜与貶奪権は天皇固有の権能、つまり天皇大権の一つでありながら、石母田正[82]をはじめとする少数の先学しか言及しておらず、王権と氏姓制との関係を十分に解明しきれていない。

もう一つの大きな特質として、日本の氏姓制において、天皇(大王)と賤は氏姓を持たない。この点は中国皇帝・朝鮮半島諸国王とは大きく異なる特徴として挙げられる。この点についてもこれまでの研究史上、わずかに言及されてはいるものの詳論されてはいない[83]。氏姓は単なる名称上の違いを表示するためのものではなく、身分制とも密接にかかわる表示機能を有している点を重要視すべきである。

身分制とかかわるとすれば、その権能を有するのは天皇に帰す大権であると言うことができる。実際に天皇は氏姓の賜与貶奪権や、賤身分へ落としたり解放したりするという政事行為を行っている。氏姓の賜与貶奪の発現形態である改賜氏姓については第四章で考察するので、ここでは賜与貶奪を行う権能の性質に言及することとしたい。

さて、氏姓の賜与貶奪については、その行為を多分に政治的意図をもって恒常的な政務案件として取り行っていることに中国・朝鮮には無い日本的な特徴が表れている。

もっとも、中国や朝鮮にセイの賜与に関する類例が無いわけではない。例えば、中国唐代の事例がわずかだが知られる。

《史料15》「李思摩墓誌銘(84)」

大唐故右武衛大将軍贈兵部尚書謚曰順李君墓誌銘（并序）

公諱思摩、本姓阿史那氏、陰山人也。（中略）貞観三年、匈奴尽滅、公因而入朝。主上嘉二其迺誠一、賜二姓李氏一、封二懐化郡王、右武衛大将軍一。（後略）

右は、唐二代皇帝太宗の貞観三年（六二九）にチュルク系の阿史那氏が唐皇帝と同じ李姓を賜っている例である。

また、中国の例以外では高麗建国の初期・天授十七年（九三四）の例がわずかに管見に入る程度である(85)。

《史料16》『高麗史』本紀、天授十七年七月条

秋七月。渤海国世子大光顕率二衆数万一来投。賜二姓王継一附二之籍一。特授二元甫一、守二白州一、以奉二其祀一。賜二僚佐爵、軍士田宅一有レ差。

同じことが列伝、崔承老の条には以下のように見える。

《史料17》『高麗史』列伝、崔承老条

渤海既為二丹兵所レ破一。其世子大光顕等以二我国家一挙レ義而興レ領。其余衆数万戸日夜倍レ道来奔。太祖憫二念尤深一迎待甚厚。至賜二姓名一又附二之宗籍一。使レ奉二其本国祖先之禋祀一。其文武参佐以下亦皆優沾爵命。其急三於存二亡継絶一能使二下遠人一来服上者亦如レ此也。

これは、高麗王権による渤海遺民の取り込み過程の中で、とくに「世子」という一段高い身分の人物に「王」セ

イを賜い戸籍に付している記事である。渤海亡命王族の大氏に対し、高麗王族と同じ「王」セイを賜うことについては、親近（縁）性付与による忠誠心の高揚を計る、簡単に言えば懐柔するためにセイを賜うことが行われたと見られる。江戸時代に徳川氏に近い松平氏の家名を与える政策と意図するところは同様である。史料15の阿史那氏への李姓賜与も同様に唐国民としての意識を高め懐柔するという意図をもって行われたと見なしてよいだろう。

しかしながら、これらの例は氏姓を持たない古代日本の天皇による賜氏姓とは根本的に性格が異なる。氏姓の無い皇族と、氏姓を同じくするということはありえない。その上、氏姓を与えることで賤身分ではなく公民として天皇に仕奉すべきことを求めるという意味も内包されていたからである。

また、唐・高麗の事例自体、セイの賜与の行為は例外的である。高麗の例では時代も下っており、倭王権が氏姓を創出する時期には、朝鮮におけるセイは一部にしか表れず、やはり対外的セイが発展したものと考えられるので、中国や朝鮮に日本の氏姓の淵源を求めることはできない。

中国においては、史上の初期からセイが見出せる上に、殷の甲骨文の中には父系制を示す史料が見られる。このことからすると、親族の表示機能を果たしているセイの起源はかなり古い。だが、基本的に一字セイであること、皇帝一族も当然セイを有すること、セイに対する政策的管掌がほとんど無いことなどからすると、日本の氏とは異なっており日本の氏姓制が手本とした可能性は低いと判断せざるをえない。

以上のことから、日本の氏姓制は中国や朝鮮諸国のセイに由来するものではなく、固有法的に創出されたと結論付けることができよう。もちろん、内政整備の一環と捉えることも可能である。その契機は、第一章で検討したように、正式な対中国外交の途絶時であることから、類似するセイの影響が少なく、より特徴的な制度となったと考えられるのである。このような天皇大権としての氏姓の賜与貶奪権は、律令制導入期、とりわけ天武天皇代以降においては、報奨と科罪としての下賜型改賜氏姓（本書第四章参照）へと発現形態を変えていくのである。

小結

日本において、氏姓は、個人名を除いた集団名称として個々を表象する機能が一面としてある。この氏姓は中国や朝鮮諸国の呼称法であるセイの単純な受容、もしくは影響とは言えないことを述べた。単なる呼称や爵号ではなく、名負を氏名の本義としたところが日本の氏姓の独創性の最たる特徴であり、その成立時期と契機は第一章で述べたように、大陸との国交途絶時における影響関係が低下したことと関連していると考えられるのである。

そして、名負の特徴は猨女君氏を素材に検討を加え、さらに狭々城山君氏と山部連氏の比較検討を中心に考察することにより、一層明確に名負氏の規範が広汎に渉ることを描出できた。

すなわち、山部氏は山を中心とした地域の警衛を名負の職掌と想定した。氏族伝承や律令制下での活動の多様性は、類似の職掌を有する丈部や山守部なども当然ながら通用されたものから発していると考えられる。厳密な慣習法というわけではなく、氏姓制の特徴である名負氏を体現し、律令制導入前の政事体制を形成していたのである。

次いで、中国や朝鮮の模倣ではなく、王族が倭称から、氏姓を有さない名のみへ変化していったことは日本独特のものであり、この変化に当時の東アジア情勢の影響（本書第一章参照）を認めるわけだが、氏姓を持つ・持たないという指標によって身分的な上下関係を明確に設定している点も大きな特性である。

また、氏姓制のもう一つの大きな特徴となっている氏姓の賜与貶奪権を、他国の事例を参看して検討した。日本における賜与貶奪の特色は簡単に触れたにすぎないが、第四章において詳述する。中国・朝鮮の例が例外的であることや、皇帝自身もセイを持つことから比較してみるだけでも、日本との性質の相違を見出すことができるだろう。

表3　山君（公）関連史料一覧

件	年月日	所見人名	記事の内容	属性・備考	典
1	孝元7・2・2	狭々城山君	大彦命の後裔氏族名列挙	祖先記事、阿倍氏同祖	紀
2	垂仁天皇段	小月之山君	落別王後裔氏族	三川之衣君同祖	記
3	同　右	春日山君	五十日帯日子王後裔氏族	高志池君・春日部君同祖	記
4	仁徳40・是歳	近江山君稚守山	新嘗月の宴会において賜酒	守山の妻と采女磐坂媛内外命婦等	紀
5	雄略即位前紀（安康3・10・1）	近江狭々城山君 韓帒宿禰	市辺押磐皇子殺害	近江来田綿蚊屋野	紀
6	顕宗元・2・是月	倭帒宿禰の妹置目	御骨埋処を知る 宮傍近処に居える	優崇賜卹。近江国狭々城山君の祖	紀
7	顕宗元・5	狭々城山君 韓帒宿禰	押磐皇子殺害により充陵戸兼守山に削除籍帳	削除籍奪姓。山部連に隷かせられる	紀
8	同　右	倭帒宿禰	妹置目の功により本姓狭々城山君氏賜う	賜氏姓	紀
9	神亀元・2・22	角山君内麻呂	献私穀於陸奥国鎮所 外従七位上→外従五位下	天皇臨軒叙位。他多数とともに	続
10	天平3・3	山君大父	天平元年定大税穀	坂井郡主帳外初位上勲十二等	古
11	天平8・8・10	山君少君（少君は別人ヵ）	松原駅戸主鴨部戸口。調塩	033平城京左京三条二坊二条大路濠	下
12	天平8	小槻山君広虫	従八位上栗太采女	11月20日返上	古
13	天平9・2・14	小槻山君広虫	正八位下→従五位下	天皇臨朝叙位。他多数とともに	続
14	天平12	角山君家足	領墾田を小野石根に売却	従七位上、長承2・7・12付文書	古
15	天平16・8・5	佐佐貴山君親人	正八位上に従五位下 食封五十戸など	伐除紫香楽宮辺山木の褒賞、蒲生郡大領	続
16	同　右	佐佐貴山君足人	神前郡大領正八位下に正六位上、布など	同右褒賞	続
17	天平16・12・29	山君田室	勘籍	年27歳。近江国神埼郡山君足人の戸口	寧
18	同　右	山君足人	勘籍、近江国神埼郡戸主	正六位上内舎人。戸口に田室	寧
19	同　右	山君馬乗	勘籍	年13歳。近江国神埼郡山君水通の戸口	寧

20	同右	山君水通	勘籍、近江国神埼郡。戸主	戸口は馬乗	寧
21	天平17・1・7	小槻山君広虫	外従五位上→外正五位下。賜禄	大安殿に御し五位已上を宴す	続
22	天平勝宝元・8・2	小槻山君広虫	外正五位下→正五位下	叙位	続
23	天平勝宝4	佐々貴山君	内侍、黄葉沢蘭一株を遺賜人納言藤原卿へ	仲麻呂并陪従大夫等御歌一首賜う	万
24	天平勝宝8・5・3	佐佐貴山君親人	遣使固守三関養役夫司となる	従五位下佐味朝臣広麻呂と六位已下も	続
25	天平宝字2・11	山君薩比等	大般若経書写者	正元二年（一二六〇）和泉国で経典の二校	寧
26	天平宝字3・7・3	佐佐貴山君親人	従五位下中宮亮に任官	従四位下佐味朝臣虫麻呂が中宮大夫に	続
27	天平宝字6・4・25	山公美奴久万呂	東大寺進上の封租米。天平宝字四年分進上	愛智郡。解申上者	古
28	天平宝字6・10・23	山公友綱	東大寺進上の封租米	愛智郡使。外少初位下	古
29	天平神護元・1・7	佐佐貴山公人足	正六位上→外従五位下	改元天平神護優詔	続
30	神護景雲3・3・13	上毛野鍬山公	陸奥国信夫郡人外従八位下吉弥侯部足山守等	大国造道嶋宿禰嶋足の所請七人に賜氏姓	続
31	宝亀5以降	山君岐波豆	勘籍	年22歳。戸主は山君乎奈彌	寧
32	宝亀5以降	山君乎奈彌	大倭国添上郡山君　郷戸主大初位下	山君岐波豆は戸口	寧
33	延暦4・1・27	佐佐貴山公由気比	居職匪懈。撫民有方により外従五位下詔授	近江国蒲生郡大領外従六位上、他数名	続
34	延暦6・4・24	佐佐貴山公賀比	授蒲生采女従七位下→外従五位下	授位	続
35	嘉祥2・7・27	小槻山公家島	賜氏姓興統公改本居貫附左京五条三坊	近江国栗太郡人木工大允正七位下	続後
36	嘉祥3・4・29	佐々貴山公仲継	正六位上→外従五位下	授位	文
37	仁寿2・11・7	角山君魚成	医師従八位下	交替定	平
38	貞観2・11・26	佐々貴山公宮子	无位→外従五位下	授位（底本は16日）	三
39	貞観5・1・8	小槻山公広宅	无位→外従五位下	授位	三
40	同右	角山公成子	无位→外従五位下	授位	三
41	貞観15・12・2	小槻山公今雄	改本居貫左京四条三坊（他数名ヵ）	近江国栗太郡人正六位上行左少史算博士	三
42	同右	小槻山公有緒	改本居貫左京四条三坊（他数名ヵ）	主計師大初位下	三

件	年月日	所見人名	記事の内容	属性・備考	典
43	貞観17・12・27	小槻山公今雄	賜姓阿保朝臣、息速別命之後（他数人カ）	左京人右大史正六位上算行博士	三
44	同　右	小槻山公有緒	賜姓阿保朝臣、息速別命之後（他数人カ）	主計師大初位下	三
45	同　右	小槻山公良真	賜姓阿保朝臣、息速別命之後（他数人カ）	近江国栗本郡人前伊豆権目正六位上	三
46	元慶元・12・2	佐々貴山公是野	近江国蒲生郡大領外正六位上→外従五位下	献米二千斛助国用を以て昇叙	三
47	承平2・1・21	佐佐貴山公房雄	元郡老従七位上。一族に京戸有りカ	近江国安吉郷土田荘田地注文	平
48	天暦10・6・13	佐々貴山公興恒	近江国追捕使	前年に、大友兼平らと	朝
49	大治4・7・20	山君念覚	別当町事（端裏）	観世音寺	古
50		佐　山君林	太部人田	081平城宮佐紀池南辺	下
51		角山君安万呂	山田先生申出甥万呂佐官大夫椽綿衣・進出	019左京三条二坊一他 附神安万呂七月二日	城
52		佐々貴山君万呂	蒲生郡西里	051左京三条二坊一他	上
53		貴山君	解	091左京三条二坊八坪二条大路濠	上
54		角里山君	米斗	051石神遺跡	下
55		三家山公		019周防国府跡	木
56		山　公	无位カ	081平城宮	城
57		槻山公大カ	近江国浅井郡	091平城宮	城
58		佐々貴山公時守	戸。白米	019平城京右京一条三坊八坪	木

〔典拠凡例〕

紀＝『日本書紀』・続＝『続日本紀』・三＝『日本三代実録』・記＝『古事記　祝詞』・風＝『風土記』以上は序章掲示。

続後＝『続日本後紀』国史大系、吉川弘文館　文＝『文徳天皇実録』国史大系、吉川弘文館

朝＝『朝野群載』国史大系、吉川弘文館　万＝『万葉集』塙書房　古＝『大日本古文書』東京大学出版会

寧＝『寧楽遺文』東京堂出版　平＝『平安遺文』東京堂出版　霊＝『日本霊異記』新古典文学大系、岩波書店

飛＝『飛鳥藤原宮発掘調査出土木簡概報』奈良国立文化財研究所　藤＝『藤原宮木簡』奈良国立文化財研究所

城＝『平城宮木簡』奈良国立文化財研究所　上・中・下＝『平城宮発掘調査出土木簡概報』奈良国立文化財研究所

木＝『木簡研究』木簡学会

＊木簡は主に『木簡研究』を採用するものとする。巻・号数は略。

＊木簡データについては奈良文化財研究所の木簡データベースを参照させていただいた。

表4　山部関連史料一覧

件	年月日	所見人名（他）	記事の内容	属性・備考	典
1	景行18・4・11	山部阿弭古之祖小左	葦北小嶋で天神地祇に祈り泉が湧く	祖先伝承、見在（地形譚）	紀
2	応神天皇段	山部	山部が定められる	海部・山守部とともに	記
3	清寧即位前紀 雄略23・8・是月	山部	星川皇子の乱に際し吉備上道臣等の所領を奪う	反乱伝承	紀
4	清寧元・11	山部連先祖伊予来目部小楯	大嘗供奉料により播磨国司億計・弘計を発見す	祖先伝承 柴宮・赤石郡縮見屯倉	紀
5	（播磨国賀毛郡）	山部小楯	意奚・袁奚二皇子発見	高野宮に派遣される	風
6	（播磨国美嚢郡）	山部連少楯	二皇子の母を手白髪とする	針間国山門領で往還	風
7	顕宗即位前紀 （清寧2・11）	山部連先祖伊予来目部小楯	同右。億計・弘計を発見	祖先伝承・播磨国司	紀
8	同右	来目部小楯	持節。左右舎人ひきい迎えに	同右	紀
9	顕宗元・4・11	来目部小楯	前播磨国司・山官に拝される	山部連に改賜氏姓	紀
10	顕宗元・5	山部連	削除籍帳した狭々城山君韓帒宿禰を付される	祖先伝承 狭々城山君の祖先伝承とも	紀
11	仁賢即位前紀 （顕宗元・11）	山部連小楯	播磨国司として億計・弘計を発見・奉迎	祖先伝承 本表3の3～8と同一人	紀
12	安閑元・閏12・是月	山部	物部大連尾輿瓔珞に関与し、発覚、贖罪として	筑紫国胆狭。他に贄土師部	紀
13	孝徳（播磨国宍禾郡）	山部比治	宍禾郡の分割に際し里長となる	比治里	風
14	（播磨国宍禾郡）	山部三馬	里長となる。山守里と改称	元酒加里、後穴師里	風
15	天武13・12・2	山部連	全五十氏。宿禰賜姓	八色の姓	紀
16		山部赤皮	宍粟評小	032藤原宮	藤
17		山部	（上部不詳）藤原京	091左京七条一坊西南坪	飛
18		山部宿禰乎夜部	本位進大壱／今追従八位下	011左京七条一坊西南坪	飛
19		山部万呂	上部連安万呂と。合点有り	081左京七条一坊西南坪	飛

件	年月日	所見人名（他）	記事の内容	属性・備考	典
20		山部大万呂	評五十戸	051石神遺跡	飛
		山部大閑ヵ	（右同）	033石神遺跡	飛
21		山部造万呂	八月一日佐伯造正月	019左京七条一坊西南坪	飛
22		山部	八口。合点有り。木目直交	091左京七条一坊西南坪	飛
23		山部門（門名） 合点あるものも	出人榎本連安比止蝮王・山部二門。□ 位下大庭造男□「中務省」山部・宮門	081藤原宮東面大垣地区 015・019・081藤原京左京七条一坊西南坪	木 飛
24		山部王		019難波宮跡	木
25	大宝2	山部牛	受田壱町肆段弐佰壱拾肆歩	豊後国戸籍。戸主。年53歳	古
26	同右	山部綾麻呂	丁妻男。右戸口	嫡子。年22歳	古
27	同右	山部志都麻呂	正丁。嫡子男。戸口	嫡弟。年17歳	古
28	同右	山部日売	少丁。戸主妹	年42歳	古
29	同右	山部尓祇売	丁女。寄口女	年22歳	古
30	神亀6・5・19	山部得太理	上氷三荷、丁刑部真塩と	011平城宮宮城南面西門（若犬養門）地	木
31	神亀～天平頃	山部宿禰赤人		万葉集歌人	万
32	天平7頃頻出	山部郷（市厘里・ 市掃里多い）	隠伎国周吉郡。生壬部・檜前部・雀部 などと調を貢進	039宮東院園池北方地区 031左京三条二坊二条他	木 城
33	天平11～天平勝宝2	山部花万呂 （花麻呂・花）	法花経・華厳経書写など 従八位上→正八位下	紙・筆・墨・布料など 山部のみとも記される	古
34	天平11	山部薬女	日置部戸口。寡	年58歳。出雲国賑給歴名帳漆沼郷	古
35	同右	山部直宇奈吾	戸主	河内郷	古
36	同右	山部直嶋村	右戸口。惸	年10歳	古
37	同右	山部直馬手	同右。惸	年8歳	古
38	同右	山部紐売	□□不知	年72歳。神門郡足幡里	古
39	天平12・11	山部乎伎	戸主	遠江国濱名郡輸租帳	古
40	同右	山部首木	戸。田壱町のうち陸段	遭風損六分	古
41	同右	山部羊	戸主。遭風損六分	戸口に三使部酒麻呂	古
42	同右	山部忍人	戸主		古
43	同右	山部若売	右の戸口。遭風損五分		古

44	同右	山部得麻呂	戸主。遭風損四分	戸口に日下部真鳥	古
45	同右	山部少根	戸主。遭風損四分		古
46	同右	山部伯勢	戸主。遭風損四分		古
47	天平17・4・20	山部小国	大伴部古麻呂と料布弐段	廝丁。左京職移	古
48	天平18	山部郷	五十戸。天平十年四月。法隆寺食封に。	上野国多胡郡。地名	古
49	天平20	山部（辺）千足	正月十二日。写経始	常世馬人と	古
	天平8〜宝亀5ヵ	山部千足	右同一人か	051下ノ西遺跡	木
50	天平20	山部宿禰安万呂	左京八条一坊戸。正六位下		古
51	天平20〜天平神護3	山部播磨万呂（山部宿禰針間万呂）	申請紙・筆・墨事。堅井郷戸主布勢君家万呂戸口	新請者。年廿五〜天平宝字8。少初位下	古
			右少史正七位上山部宿禰	右同一人ヵ。神護景雲元	古
52	阿倍（孝謙）天皇代	山部坂	大宮（平城宮）に直向する	下巻38縁	霊
53	天平勝宝3・4	山部宿禰馬養	従六位上行目勲十二等	伊賀国阿拝郡売券署名	古
54	天平勝宝7・9	山部百島	班田使歴名に見える	史生	古
55	天平宝字2〜4	山部宿禰吾方磨（吾方麻呂）	无位文部省書生	山司門衛伴部。写紙	古
		山部吾方万呂	可返上筆、阿閉・三嶋・丈部・子部・丸部らと	右同一人ヵ	木
56	天平宝字3	山部飯万呂	工・上日卌		古
57		山部子人	播磨国宍粟郡柏野里米五斗	039	城
58		山部郷（地名）	物部調	031	城
59	宝亀元・10・1	山稲主	肥後国益城郡人。白亀献ず	9日に除爵・賜物記事	続
60	延暦4・5・3	山部	桓武の諱を避け山と改姓	特殊改賜氏姓。白髪部も	続
61		山部宿禰東人	平群郡。平城宮	011二条条間大路南側溝	木
62		山部直広万呂		019八幡林遺跡	木
63		中臣山部（名前）	淡路国津名郡賀茂里人夫	032平城京左京一条三坊	木
64		山部加之ツ支	播磨国宍禾郡山守里	051	木
65		山部小右	四人（下欠）	019平城宮	城
66		山部	大伴広	081平城宮	城
67		山部	銭大角合十二	081法華寺旧境内	城

件	年月日	所見人名（他）	記事の内容	属性・備考	典
68		山部神	玉造郷戸主部戸（以下不詳）	039根岸遺跡	木
69		山部	播磨国宍粟郡柏野郷	人足米五斗。033平城宮	下
70		山部	五戸貢井□	031平城京二条大路	木
71	寅　年	山部	田母之本廿日方ツ呉之倍十木田支万羽之本	011白日椋稲遺人黒人赤加倍十井上薬師堂遺跡	木
72		山部	人	039宮内裏東方東大溝	上
73		山部	里調□小麻呂意巳尼稲麻呂	031左京三条二坊一他	下
74		山部	家人牛万呂・壬生安万呂・掃守東人・佐伯足嶋らと	011・091左京三条二坊二条大路濠	下 中
75		山部足人	交野・佐伯・津守らと	011左京三条二坊八坪	下
76		山部宿禰大田	有位。	年50歳。091左京三条二坊一他	城
77		山部真	出雲浄万呂无位と。左京	091二条二坊二条大路濠	中
78		五百山部真麻	伴部。左京。	091二条二坊二条大路濠	上
79		山部郷	越前国江沼郡。戸主佐々貴安万呂	051平城宮式部省東方・東面大垣東	上
80		山部広依	夕□石村（以下不詳）	081平城宮東院庭園地区	木
81		山部真得万呂	戸主	081吉田C遺跡	木
82	承和3・12・5 承和6・11・5	山直池作	和泉国人正六位上右大史 左大史。宿禰改姓 天安元年正月↓従五位下	左京五条に貫附。弟池永 翌年↓外従五位下 越前・肥後・河内介	続 後
83	天安2・6・15	山真山	子を盗んだ賊	安部朝臣氏主に捕らえる	文
84	貞観8・7・15	山春永	肥前国基肆郡擬大領	新羅に渡り武器作製を教える	三
85	仁和元・12・23	山吉直	備前国上道郡白丁	闘殺により絞刑に	三
86	治暦3・2・6	内山部・外山部	宅五図壱里漆坪伍段拾捌歩	紀伊続風土記附録四薬王寺文書	平
87	天仁2・11・7	山部延末	垣内畠伍段者右件畠、御庄住人の聟娘	捨去之後、他処に流浪 中村直勝所蔵文書	平
88	元暦2・6・6	山部則光	（略押）	角田文衛所蔵文書	平
89	天平8・7・16	山部文屋	十五人が召される	011平城京二条大路濠状遺構（南）	下

＊表4における典拠凡例は表3に準じる（102頁）。89は脱漏のため表末に補った。

註

（1）吉村武彦「仕奉と貢納」『日本の社会史』四、岩波書店、一九八六年。のち再編して「律令制的身分集団の成立」（『講座前近代の天皇』三、青木書店、一九九三年）・「古代王権と政事」（『日本古代の社会と国家』岩波書店、一九九六年）に収めるが、断らない限り初出による。

（2）「政事」は史料用語であるが、本書の序章で述べたように政権の構造と運営（祭事も含め）を念頭に置いて使用する。

（3）『歴史学事典』9 法と秩序（弘文堂、二〇〇二年）に「仕奉関係」として吉村武彦が執筆している。

（4）大隅清陽「律令官人制と君臣関係―王権の論理・官人の論理」『日本史研究』四〇三、一九九六年。以下、大隅の見解はすべて同論による。

（5）須原祥二「「仕奉」と姓」『日本律令制の構造』笹山晴生編、吉川弘文館、二〇〇三年。以下、須原の見解はすべて同論による。

（6）松下正和「古代王権と仕奉」『王と公―天皇の日本史』鈴木正幸編、柏書房、一九九八年。

（7）「仕奉（しぶ）」という音読みについては、須原による「仕奉」は訓読し「つかへまつる」とするのが穏当とする意見もある。どちらの読みにしても「つかへまつる（こと）」という共通理解があるのだから、政事的行為として「貢納」と対置する名詞化した熟語として音読してもさしたる問題は無い。
「仕奉」が、古代においても場合により音読された可能性もある。平安時代に下るが『皇太神宮儀式帳』（神道大系所収）に「百官仕奉人等、天下四方国（乃）人夫爾至（麻天）、」とある。「仕奉（礼流）」などのような送り仮名が振られていないことから、音読の場合もあった可能性が指摘できなくもない。その場合、呉音である「ぶ」と読むのが妥当と考える。本論においても、学術用語として名詞化した「仕奉」を使用することとする。

ただし、律令制下における用例は一部「奉仕」に置換する。なお、拙稿e論文でも述べている。

（8）「臣下・百姓」の意味するところは、推古二十八年（六二〇）紀の本記選録対象の「臣・連・伴造・国造・百八十部并公民等」を前提とする。つまり、「臣下」は「并公民等」より上、後の宣命にもしばしば見られる「臣・連・国造・伴造」層を中心とする。「部」もこの段階は臣下層に含める。「百姓」は有氏姓者全般を示すものとする。

（9）虎尾達哉「律令官人社会における二つの秩序」『日本政治社会史研究』中、岸俊男教授退官記念会編、塙書房、一九八四年。後に虎尾『律令官人社会の研究』（塙書房、二〇〇六年）に所収。

（10）「養老禄令」2季禄条の集解部分には、古記が無いので『大宝令』における本条の存在は未詳である。だが、次条の内舎人条に『大宝令』と一部同文であることを推測させる古記が存在する。内舎人条の古記によれば、「以才伎長上者。」・「[其位主典以上者、准少判官。]」が部分的に復原できる。これは季禄を前提にしているので、『大宝令』においても第二条目の季禄条の存在した蓋然性が高いと言える。そして、それはほぼ同文であると想定できる。また、高橋崇『律令官人給与制の研究』（吉川弘文館、一九七〇年）・鷺森浩幸「季禄と時服」（『ヒストリア』一三〇、一九九一年）などを参照。

（11）給季禄条は、同年の古記の記載から「皆依品給禄。」・「[雖満限日、若有中下状。]」・「[家令降一等。]」が部分的に『大宝令』を復原できる。

（12）三位以上には位封が支給された。位禄・位封とも職務奉仕の懈怠などによる給禄停止規定もあることから、「仕奉」という人格的関係ではなく、職務奉仕に対する給禄という関係が成り立つ。

（13）大隅は「考選」の用語を用いるが、選は考課の結果であり、同じく六位以下の「仕奉」を特徴付ける「上日」の視点も内包され、かえって差等を示せないだろう。
むしろ、王権との人格的関係における「仕奉」の互酬的関係を、律令制前より継受しているのは功田・賜田・功封や下賜型改賜氏姓などであろう。下賜型改賜氏姓については拙稿a論文、及び本書第四章参照。

（14）拙稿h論文、及び本書第三・五章を参照。本書では、とくに氏姓制にかかわる変改について言及した。

(15)「名負氏」と呼称することは序章で述べた。この「名」や「名」そのものについては諸説あるが、氏は王権との政治的関係を基軸とすることから仕奉の表象、もしくはそのためによるところを指すものと捉えておく。最近では松木俊暁『言説空間としての大和政権―日本古代の伝承と権力』（山川出版社、二〇〇六年）において、「名」の示す内容の多様性が論じられている。なお、拙評「書評『言説空間としての大和政権―日本古代の伝承と権力』」（『歴史学研究』八三四、二〇〇七年）において「名」の多様性を認めながらも、「氏名」や「字名」などの違いによる意義の差に注意すべきという評を加えた。

(16) 従来の通説と言える包括的理解は、阿部武彦『氏姓』（日本歴史新書、至文堂、一九六〇年）・同『日本古代の祭祀と氏族』（吉川弘文館、一九八四年）・志田諄一『古代氏族の性格と伝承』（雄山閣、一九七一年）・高橋富雄「負名氏の系譜とその意味」（『歴史評論』一〇六、一九五九年）・吉村武彦『日本古代の社会と国家』（岩波書店、一九九六年）などを参照。

(17) 大伴連氏の名負については、大橋信弥「大伴連ウジの政治的進出―大伴室屋とその時代―」（『東アジアの古代文化』一一一、二〇〇二年）・直木孝次郎「大伴連と軍事的性格」（『日本古代兵制史の研究』吉川弘文館、一九六八年）などを参照。

(18) 物部連氏の名負については、亀井輝一郎「物部氏の攻防と北部九州」（『東アジアの古代文化』一一一、二〇〇二年）・篠川賢「物部氏の成立―「物部」のウジ名と「連」のカバネ―」（『東アジアの古代文化』九五、一九九八年）・本位田菊士「物部氏・物部の基盤についての試論」（『ヒストリア』七一、一九七六年）などを参照。

(19) 端的な例を挙げれば、神祇祭祀にかかわり斎（いつく）ことを氏称に持つ斎部首氏や、同じく神祇にかかわる卜占を氏称に持つ占（卜）部宿禰氏などの例がある。忌部氏・卜部氏とも井上辰雄『古代王権と宗教的部民』（柏書房、一九八〇年）、上田正昭「忌部の機能」（『日本古代国家論究』塙書房、一九六八年）、永留久恵『対馬古代史論集』（名著出版、一九九一年）、羽床正明「卜部の成立と活動について」（『東アジアの古代文化』七二、一九九二年）など、個別の職掌の分析としての研究は蓄積している。

(20) 中嶋宏子「大嘗祭の名負氏」『神道研究集録』一〇、一九九一年。他に斎宮の名負入色者に言及した榎村寛之「斎宮十二司についての基礎的考察」（『延喜式研究』一九、二〇〇二年）もある。なお本書第三・五章も参照。

(21) 須原は、ここでは「姓」とはセイ・ショウ、つまりウヂ＋カバネの意で使用している。

(22) 須原はこの「仕奉」がどのような意味なのか、明確に述べられてはいない。鎌足の功績を称揚し、その後裔が独占的に鎌足に擬えて昇進を望むことができるとでも解釈できようか。

(23)『続紀』天平宝字三年（七五九）十月辛丑条にすべての「君」姓は「公」へと改字することが命じられているが、本章では「君」字で統一する。

(24) この説話は賜氏姓記事の先駆けとなるものであり、これまであまり指摘されていないが重要な意義を有している。

(25)『記紀』では天岩戸で天鈿女命の踊りが天照大神に対して行われるが、『古語拾遺』においては、猿田彦に対して行われている。

(26) 田中日佐夫「日本神話と猿女氏」『講座　日本の神話』八　日本神話と氏族、有精堂、一九七七年。

(27) 松村武雄『日本神話の研究』三、培風館、一九五五年。

(28) 本位田菊士「古代国家と神祇・祭祀」『日本古代国家形成過程の研究』第五章、名著出版、一九七八年。

(29)『書紀』（序章掲示、一九六七年）同条の註による。

(30) 西郷信綱『古事記注釈』一、平凡社、一九七五年。田中前掲註(26)論文でも、この見解を支持している。

(31)『先代旧事本紀』は鎌田純一『先代旧事本紀の研究』（校本の部、吉川弘文館、一九六〇年）を参照。大野七三編著『先代舊事本紀　訓註』（意富之舍、一九八九年）も参看した。

(32)『類聚国史』巻十九、猨女条（新訂増補国史大系、吉川弘文館）にもほぼ同文が見える。

(33) 小野氏と和邇部氏との関係は拙稿b論文、大橋信弥「近江における和邇系氏族の研究―小野臣・角山君・近淡海国造―」(『日本古代の王権と氏族』吉川弘文館、一九九六年)・西田弘『近江の古代氏族』(真陽社、一九九九年)など参照。

(34) 小野野主については詳細不詳。同官符や平安時代の小野氏に触れる佐伯有清『新撰姓氏録の研究』(考証篇第二、吉川弘文館、一九八二年)・阿部猛「平安前期の小野氏」(『平安前期政治史の研究』新訂版、高科書店、一九九〇年)などにおいても言及されていない。しかし、官途や解状の提出者という点から考えあわせると、弘仁四年当時の氏長者もしくはそれに準じる立場の人物だった可能性がある。または、中央政界に残る小野氏とはかなり離れた系統出身という想定も可能だが、左中弁という官職からも小野氏本宗に近い人物と見なしておく方が妥当だろう。

ところで、村井康彦は小野・和邇氏が猨女氏と似通う宗教的性格が希薄になったために猨女貢進から手を引いたと見ている(「信仰と文学」『新修　大津市史』第四章第四節、大津市役所、一九七八年)。しかし、小野氏らと猨女氏との共通的性格が見出せない上に、解状やそれをふまえた官符にも宗教的な色合いを窺わせる文言は無いことから首肯できない。

(35) 明法博士中原明兼勘注(『平安遺文』五巻、二二八一、近衛家本知信記天承二年巻裏文書)には「件庄、天平十二年以二従七位上角山君家足領墾田一、与二正三位小野石根朝臣一。久経二星霜一曽無二他妨一。今又為二前太政大臣家領一者。」とあり、後の子田上杣の領域を天平十二年(七四〇)に譲られて所有するに至っていることが知られる。

また、小野為遠田地売券(『平安遺文』十巻、五〇五三、長命寺文書)に、時代は下り承安元年(一一七一)十一月九日までは「元者下毛野為貞之依二沽却一、小野為遠年来領作無二他妨一。」となっていた蒲生下郡桐原郷の地を、「沽却進先祖相伝私領田地新放券文事」として売却している。これらから、小野氏が弘仁頃においても少なからず近江国に私領を保有していたことは想定するに難くない。

中村修也「小野氏と近江・山背国―推古朝の一断面―」(『古代文化』四四―五、一九九二年)も参照。

（36）『西宮記』（改訂増補故実叢書）巻十四裏書。

（37）『平戸記』（増補史料大成）仁治三年（一二四二）十一月十三日条には大嘗祭に猨女が無いことを記述しており、この頃より以降、形式的にも廃絶へと向かうものと推測される。また、『政事要略』巻八十四、糺弾雑事、告言三審誣告等には弘仁十年～十三年（八一九～二二）に右少史の猨女副雄が知られる。名負に携わらない場合、下級官人として出仕する道もあったようだが、やはり歴史の表舞台には登場しにくく埋没していった。

（38）猪名氏の主な先行研究を挙げておく。加藤謙吉「猪名県に関する二、三の問題」（『大和政権と古代氏族』吉川弘文館、一九九一年）・長山泰孝「猪名県と猪名真人」（『地域史研究』二―二、一九七二年）など。

（39）犬上氏については以下の研究を参照。岡田精司「古代近江の犬上君」（『滋賀の文化』一、一九七七年）・佐伯有清『新撰姓氏録の研究』（考証篇第一、吉川弘文館、一九八一年）など。

（40）上毛野氏については以下の研究を参照。志田諄一「上毛野君」（『古代氏族の性格と伝承』雄山閣、一九八五年）・前沢和之「豊城入彦命系譜と上毛野地域」（『国立歴史民俗博物館研究報告』四四、一九九二年）など。

（41）下毛野氏については以下の研究を参照。佐伯前掲註（34）書・笹山晴生「毛野氏と衛府」（『日本古代衛府制度の研究』東京大学出版会、一九八五年）など。

（42）三国氏については以下の研究を参照。佐伯前掲註（39）書・米沢康「継体後裔伝承氏族の検討―越国と継体伝承（三）―」（『信濃』二〇―三、一九六八年）など。

（43）宗形（像）氏については以下の研究を参照。瀧音能之「宗像氏と大和国宗像神社」（『出雲国風土記と古代日本―出雲地域史の研究―』雄山閣、一九九四年）・正木喜三郎「筑紫胸形君考―五世紀を中心として―」（『東海史学』二五、一九九〇年）など。

（44）当麻氏については以下の研究を参照。佐伯前掲註（39）書・永井紀代子「当麻氏に関する考察」（『日本史論叢』二、一九七三年）など。

(45) 大三輪氏については以下の研究を参照。阿部武彦「大神氏と三輪神」(『日本古代の氏族と祭祀』吉川弘文館、一九八四年)・志田諄一「三輪君」(志田前掲註(40)書所収)・樋口清之「日本神話と三輪氏」(前掲註(26)書所収)・同「三輪と大神氏」(『国学院雑誌』六二―二、一九六一年)など。

(46) 車持氏については以下の研究を参照。志田諄一「車持君」(志田前掲註(40)書所収)・佐伯前掲註(34)書など。

(47) 酒人氏については以下の研究を参照。佐伯前掲註(39)書・直木孝次郎「人制の研究」(『日本古代国家の構造』青木書店、一九五八年)など。

(48) 拙稿e論文、及び本章第三節。

(49) 岡田精司「古代豪族佐々貴山君」『蒲生野』二、一九六九年。

(50) 石田善人「ささきし　佐々木氏」『国史大辞典』六、吉川弘文館、一九八五年。

(51) 岡田隆夫註『続日本紀』二(序章掲示、一九九〇年)。

(52) 西田弘「佐々貴山君について」『近江の古代氏族』真陽社、一九九九年、初出一九九〇年。

(53) 橋本義彦「官務家小槻氏の成立とその性格」『平安貴族社会の研究』吉川弘文館、一九七六年、初出一九五九年。

(54) 西田弘「小槻山君小考」前掲註(52)書所収、初出一九八七年。

(55) 亀田隆之註『続日本紀』二(序章掲示、一九九〇年)。

(56) 大橋信弥「野洲川下流域の古代豪族の動向―小槻山君と近淡海安国造―」『日本古代の王権と氏族』吉川弘文館、一九九六年、初出一九九〇年。

(57) 戸田芳実「摂関家領の杣山について」『日本古代の国家と宗教』井上薫教授退官記念会編、吉川弘文館、一九八〇年。

(58) 青木和夫註『続日本紀』二(序章掲示、一九九〇年)。

(59) 西田弘「角山君について」前掲註(52)書所収、初出一九九二年。

(60)西田弘「近江の古代氏族」前掲註(52)書所収。
(61)岡田精司前掲註(49)論文。
(62)石田前掲註(50)項目。他に、近藤敏喬編『古代豪族系図集覧』(東京堂出版、一九九三年)や『古代氏族人名事典』(吉川弘文館、一九九〇年)も「某山」氏と捉えている。
(63)青木前掲註(58)註釈。
(64)太田亮『姓氏家系大辞典』三、系譜学会、一九三八年。
また、田中塊堂も太田亮の見解を受けて、表3—25に見える事例を山氏と見なしている(田中「初期伊勢神宮の信仰と道行の知識経」『古代学』一—四、一九五二年)。
(65)倉野憲司註『古事記　祝詞』(序章掲示、一九五八年)。垂仁天皇段。
(66)土田直鎮註『日本書紀』(序章掲示、一九六七年)。顕宗天皇元年二月是月条。
(67)磯野浩光「近江の「山君」について」『史想』二〇、一九八四年。以下、磯野説はすべて同論文による。
(68)大橋信弥「近江における和邇系氏族の研究—小野臣・角山君・近淡海国造—」前掲註(56)書所収、初出一九九二年。
(69)西田前掲註(54)論文。
(70)大橋信弥「佐々貴山君の系譜と伝承」『古代豪族と渡来人』吉川弘文館、二〇〇四年。以下、大橋説は同論文による。
(71)直木孝次郎「複姓の研究—大化前官制の考察、その二—」『日本古代国家の構造』青木書店、一九五八年。
(72)上毛野鍬山君は『姓氏録』に見えず、国史上も当該箇所にのみ見える。しかしながら、同時に記載される氏族中に上毛野陸奥公や上毛野名取朝臣・上毛野中村公という複式氏名氏族が見えることから、鍬山も陸奥の地名と解すべきである蓋然性が高い。
(73)「播磨国既多寺知識経大智度論」は知識名のみではあるが以下を参照した。

田中塊堂『日本写経綜鑒』思文閣、一九七四年。

（74）吉備の山部を中心にした考察としては、主に以下の研究がある。

今津勝紀「古代播磨の「息長」伝承をめぐって」（『日本史研究』五〇〇、二〇〇四年）・岡本明郎「山部と製鉄―その系譜と文化をめぐって―」（『古代の日本』４中国・四国、角川書店、一九七〇年）・小林昌二「日本古代鉄生産集団支配に関する一試論」（『「社会科」学研究』九、一九八五年）・福島好和「古代播磨国における山部氏について」（『関西学院史学』三一、二〇〇四年）・湊哲夫「吉備山部考」（『歴史手帖』一一三、一九八三年）・山尾幸久「倭王権による近畿周辺の統合」（『日本古代王権形成史論』岩波書店、一九八三年）など。

右の研究によれば、『播磨国風土記』の記述から知られる山部の分布や吉備氏との関係を製鉄遺跡の分布などと関連させて山部氏が製鉄関係に従事する性格を持つ氏族であるとする。この見解は一時主流となりつつあったが、すでに森田喜久男による批判もあるように、山部は製鉄に従事するというこれらの研究の説には疑問を抱く（森田「ヤマト王権と海部・山部」（『国史学』一四六、一九九二年）。

（75）同様の例を、平川南も於保磐城臣とその自署という東北の複式氏名氏族の事例をとおして簡単に指摘している。（平川「古代における人名の表記」『古代地方木簡の研究』二〇〇三年、初出は一九九六年）。

右をふまえて、ごく最近には垣内和孝も複式氏名の略称を述べている（垣内「陸奥国磐城郡司の系譜」『日本歴史』七一一、二〇〇七年）。

（76）『古代豪族系図集覧』（註（62）前掲書）に所収される春日山氏系図は宝賀寿男編著『古代氏族系譜集成』（古代氏族研究会、一九六一年）に所収されていたもので、原形を知りえない。『古事記』の出自記事と同じくするが、後世の付会の可能性も残る。このような理由で、垂仁天皇に出自し、山守部君氏を経て春日山君に至る大筋の成立はそれほど遡れないにしても、具体的註記の見られるようになる春日山君黒万呂以降の内容にはある程度信をおけると思われる。

(77) 尾形勇「漢代に於ける「姓」と身分」『歴史学研究』二九八、一九六五年（後、尾形『中国古代の「家」と国家』岩波書店、一九七九年に再録）。
「氏」に政治的な意義を有する日本の氏姓は、「姓」字の受容と連動していない。その字義が混用される多くの事例から知られるように、日本的な要素が主となって成立したと考えられる。

(78) 『撰集秘記』は所功編『京都御所東山御文庫本　撰集秘記』（国書刊行会、一九八六年）、『年中行事秘抄』は『群書類従』公事部（続群書類従完成会）、『拾介抄』は新訂増補故実叢書本をそれぞれ参照。

(79) 門号、及び門号氏族については以下の論考を参照。
井上薫「宮城十二門の門号と乙巳の変」（『日本古代の政治と宗教』吉川弘文館、一九六一年、初出一九五四年）・今泉隆雄「長岡宮宮城門号考」・「藤原宮・平城宮の宮城門号」（『古代宮都の研究』吉川弘文館、一九九三年、初出一九八六年）・川勝政太郎「平安宮十二門に関する問題」（『史迹と美術』一五―六、一九四四年）・佐伯有清「宮城十二門號と古代天皇近侍氏族」（『新撰姓氏録の研究』研究篇、吉川弘文館、一九六三年、初出一九五五年）・佐伯有清「宮城十二門号についての研究」（『日本古代の政治と社会』吉川弘文館、一九七〇年、初出一九六〇年）・舘野和己「大伴氏と朱雀門」（『高岡市万葉歴史館紀要』一〇、二〇〇〇年）・直木孝次郎「門号氏族」（『日本古代兵制史の研究』塙書房、一九六八年、初出一九六一年他）・西本昌弘「初期平安宮にいたる宮城十二門号氏族」（『日本古代社会の史的展開』塙書房、一九九九年）・西本昌弘「藤原宮と平城宮の宮城十二門号」（『古代史の研究』一二、二〇〇五年）・山田英雄「宮城十二門号氏族について」（『日本古代史攷』岩波書店、一九八七年、初出一九五四年）・山本信哉「宮城門号の疑義と土牛童子」（『歴史地理』四七―一・二、一九二六年）。

(80) 本論の見解とは反対に、陵墓守衛である陵戸こそ山部の性質で、山守部が山林・材木資源の保護・保全とする説もある。松尾光「山部・山守部の職名淵源」『古代の豪族と社会』笠間書院、二〇〇五年、初出は二〇〇四年。
右の説は『続紀』和銅三年（七一〇）二月庚戌条に「初充二守山戸一、令レ禁レ伐二諸山木一」とあるのを根拠とする。

しかし、ここで初めて諸山の木の伐採警衛に当たらせているのであり、本来的な職務ではないために記事となって残されていると考えるべきだろう。「守」というときは「守山」に限らず「守辰」など、単純に保護・保全するより強い意味で守衛することを表していると見なせる。高句麗好太王碑文にも「守墓人」とあることも参考になる。やはり、一般的名詞を部称に持つ山部の方が山野とその資源の警衛に当たったとすべきである。

「山」が隠語として陵を指すのは二次的なもので、一般的な普通名詞として通用していることが本義と考える。本文で述べた他にも、その可能性を示す事例として長屋王家木簡に見える「山処」が挙げられる。その性格には言及されていないが、ここには「塩殿」も存在したようなので、陵ではないことは間違いない。奈良国立文化財研究所編『平城京　長屋王邸宅と木簡』吉川弘文館、一九九一年。

(81) 前掲註(74)に掲示した諸論考などは山部氏を地方在地の豪族として捉えている。また、岸俊男は伊予から播磨を経て大和斑鳩への移動を想定するが、本文で述べるように従えない。『倭名抄』大和国平群郡夜麻郷が本来の根拠地かどうかは即断できないが、氏名と同じように山部から山(夜麻)への地名の変化は認められるので、何らかの関係は想定可能である(岸「山部連と斑鳩の地」『日本古代文物の研究』塙書房、一九八八年)。

(82) 石母田正『日本の古代国家』岩波書店、一九七一年。

(83) 明確に述べている先行研究は管見の限りない。

(84) 呉鋼(主編)『昭陵碑石』三秦出版社、一九九三年、112頁。

(85) 『高麗史』巻二、国書刊行会、一九〇九年。この史料などを用いて北村秀人は渤海系の移民、とりわけ旧王族大氏について、名目的に高く持ち上げつつも差別的な扱いがなされていたことを説いている(北村「高麗時代の渤海系民大氏について」三上次男博士喜寿記念論文集編集委員会編『三上次男博士喜寿記念論文集　歴史編』平凡社、一九八五年)。しかし、名目的とされた「王」セイの賜与と宗籍(中国のセイの戸籍)への編入については、積極的に解釈すれば本章のように親近(縁)性付与による忠誠心の高揚を企図したと捉えることも可能だろう。

〔コラム1〕出土文字史料と氏姓制

まず図版をご覧いただきたい。秋田城跡（秋田市）から出土した漆紙文書である。近年、このような出土文字史料から古代史に関する新知見が多数得られるようになったが、本書のテーマである氏姓制についてもその例外ではない。

もっとも、漆紙文書をはじめとする出土文字史料には字数が比較的少ないという性格がある。そのため、制度全般を知りうるような例は出土していないが、氏姓制の新たな研究領域として必須となったことは間違いない。

秋田城跡において出土した漆紙文書（図版左端の行）と平城宮二条大路跡出土の木簡では「茜部《あかねべ》」という部称が確認された。事例は百姓層の例だが、本来は茜から染料を採取することが職掌であると考えられる。この他にも、例えば、但馬国分寺跡（兵庫県豊岡市）出土の木簡によって「東方部《とうほうべ》・会見部《あうみべ》・高向部《たかむくべ》」という部称者の存在や、「仕丁《しちょう》・頂《ちょう》・養父《やぶ》」という氏名などが新知見となった。会見や養父の称は地名に因んでいるが、仕丁の称は律令制下の下級職名によっていると考えられるので、無氏姓の人に付与された氏名という可能性が想起される。これらは出土文字史料によってはじめて古代に遡ってその存在を知ることができた氏名や部称である。

また、既知の氏族が分布する地域も多くの見直しを迫ることになっている。氏族の分布とそれによる性格付けなどのいわゆる分布論は、これまで国史や古文書に管見する事例と『倭名抄』などの地名や神社を基本のデータとしてきた。しかし、それだけではすでにデータが不足してしまうという研究の状況である。

再び図版の下段をご覧いただきたい。二行目の戸主と四・五行目には「高志公《こしのきみ》」の氏姓が見られる。「公」姓は天平宝字三年（七五九）に「君」から表記を改められた姓である。氏名の「高志」は「越」

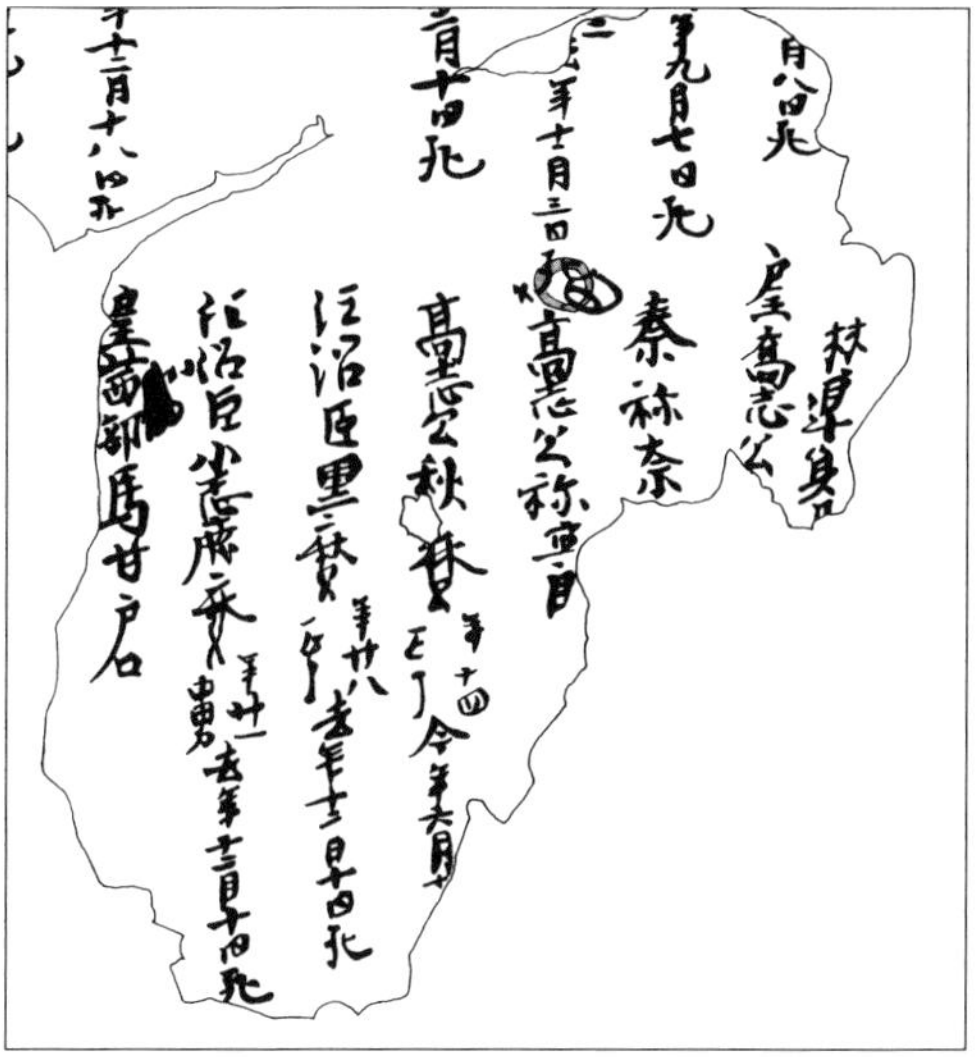

秋田城跡より出土した漆紙文書（16号文書）図の最終行が「茜部」と読める。茜部は、茜から染料を採取する職掌の部称と推定される。（『秋田城跡（平成10年度）』秋田城を語る友の会、一九九九年より転載）

という広域地域名を冠しているように、実際に越前・越後に存在が知られる。また、六・七行目には「江沼臣《えぬまのおみ》」の氏姓も見える。「江沼」の氏名も『倭名抄』に加賀国江沼郡・越前国足羽郡江沼郷があり、実際に越前国を中心に分布していたことが文献から知られていた。「高志公」や「江沼臣」は北陸に特徴的に存在しているとされていたが、実は日本海を北上した秋田の地でも知られるようになったことは興味深い。氏名の分布から、人々の移住や同族関係の形成を読み取ることも可能だからである。

このように、出土文字史料に氏姓が見えることは、分布論に一石を投ずるのみならず、新たな地縁関係を想定することを可能とさせたと言えよう。

〔参考文献〕

・平川南「秋田城跡第七二次調査出土漆紙文書について」『秋田城跡（平成10年度）』秋田城を語る友の会、一九九九年。

・但馬国分寺跡発掘調査団『但馬国分寺木簡』城崎郡日高町教育委員会、一九八一年。

第三章　律令制導入前と律令制下の氏姓制

一　氏姓制の推移と問題の所在

中国法を藍本もしくは参考として日本古代の律令が成立したことは周知のことだろう。律令の成立は、いわゆる法治国家（学術用語としてはいわゆる律令制国家が通用しているが）へと転換するための画期をなし、日本古代国家の法的・制度的な枠組を規定するものとなった。

しかしながら、中国法をそのまま継受したのではなく、日本の実情に即して条文が増減されたり、用字が変改されている個所が多々あることはすでに指摘されている。このように進展している研究状況の中にあっても、あまり論及されていないのが、日本固有の律令制導入前に存在した法制度との影響関係であろう。周知のように、官人を体系的に秩序立て、地位を表象させているのは律令制における位階制やそれに先立つ冠位制などである。それとは別に氏姓制も、慣習法[(1)]として体系的な成文法のように明確に制度として秩序立てられてはいないが、氏姓そのものが官人の表象として機能していた。第二章で明らかにしたように、氏姓は名負氏を表象する機能を有し、そのような氏族が王権の分掌を行うことによる政事（マツリゴト）体制が氏姓制である。

そもそも、法治国家となった後にも、なぜ「大化」前代からの慣習的な制度である氏姓制を残存させる必要があったのだろうか。形骸化するとはいえ、中世以後も永く氏姓制が部分的に残っていることにもかかわる大きな理由があるはずである。あらゆる場面や分野で「日本的」や「日本独自」などの表現により特徴付けられる諸事象があるが、そこには根幹をなす要因があると考える。氏姓制にも同様に日本的な要因があると考えられる。この要因を探ることは、日本における古代国家成立と、王権の成立とその構造を明らかにしうる意義が潜んでいると考える。

氏姓制はなぜ残ったのか。その理由を明確にするためにも、日本固有の特徴を有する（以下、固有性とする）慣習法たる氏姓制が律令制導入後も残存し、なおかつ律令に摂取されたり影響を及ぼしている実態を明確にすることを本章の第一の目的とする。

加えて、律令の中に氏姓制の影響を見出すことにより、各編目相互で氏姓制の影響の大小も比較しうることとなる。律令が固有性を持つ慣習法の影響を受けている点は、裏を返せばより法が実態に合致していることを示すことになる。もちろん、法の整備に即して少しずつ実態が変容することの方が割合的には高いものと考えられるが、その場合、実態を解明した上で法に照射し直さなければならない。逆に視覚を変えて、律令を検討することにより抽出できる点もまた存すると考える。各編目における氏姓制の影響を示すことを第二の目的とする。

最後に、本章における考察対象について述べておく。「令」は行政法で、施行細則や単行法令である「格式」に先行するものなので、最初に「令」を取り上げたい。分析には、「令」自体の存否や復原の問題がかかわってくるが、義解によりほぼ全文が知られる『養老令』及び公的註釈である義解までを対象とする。「格式」については行論の都合上、第五章において検討することにする。また、「律」は刑法という性格上、特定氏族などを対象にしていないので分析対象から除外した。

以上のような視点から、律令制を導入する流れの中で、氏姓制の変容を看取するために、まず氏姓制そのものの整備過程を明らかにする。次いで、氏姓制が律令制下に息付いていく要因を抽出することにしたい。

それをふまえた上で、養老令制下における氏姓制の令への影響と令自体の検討に移っていきたい。そこに氏姓制の変容と、対極的位置にある律令制との影響関係が表出し、本章の課題に迫る大きな論点となるからである。

二　氏姓制の整備過程

まず、氏姓制が整備されていく過程と、それに連動する時代的変遷を検討するが、その大前提となるのは氏姓が成立していることである。これについては第一章で検討したように、氏姓は六世紀初頭に成立したという結論のみをここでは確認しておく。

氏とは政治的に王権と結び付き、本宗氏を形成する血縁親族と擬制的同祖同族関係（各個には血縁親族）を含み込んだ政治組織を指す。王権に仕奉[2]する職掌や地名を名に負う名負氏を本質的意義としているところに固有性が表れている。姓については明確な序列は存在せず、氏族の体、つまり性格（この性格の違いにより、半ば序列が存在するような階層差を表示している場合もある）を表示する機能を有していた。

このように、氏姓は名負の職掌を示し、氏姓制は「大王」による賜与貶奪という大権行使の一つの媒体となることから出発した。その後、成立から一世紀以上を経ると、氏上政策が相次いで行われた。

天智三年（六六四）、いわゆる「甲子の宣」により大氏・小氏・伴造らの氏上を定めて大刀・小刀・干楯・弓矢をそれぞれ賜った。

《史料1》『書紀』天智天皇三年二月丁亥条

天皇命二大皇弟一、宣下増二換冠位階名一、及氏上・民部・家部等事上。（中略）其大氏之氏上賜二大刀一。小氏之氏上賜二小刀一。其伴造等之氏上賜二干楯・弓矢一。亦定二其民部・家部一。

大氏・小氏については後述することにして、史料1からは氏上が設定されたことのみを確認しておく。

氏上の象徴としての宝器（レガリア）が武具であることは、中国における外征将軍が節刀を賜り権力行使を保証されることに範をとっていると考えられる。加えて、時代が下る史料だが、『先代旧事本紀』[3]にも類似する記載、すなわち大刀の賜与が行われており、史料1が空文ではなく実施された蓋然性が高いことを窺わせる。

《史料2》『旧事本紀』巻五「天孫本紀」

（十六世孫物部耳連公）孫物部馬古連公、目大連之子。

此連公難波朝御世授二大華上・氏印大刀一、賜二食封千烟一、奉二斎神宮一。

史料1・2から、天皇は氏上を公的に認可し、氏族内での氏上の権能を認める代わりに、氏上をとおして緩やかに、間接的に氏族の管掌を企図したと考えることができる。このような氏姓制の一要素である氏上が、律令制導入過程にともなう冠位制と並立的存在にあることは興味深い。加えて、史料1では民部・家部が設定されている。これは豪族の私有民問題にかかわる史料でもあるが、いわゆる「部民制」に密接にかかわる問題なので別に論じることにしたい。

少し時代が下って天武十年（六八一）に、氏上の定まっていない諸氏は、氏上を定めて理官（後の治部省）に申送させている。

《史料3》『書紀』天武天皇十年九月甲辰条

詔曰、凡諸氏有二氏上未一レ定者、各定二氏上一、而申二送于理官一。

その翌年には、氏上が定まっていない氏に再申送させ、眷族が多い場合は分氏を許可するという政策がとられた。

《史料4》『書紀』天武天皇十一年十二月壬戌条

詔曰、諸氏人等、各定下可二氏上一者上而申送。亦其眷族多在者、則分各定二氏上一。並申二於官司一。然後斟二酌其状一、而処分之。因承二官判一。唯因二小故一、而非二己族一者、輙莫レ附。

右に見てきた史料1～4は、氏上制をとおして氏族の結集・分氏を促していると見られる。この段階の氏上は、氏族側が選び出し、天皇に認定されるような仕組みであったと看取できる。氏上は当然、氏内でのリーダーシップを発揮しなければならないので、位階や職といった点で氏内で最高の立場にある族長的な人物が推挙されたのだろう。また、眷族が多いのが大氏、分氏された枝族が小氏に対応していると思われる。

氏上の職掌については、中村英重[4]による分類が要領を得ている。それによると、①氏人・同族の認定、②氏文の保管・所蔵、③氏賤の相続・管理、④氏女の貢進、⑤氏寺の管理・法会の執行、⑥氏神社の管理・祭祀の執行の六点を主要な権限とする。天皇による、各氏族の氏上をはじめとする氏人への支配という観点からすると、天皇は氏上を統轄することにより、緩やかに氏人全体への間接的管理を浸透させていたことは前述した。これにより、律令的な支配形態では、公民を直接的に戸籍として管理する方式であったが、それとは異なる形式による管掌機能を保持していたと考えられよう。

しかしながら、天武十一年詔（史料4）のように、氏上に関する詔が天武十年詔（史料3）よりも具体的になり、眷族の大小を区分することを認めて再発されたのはいかなる理由によるのだろうか。その背景に、統括するべき氏上は各擬制的同族関係氏族・宗族の外縁に位置する氏人らを拘束するだけの強い権能を保持していなかったことが想起される。そのため、狭義の氏の氏族長それぞれが互いに広義の氏の氏上を擁立することを図り、その結果紛糾するということもあったのではなかろうか。その解決策として、強固ではない同族関係の狭義での氏族の分離を認めることができるように改変したのだろう。それが端的に表れた一事象として改賜氏姓が挙げられる。この点は、第四章で後述する。

　このような氏上の権能と性格は、基本的に律令制下にも継承されていく傾向にある。

　その後、氏上制は一段落ついたと考えられ、施策が見られない。次いで、姓の再編成に取り組んだ施策と思われる天武十三年（六八四）の八色の姓が制定される。

《史料5》『書紀』天武天皇十三年十月己卯朔条

　詔曰、更改二諸氏之族姓一、作二八色之姓一、以混二天下万姓一。一曰、真人。二曰、朝臣。三曰、宿禰。四曰、忌寸。五曰、道師。六曰、臣。七曰、連。八曰、稲置。是日、守山公・路公・高橋公・三国公・当麻公・茨城公・丹比公・猪名公・坂田公・羽田公・息長公・酒人公・山道公十三氏、賜レ姓曰二真人一。

すでに指摘されているように、史料5に見られる八色の姓制定後の改姓は、史料上では真人から忌寸までの四種しか確認できない。そのため、改姓されずにそのままの姓にとどまる氏族も存在する。このことから、この政策を「以混二天下万姓一」すところまでは至らなかったと評価できる。

　しかしながら、近年出土した滋賀県栗東市（旧栗東町）十里遺跡の第二号木簡に[5]「道師」と見える事例に注目しておく必要がある。「道師」は、文献上は史料5『書紀』の八色の姓制定における該当箇所にしか見られない。十里遺跡出土木簡の他に、長屋王家木簡などにも「道師」の例がある。一部の事例は姓である可能性が高くはないが、国史上に見られなくても道師姓の存在が木簡により想定されるようになってきているのである。この事例により、少なからず八色の姓の政策的な、いわゆる特殊改賜氏姓（序章及び第四章参照）としての性格を看取できる。氏族の再編成を、姓の序列化とそれにともなう改姓と留姓という手段により氏族の選定を行ったと見なされるからである。

付言すれば、八色の姓は天武天皇の強権が背景に存しているからこそなしえた施策であると考えることもできよう。

以降、姓の序列化に端を発して同祖同族関係の進展と再編が繰り返されていくようになる。その前提として、氏上がある程度氏族をまとめたことを承けてこそ、氏族同士の再編が可能となったのである。それと前後して改賜氏姓が頻出するようになる。氏族の結合の契機となった要因として、八色の姓賜与による中級（忌寸）以上の氏族を選定したことが指摘できる。それにより派生したのが姓の序列という可視的な認識であり、そこから氏族の上下関係を見ることができるのである。

さて、第五章において後述するが、ここで『姓氏録』に見える同祖同族関係の中心氏族（本宗氏）を抄出する。

多朝臣・茨田連・大春日朝臣・小野朝臣・吉備朝臣・阿部朝臣・石川朝臣・日下部宿禰・上毛野朝臣・犬上朝臣・息長真人・大原真人・掃守宿禰・大伴宿禰・藤原朝臣・額田部宿禰・石上朝臣・尾張宿禰・大神朝臣・安曇宿禰などが挙げられる。

これらの同祖同族関係の結合時期は、新古様々であると言えるが、いくつもの氏同士が系線（系図に図示する際に引かれる線）で結ばれて、氏族同士が広義の氏系図の様相を呈する結合状態であったと言えよう。

また、同族結合の要因として、八色の姓制定以前に遡る可能性がある事例としては次のようなものが挙げられる。編纂の段階で資料を提出することがあったと考えられる『書紀』推古二十八年（六二〇）是歳条の「天皇記及国記、臣連伴造国造百八十部并公民等本記」や、『書紀』天武十年（六八一）三月丙戌条の「記㆓定帝紀及上古諸事㆒」めたことなどである。これらも氏の結合する契機となったのではなかろうか。

後者の天武十年紀の記事は、『書紀』編纂の筆録に参加した氏族の伝承が反映しやすくなったものと考えられる。さらに、『帝紀』にも載録されたと想定される上古諸事の記事も影響したと考えられる。しかしながら、一部の例外を除いて、この天武十年頃までには同祖同族関係の結合活動とでも言うべき状況は安定していたのではなかろうか。この時期以前に氏族の融合を示す改賜氏姓があまり行われていないからである(6)。この点から考えると、溝口睦子(7)が本宗氏の伝承と系譜の成立について、『書紀』編纂よりも古い時期に想定する見解を示しているが、頷けるところである。

さらに、右のような氏族の動向をふまえた上で、次の事例が氏族結合のいくつかの契機の中でより大きいので、直接的契機と考えられる。次いで、持統五年（六九一）には、大三輪氏をはじめとする十八氏にその祖などの「墓記」を上進させている。

《史料6》『書紀』持統天皇五年八月辛亥条

詔㆓十八氏㆒〈大三輪・雀部・石上・藤原・石川・巨勢・膳部・春日・上毛野・大伴・紀伊・平群・羽田・阿倍・佐伯・采女・穂積・阿曇。〉上㆓進其祖等墓記㆒。

この「墓記」上進については、『書紀』編纂の材料とするためという理解が一般的であり(8)、私も同様に考える。ただ、上進することの別の意義として、倭王権内での十八氏の中心氏族が明確に選抜されたことが表されていると考える。なぜなら、上進氏族の選定によって、これらの十八氏は中小豪貴族層に対する系譜的な同祖同族関係の求心性を一層帯びることになるからである。

この十八氏は、前掲した『姓氏録』に載る中心氏族の半分程度に相当する。さらに、孝元天皇後裔の武内宿禰を祖とする氏族を別立て氏族（各個独自に氏族群を形成する）と見なせば、雀部・石川・巨勢・平群・羽田・阿倍も該当することになり、その割合はさらに高くなる。阿倍（部）氏と同祖になる膳部氏と、巨勢氏と同祖とされる羽田（八多）氏を除けば、それぞれが『姓氏録』段階においてもなお同祖同族関係の中心にあったことが看取される。このことからすれば、「墓記」上進は同祖同族関係形成の一画期と評価できよう。(9)

上述した同祖同族関係の中心に位置付けられる氏族は、時代による変化が少ない。このことに関して一言付け加えておきたい。浮沈が少ない氏族は言うまでもないが、反乱伝承のある氏族（吉備氏など）や、本宗氏が滅んだ蘇我氏（石川氏）や物部氏（石上氏）においても同様に、時期的な変化が無く本宗氏の立場にあることが注目される。このことは、日本の刑罰が中国のように族滅的ではなく、連坐の範囲が狭かったということも注意されるべきではあるが、本宗氏の入れ替わりがほとんど見られない点を重視したい。(10)つまり、中心氏族とその同祖同族関係にある周縁氏族との間には、系譜上もしくは「氏」集団内での立場上の変動が見られなかったと指摘できるのである。ただし、別稿(11)で指摘したように、中臣氏に関してはやや事情が異なる。第四章で述べるように、藤原氏の分氏を契機として新たな再編成が起こり、その後の勢力伸長により擬制的同祖同族関係氏族も増加していると考えられるからである。

話を氏の管掌という点に戻す。氏においては氏姓がある程度定着した律令制導入前から平安初期の『姓氏録』編纂段階に至るまで、本宗氏の緩やかな同祖同族関係の管掌が行われていたと言ってよい。(12)それゆえ、国家が直接的に把握するのは律令や格式で区別される五位以上の官人であったり、忌寸以上の氏で充分だったのであり、(13)それが最低限の管理統制の範囲であったと結論付けられる。氏姓制による管掌範囲の中核にして、直接的にかかわる氏上を中心とした本宗氏レベルでの国家側の管掌は、この整備過程の時期に形成されたものと判断されよう。

また、氏の同祖同族関係の形成時期についての理論的推移を簡単にまとめておく。同祖同族化がある程度落着して以後の段階に改賜氏姓による同族化が行われるので、同祖同族関係が形成されたのはそれ以前であることになる。上述したように、国史などの各記録の中心となる伝承に関係がある氏族や、その伝承を主体的に保持した氏族への同祖同族関係化が中心であることからすれば、その形成は天武から持統天皇代頃と考えられよう。

ここまで氏上・姓の整備、同祖同族関係氏族の再編といった氏の制度上、もしくは構造的な変容にかかわる諸政策を見てきたが、ここで視点を体系的な法令に転じてみる。

まず、史料6の持統五年（六九一）の「墓記」上進に先立って成文法の整備も進展する。持統三年に『飛鳥浄御原令』が頒布され、後の治部省に相当する理官による氏姓管理がなされたと考えられるからである。

さらに、大宝元年（七〇一）の『大宝令』制定と翌年の施行により、治部省・民部省による本姓や戸籍名帳の管理・継嗣の管理がより体系的に整備される。この点については次節で詳述する。

翌大宝二年（七〇二）には新たに令制国造の氏を定めており、「国造記」も編纂される。

《史料7》『続紀』大宝二年四月庚戌条

詔、定㆓諸国々造之氏㆒、其名具㆓国造記㆒。

このような変改を経て、天平宝字元年（七五七）の『養老令』の施行へと至る。

右のような律令制整備の流れと相俟って、氏族全体への政策ではなく、氏族別の政策である改賜氏姓がそれぞれ氏姓制の画期を示すことが多くなる。例えば、改賜氏姓というよりは氏姓正定とでも呼ぶべき例だが、中臣氏の場合、先にも同族形成(14)について他氏とは異なると触れたが、文武二年八月の詔が大きな画期となる。

《史料8》『続紀』文武天皇二年（六九八）八月丙午条

詔曰、藤原朝臣所㆑賜之姓、宜㆑令㆘其子不比等承㆖㆑之。但意美麻呂等者、縁㆑供㆓神事㆒、宜㆑復㆓旧姓㆒焉。

この詔によって、曖昧だった中臣朝臣氏と、鎌足の直系としての藤原朝臣氏との区別が明確化した。藤原朝臣氏は議政官上位氏族、いわゆる官僚型氏族として新生し、中臣氏は名負氏としてかかわってきた神事祭祀を中心に行う氏族として分離されるのである。

この例から知られるように、氏族によっては個別に有為変転があるし、それに連動して擬制的同祖同族関係氏族の離合集散も改賜氏姓をとおして行われることになるが、こうした個別の変動は当然ありうべきことである。この点については第四章でも述べることになるが、以降は個別の改賜氏姓が氏姓制の部分的な変容を示していくのである。

以上、本節では慣習法的に律せられてきた氏姓制が、主に単行法によって整備されていく過程を追った。この整備されたのは、主として姓の序列・氏上及び同族管理や公式に認定する氏族伝承についてであった。この整備過程において、氏族同士の擬制的同祖同族関係も進展するものの、個々の氏族によりその進展に差異があるので、氏姓制全体の画期を一律に求めることはできない。

また、このような氏姓制の整備過程は、律令制の整備過程とも相俟っていると見なすことも可能である。このことは、成文法による慣習法、つまりは氏姓制への影響―法の形態という意味において―が、ある程度窺われると言えるのではなかろうか。

ただし、逆に言えば、律令制を導入する際に日本的に変改された部分については、この氏姓制のような慣習法・慣例などの影響があったと言えるのではなかろうか。

そこで、右のような影響関係を検討するために、節を改めて『養老令』の考察を行うことにしたい。

三　養老令制と氏姓制

⑴ 氏族と官人の総体的な管掌規定

まず、『養老令』における氏族や氏姓制に関連する総合的な規定を概観していくことにする。

令による公民（氏族も包括される）の管掌規定の第一点目としては、基本的に『大宝令』を継承し、治部省・民部省がそれぞれ本姓と戸籍・名帳を管掌している点が挙げられる。

これについては、「職員令」の治部卿の管掌項目に「本姓・継嗣・婚姻」とあり、民部卿の管掌項目に「諸国戸口名籍・家人・奴婢」とあることから、氏姓と成文法との影響・被影響関係を看取しうる。「本姓」とは氏姓に他ならないし、継嗣（後述）・婚姻が氏族を母体としており、それらが戸籍という律令制的な管理を受けているからである。この他にも、刑部卿には「良賤名籍」、正親司正には「皇親名籍」などの管掌項目が見られ、『唐令』には見られない日本独自の慣習法からの影響関係がやや広範に渉っている可能性も考えられる。

第二点目として、大きな変改があるものの、令の規定では「継嗣令」によって氏族の継嗣を管理している。この点については次項で述べる。

第三点目として、「戸令」によって戸主の立場と相続などを管掌したことが挙げられる。これは第二点目の氏族の継嗣の論点ともかかわるが、庶人・百姓戸などにおいては、「戸令」5戸主条により家長を充てさせた。

《史料9》「養老戸令」5戸主条

凡戸主、皆以二家長一為之。戸内有二課口一者、為二課戸一。無二課口一者、為二不課戸一。［不課、謂、皇親及八位以上、男年十六以下并蔭子・耆・癈疾・篤疾・妻・妾・女・家人・奴婢。］

皇親はともかく、八位以上や蔭子（蔭位などの特典を受けられる子）が不課とされており、第二章第二節で述べた律令官人の職務奉仕との互酬関係という論理が通底して残っている。とくに、大宝令文にも「蔭子」が見えるので、⑮ほぼ一貫して蔭位制を媒介にして律令制前の氏族的なまとまりが維持・再生産されるように企図されていると見なせよう。前述のような氏族的なまとまりは、この戸主条に見える課戸や、後掲史料14の「養老戸令」23応分条に見える「氏賤」なども含み込んだものと考えられる。

次いで、母体となる氏族の人員の管掌規定を見てみよう。この点については戸籍・名帳が管理媒体として当然重要となってくるが、「戸令」では、戸籍の中でも庚午年籍は更新して廃棄しないことを定めている。しかしながら、造籍された当初から『書紀』編纂段階頃までにおいてはあまり重視されていなかったようである。

《史料10》『書紀』天智天皇九年二月条

造二戸籍一。断二盗賊与一浮浪一。于レ時、天皇幸二蒲生郡匱迮野一、而観二宮地一。又修二高安城一、積二穀与一レ塩、又築二長門城一・筑紫城二一。

このように、天智天皇代頃には簡素な記述しか見られなかったが、「養老戸令」ではこの庚午年籍が重要視されるようになっている。

《史料11》『続紀』大宝三年（七〇三）七月甲午条

詔曰、籍帳之設、国家大信。逐レ時変更、詐偽必起。⑯宜下以二庚午年籍一為レ定、更無中改易上。

この規定からは、実態として庚午年籍に定氏姓機能があり、後の改賜氏姓で申請の根拠とされる理由を看取できる。庚午年籍が重視される淵源となる詔であり、これが史料12の『養老令』において本註に取り入れられたと考えられる。

《史料12》「養老戸令」22戸籍条

凡戸籍、恒留二五比一。其遠年者、依レ次除。［近江大津宮庚午年籍、不レ除。］

戸籍、とりわけ庚午年籍は、本節の目的である氏姓制の令の影響をもっともよく時系列的に追える事例と言えよう。氏姓の管掌の一端が、律令制的に規定され、維持されているからである。逆の見方をすれば、戸籍という律令制の産物が、庚午年籍については氏姓制の影響を受けて変更されることのないものへと昇華したとも捉えられる。
この庚午年籍の保管規定は平安期の『延喜交替式』(17)においても同様に継承されていることが知られる。

《史料13》『延喜交替式』

凡戸籍、常留二五比一。其遠年者、依レ次除。
凡近江大津宮庚午年籍者常留。但常陸国以二辛未年籍一、為二庚午年籍一。

これにより、先に触れた氏上（宗）制や、氏女・采女制(18)（後述）などと同様に、氏姓の根本台帳として庚午年籍が機能し続けていたことを知ることができよう。
この他、良賤間での通婚における所生子の帰属や養子、戸籍・計帳なども広い意味での氏族の管掌にかかわる。
さらに、氏族の存立基盤となる財産に関連する規定もあるが、中でもしばしば問題とされる「戸令」23応分条がある。

《史料14》「養老戸令」23応分条

凡応レ分者、家人・奴婢・［氏賤、不レ在二此限一。］田宅・資財［其功田・功封、唯入二男女一。］、摠計作レ法。（後略）

ここでは、研究史上の議論の中心となる『大宝令』の復原の問題には触れない。法意としては次のとおりである。

分割しなければならないものは、家人・奴婢・田宅・資財などで、それらの財産を保有していたときに、総計して法のとおりに分割しなさい、というものである。『養老令』では、『大宝令』での嫡庶異分の割合が緩和されているが、本書の関心から規定に「氏賤」があることを確認できればよい。なぜなら、各個人に分割しうる財産とは別の性質を持っており、氏（その管掌は氏上（宗））に付随する財産として『唐令』には無い「氏賤」が、本註レベルではあるが規定されていること自体、中国に無い日本の固有性を示す箇所の一つと見なせるからである。また、この氏賤をとおして、氏姓制の令条への影響を垣間見ることができよう。

「継嗣令」や「戸令」に規定される身分的・地位的な管掌は、治部省・民部省がそれぞれ管理した。この点は「職員令」に規定され、ここにこそ律令制に見られる氏姓制が一部包摂された形跡を窺えることを確認したが、最後に「喪葬令」を簡単に見てみよう。

《史料15》「養老喪葬令」10三位以上条

凡三位以上及別祖氏宗、並得レ営レ墓、以外不レ合。雖レ得レ営レ墓、若欲二大蔵一者聴。

右のように、位階の三位以上という基準と並記される「別祖氏宗」[19]、すなわち氏姓制に基づく氏族内の階層性が令の規定にまで影響を与えていることは留意すべき点である。

(2) その他の個別管掌規定

次に、「戸令」や後述する「継嗣令」以外に、令及び義解に規定があるもの、もしくは令の規定によって管掌関係が明記されている氏族関連の史料を析出する。

その前に部称者の扱いを明確にしておこう。「部称者」とは「某部」と称する人もしくは集団を指すが、本書で

表6『養老令』に見える氏・部

氏・部・戸名	編目・条文名	備考
忌部	〔神〕各季節祭祀班幣帛・践祚	氏人
麻績連	〔神〕孟夏神衣祭	義解
中臣	〔神〕各季節祭祀班幣帛・践祚	氏人
遊部	〔喪〕喪葬具	×
歌女	〔職〕雅楽寮・中務省	含義解
采部	〔職〕采女司	
卜部	〔職〕神祇官／〔神〕鎮火祭・道饗祭・大祓	含義解
大炊部	〔職〕大炊寮	
飼部・馬部	〔職〕左右馬寮／〔東職〕主馬署	
膳部	〔職〕大膳職・内膳司／〔東職〕主膳監	
門部	〔職〕衛門府／〔考〕衛門	
掃部・殿掃部	〔職〕掃部司・内掃部司／〔東職〕主殿署	
鍛部・鍛戸	〔職〕鍛冶司	
神服部	〔神〕孟夏神衣祭	義解
縫（女）部	〔職〕縫部司	
雑工部（戸）	〔職〕造兵司・典鋳司	
蔵部	〔職〕内蔵寮・大蔵省／〔東職〕主蔵監	
百済手部	〔職〕内蔵寮・大蔵省	×
氷部・氷戸	〔職〕主水司	×
狛部	〔職〕大蔵省	×
酒部・酒戸	〔職〕造酒司	
工部	〔職〕木工寮／〔東職〕主工署	
泥部・泥戸	〔職〕土工司	×
東西（文）史部	〔神〕大祓／〔学〕大学生	

は「某部姓」のような姓を持つ氏族は含まないものとする。部称者は、いわゆる部民制という別体系の制度に基づくが、その氏称に「部」が付されて表象されることから、氏姓制の一端を担う性格を有していると見なせる。律令制導入にともない、農民層が律令制下の部に充てられるようになり、部称者は有氏姓階層（百姓＝公民）の一部となるが、後述するように中には律令制導入前の技能者を編成した性格を色濃く残すものも存在する。本項でそれらを一つずつ分類することは煩瑣なため避けるが、管見に入る事例はすべて掲出することとする。

「戸」についても、部称者と同様である。農民が主体で氏族や官司への貢納関係があること、また雑戸のように技術的な特性があることによって、後述するように「戸」の名称を持つ集団にも戸の継承関係が存在した。こ

解部（大中小）	〔職〕治部省・刑部省／〔考〕最	×
殿部	〔職〕主殿寮	
漆部	〔職〕漆部司	×
土部	〔職〕諸陵司／〔喪〕百官在職薨卒	×
祝部	〔職〕神祇官	
水部	〔東職〕主漿署	
物部	〔職〕囚獄司・衛門府・東西市司 〔獄〕徒流囚	
楽戸	〔職〕雅楽寮	×
神戸	〔職〕神祇官	×
雑供戸	〔職〕雑供戸	×
百済戸・狛戸	〔職〕大蔵省	×
鼓吹戸	〔職〕鼓吹司	
園戸	〔職〕園池司	×
染戸	〔職〕織部司	×
筥戸	〔職〕筥陶司	×
船戸	〔職〕主船司／〔営〕有官船	×
薬戸・乳戸	〔職〕典薬寮／〔医〕薬園	×
鷹戸	〔職〕主鷹司	×
国造	〔神〕天神地祇・諸国大祓／〔選〕郡司	含義解

〔凡例〕
・各令の略称は以下の通り。
職＝職員／東職＝東宮職員／神＝神祇／学＝学／選＝選叙／考＝考課／営＝営繕／医＝医疾／喪＝喪葬／獄＝獄
・備考欄に記載した「×」は、『延喜式』の規定にその名が見えないもの。
・『養老令』は序章に掲示した『令義解』新訂増補国史大系に、『延喜式』も同大系によった。

の継承関係を重視する立場に立つと、氏姓制・部民制における官人クラスの名負入色者と百姓戸や雑戸もほぼ同列に論じられると考える。よって、本節では氏名とともに部・戸称を有する氏族も析出することにした。

以上の抽出する際の前提をふまえた上で、個別に管見に入った該当箇所をまとめたものが表6である。

この表6を参照して、総対的に捉えて看取できることは次のとおりである。

①「職員令」に見られるように、特定氏族・部が実務官僚（下級職員）として多数充てがわれていること。

②「職員令」に次いで「神祇令」に神祇官人として中心的な氏族や部称者が散見すること。

③令の規定に見える部称者は、充てがわれた官司と名称的に密接な関係を有するも

ののみであり、いわゆる職業的部[20]（これについては宗教的部[21]が大多数）に属するものしか見られないこと。

④当時の実情にあわせて成文法に摂取されたのが氏や部に充てられた職掌規定だが、規定以外にも多様な存在形態が想定されること。このことは、表6に挙げられた称以外にも多種の部称が存在することなどからしても十分蓋然性が高い想定と言えよう。

次に、表には示されない規定についてまとめておこう。まず、「後宮職員令」の氏女・采女についての規定を挙げる。

《史料16》「養老後宮職員令」18氏女・采女条

凡諸氏、氏別貢レ女、皆限二年卅以下十三以上一。雖レ非二氏名一、欲二自進仕一者聴。其貢二采女一者、郡少領以上姉妹及女、形容端正者、皆申二中務省一奏聞。

采女の称は中国に由来するが、貢進母体の氏族は「氏」に基づくので、その制度もまた日本独自のものである。国史には天武八年（六七九）の例や、『三代格』所収大同元年（八〇六）十月十三日付「応レ令レ貢二氏女一事（まさに氏女を貢せしむべき事）」太政官符[22]と寛平九年（八九七）正月二十五日付の「応レ改レ貢二定額采女卌七人一事（まさに定額の采女四十七人を貢するを改むべき事）」太政官符など、この制度の法源や変改と見られる記事が多々挙げられる。そして、この制は「延喜中務式」における貢進規定へも引き継がれていく。

《史料17》『延喜式』中務省式

凡諸氏貢二氏女一者、皆簡二年卌已下卅已上、時レ無レ夫者一、造二解文一、親眷共署申レ省。省作二奏文一奏レ之。畢勒送二内侍司一、即下二符縫殿寮一。若貢後適レ人、依レ例択替。

凡諸国所レ貢采女名簿者、弁官経レ奏下二知省一、訖録二其由一送二内侍一。［若相替者、具顕二其由一。］

ここでは貢進される氏女の年齢（四十以下三十以上）と条件（夫がいないこと）と手続き、及び采女の貢進手続きが規定されている。このように、多少の紆余曲折や縮小化を経ても、なお氏女・采女制が一貫して氏姓制の構成単位である氏族を母体とする制度として残存し、成文法化されていたことが分かる。

《史料18》「養老賦役令」19舎人史生条

凡舎人・史生・伴部・使部・兵衛・衛士・仕丁・防人・帳内・資人・事力・駅長・烽長及内外初位長上・勲位八等以上・雑戸・陵戸・品部・徒人在レ役、並免二課役一。（後略）

右に掲げた史料18の舎人史生条も固有性を示す、名負の性格を持つ部制にかかわるものである。律令制により設けられ、規定のとおりに徴発される下級職員とともに、伴部・品部や雑戸らも在役中は免課役とされている。「養老選叙令」14叙舎人史生条には、伴部らが八考を限としての進階が定められており、律令の官司機構の内部に収斂される道筋が開かれていることを知る。

律令制前の遺制が一部摂取されている同様の例として国造制[23]が挙げられる。

《史料19》「養老選叙令」13郡司条

凡郡司、取下性識清廉、堪二時務一者上、為二大領・少領一。強幹聡敏、工二書計一者、為二主政・主帳一。其大領外従八位上、少領外従八位下叙之。〔其大領・少領、才用同者、先取二国造一。〕

右は郡司の任用に国造を優先したという規定である。「性識清廉にして、時務に堪うる者」という才用主義を掲げながら、本註に「其れ大領・少領、才用同じならば、先ず国造を取れ。」とあるように、国造という出自を優先して郡司に任用する方針が示されている。これは、しばしば史料にも表れる「譜第」[24]重視の政策と同一の企図である。「譜第」とは、代々国造の官人を輩出することであり、言い換えれば地域の有勢家であるが、この前後にも単行法による変改があるので郡司制自体の推移を見る必要もある。だが、とにかくも、ここで中国から導入した律令制的（能力重視という点で）ではない例として、譜第という出自が任用の際に問題とされていることを確認しておきたい。

その出自に関しては、前節で述べた「継嗣令」の一連の条文があり、氏族に関するシステマティックな点での律令制的管掌がやはり第一に指摘できる。

個別の条文としては、「養老喪葬令」に「土（師）部」が見える例が挙げられる。

《史料20》「養老喪葬令」4百官在職条

凡百官在レ職薨卒、当司分番会レ喪。親王及太政大臣・散一位、治部大輔監二護喪事一、左右大臣、及散二位、治部少輔監護。三位、治部丞監護。三位以上及皇親、皆土部示二礼制一。［内親王・女王及内命婦亦准レ此。］

右の規定などから、土部が喪葬に関与したことが知られるが、それは新しい時期に付与された職掌であるとする㉕説もある。だが、『記紀』の垂仁天皇代に見える野見宿禰が殉葬を止めて「土物」（埴輪）への変改を進言して、史書に受容された伝承が存在していることは、公的に認められた伝承となっているのである。それは当時の人にとって「史実」という認識となる。

《史料21》『続紀』天平六年（七三四）四月戊申条

詔曰、今月七日、地震殊レ常。恐動二山稜一。宜下遣二諸王・真人一、副二土師宿禰一人一、検中看諱所八処及有レ功王之墓上。

史料21のように土師氏が陵墓にかかわった確実な例や、『万葉集』巻十六、三八六七［三八四五］の答歌に「造駒　土師乃志婢麿（駒造る　土師の志婢麿）」とあり、大舎人の土師宿禰水通（字が志婢麿）は、馬の埴輪を造ることが「土師」の掛詞のように用いられている。このことからも、土師製作から「土物」に関与し、次第に喪葬を職掌とする名負と認識されるようになっていったと想定することもできる。

また、『続紀』天応元年（七八一）六月壬子条で名負の職掌を嫌って改賜氏姓を願い、許されて菅原氏となった例がある。これなども土師と喪葬が結び付いて認識されていたことを知る例として挙げられよう。同列と見なせる事例には『続紀』延暦元年（七八二）五月癸卯条に秋篠氏へと改賜氏姓される例などもある。[26]

もっとも、名負の氏族の氏人全員が、その名に直接かかわる職掌に従事しているわけではない。土師氏に限らずその他の名負の性格を明瞭に示している氏名を持つ氏族も、内実や伝承には多様な側面を有している。それをふまえたとしても、土師氏の喪葬関連にまつわる氏族伝承が複数検出される上に、史料20の規定が存在することを重視すれば、やはり土師氏は本来的に喪葬に関与する氏族とすべきだろう。

ところで、部民制について、本書での立場は簡単に前述したとおりである（本書135～137頁）。しかしながら、右に土（師）部を取り上げた関連上、触れておかなければならない説がある。それは、孝徳天皇代における評制成立により部民が解体させられたとする見解であり、鎌田元一[27]の提起以降有力な説となっている。本書で取り上げる「戸」については、農民戸から差点され、編成し直されたものが主体（もちろん、岸俊男[28]が述べるように、帰化渡来系の人々を編成した要素には、集団の弁別や職能集団として編成した例も多数存在した）であると考えられる。それゆえに、戸籍原理に則っていると思われる用字の「戸」字により編成単位が表されているのだろう。

しかしながら、右に掲げた土（師）部の例や後述する名負入色の規定を鑑みれば、部が解体したとする説そのものに首肯できない。なぜなら、部民・雑戸・名負入色者らにはある程度伝統的な技能者（後掲史料23・24など）を充て、それは氏族的な編成原理を残している集団であると見なされるからである。そもそも、鎌田が例外とした品部・雑戸は、部制の中心的な存在であり、名代・子代や部曲のみを考察対象としながら、あたかも「部」全般への論究のように結論付けること自体に問題がある。また、部民制が集団の表示機能を有することによる同質性から、同様に集団の表示機能をも有する氏姓制の一端に連なるものであり、本書で扱う理由とも軌を一にしているからでもある。ここから考えれば、戸として編成される下級官人も、実は伝統的な技能を有するか、またはしばしば差点されるという伝統があったという二とおりの可能性も想定できるのではなかろうか。

職能を伝統として受け継ぐということは、文殊正子[29]により指摘された歌女や縫女の事例からも窺うことができる。すなわち、天武四年（六七五）二月癸未条には大倭・河内・摂津・山背・播磨・淡路・丹波・但馬・近江・若狭・伊勢・美濃・尾張などの国に所部の百姓を選んで「能歌男女及侏儒伎人」を貢上させている例がそれである。

《史料22》『書紀』天武天皇十四年（六八五）九月戊午条

（前略）是日、詔曰、凡諸歌男・歌女・笛吹者、即伝㆓己子孫㆒、令㆑習㆓歌笛㆒。

この詔から、技能の伝習が行われていたことが知られる。ただし、文殊が「大宝令制では既に品部としての性格を失うとともに令文に員数を明記されるに至った」という理解には、次節でも述べるように従うことができない。ここでは簡単にその理由を述べておく。

たしかに、品部や雑戸は令制を導入し改変していく中で解体するものもあることは、従来指摘[30]されるとおりである。しかし、すべてが廃絶したわけではなく、改変が加えられてもなお残存する例（百済才伎や卜部・膳部・馬部など）を評価する視点も必要だろう。その理由は以下のとおりと考える。「大宝官員令」別記[31]にも見えるように、令制下でも歌女などには特定の集団が充てられている。つまり、氏姓制と同様に、氏族内での階層性を基調とした長（主）―氏人（戸内人）という縦割り的な編成原理が取り入れられているのである。この編成原理は、史料10～13に掲げた庚午年籍以来の令制編戸をふまえた上でなお行われている。だとすれば、律令制下における編成も、変わることなく氏姓がその表象となっていることが知られるからである。

さて、部民制を体現している土（師）部や才伎の例を取り上げ、旧来的な部がそれほど解体されずに律令制下にもなお存続した点を確認したところで、一般の部よりも地位の下がる雑戸について検討してみよう。最初に「免雑戸（雑戸から解放する）」の規定を参照することにする。

《史料23》『続紀』天平十六年（七四四）二月丙午条

免二天下馬飼雑戸人等一。因勅曰、汝等今負姓、人之所レ恥也。所以原免、同二於平民一。但既免之後、汝等手伎、如不レ伝二習子孫一、子孫弥降二前姓一、欲レ従二卑品一。又放二官奴婢六十人一従レ良。

内容は、天下の馬飼雑戸の人々らを放免し、一般人の恥じる姓を負っている人も免し、「平民」（良民）と同じような称にしなさい。しかし、後にその手伎（わざ）を子孫に伝習しなかったならば、子孫は前氏姓より一層貶姓し、卑しい身分に落としなさい、とするものである。平民と同じような氏姓へと改賜氏姓することを認めているが、その職能の「伝習」は雑戸を免じる前提条件でもあった。

手伎や雑戸の職能の継承は律令国家にとって重要な関心事であったことは次の史料からも窺われる。

《史料24》『続紀』天平勝宝四年（七五二）二月己巳条

京畿諸国鉄工・銅工・金作・甲作・弓削・矢作・桙作・鞍作・鞆張等之雑戸、依二天平十六年二月十三日詔旨一、雖レ蒙改二正姓一、不レ免二本業一。仍下二本貫一、尋二検天平十五年以前籍帳一、毎レ色差発、依レ旧役使。

史料24を要約する。先に引用した天平十六年二月詔（史料23）の旨により、諸々の雑戸が改正姓することを免したが、その本業は免さなかった。よって本貫の地に下したが、天平十五年以前の戸籍・計帳を調べて、色（技能・

職種）ごとに差発して旧のように役使しなさい、という内容である。史料23以前の戸籍・計帳に遡ってまで職能の種ごとに差発・役使が命じられていることからも、雑戸の継承性が知られよう。

このことから、雑戸が姓を改正されても律令国家が職能者を必要としたが、それを供給する母体の問題と絡んで当人の色は農業主体の百姓戸と区分しうる立場にあったことが諒解されよう。このような理由により、名称に名負の氏名や部（戸）称を残す氏族は、表象機能だけでなくその性格も継承していたと言えるのである。この点については第五章で『延喜式』の規定を抽出する際にも有効な視点となる。[32]

最後に、本節冒頭で掲げ保留した、全体的な管掌規定の第二点目について検証するに当たり、継嗣令文について『養老令』に先行する大宝令文を復原し、律令制確立期の氏族の継嗣などを探ることとしたい。

四　大宝・養老継嗣令文の復原

(1) 大宝継嗣令文各条の復原

本節で取り上げる「継嗣令」は、体系的研究の蓄積が比較的少ない編目の一つである。しかし、王統や家・婚姻・相続関係などの論点に関連して触れられることは多く、氏姓制の基盤となる氏族の法的管掌を知る上でも検討が欠かせない重要な編目である。

ここで大宝令文と養老令文を比較検討し、その変化を析出することから、各令の法意に表れた氏族への管掌の推移を見ることにしたい。この点についての先行研究は乏しく、継嗣条に関する『大宝令』の復原案を示している中田薫の業績や、近年の『唐令拾遺補』[33]における『大宝令』の復原が示されているにすぎない。これら研究の成果と私見とは異なる点が存すること、『大宝・養老令』の相違点を検討するという視角が少ないことなどから、改めて

「継嗣令」全体の検討を加えることにしたい。

それではまず編目名から見ていくことにする。行論の都合上、凡例は註[34]に述べることにしたい。

【大宝令】　◎◎◎①

【養老令】　継嗣令　第十三〈A〉凡肆条

【根　拠】

①定嫡子条（第三条）A部分の令釈所引、大宝三年令問答「問云、継嗣令云、定五位以上嫡子者、陳牒治部。験実申官。是其状如何。」より。また、「喪葬令」17服紀条「嫡孫」部分古記「釈親云、子之子為孫。継嗣令云、无嫡子及罪疾立嫡孫。」からも復原可能である。

次に、令の条文配列順に考察していく。

1　皇兄弟子条

【大宝令】　△△①　△△△①　◎◎◎◎◎②

【養老令】凡皇兄弟皇子、皆為親王。〈A〉［女帝子亦同。］〈B〉以外並為諸王。

×××○○之王○○○○　○○○○○○③

自親王五世　雖得王名、不在皇親之限。〈C〉

【根　拠】

①本条A部分古記「未知。三世王即位、兄弟為親王不。答。得也。」より。古記によれば、条文を解釈するのに「為親王」という前提があり、この語句が条文に存在したことはほぼ確実である。次いで、三世王の即位例を

知らないが、仮に三世王が即位した場合、その「兄弟」、つまり三世王の兄弟も即位可能である親王となすのかどうか、という問いが発せられる。また、古記の問いは「兄弟」の字句が条文に存在したために発生したものと解釈することができよう。

冒頭の「皇」字は「天皇」であった可能性もあるが、『唐令』(35)によっていたとすれば、養老令文と同じと判断できる。

②本条B部分古記「女帝子亦同。謂、父雖諸王猶為親王。父為諸王、女帝兄弟、男兄弟一種。」より。

③本条C部分の集解に引用された慶雲三年（七〇六）二月十六日格「准令、五世之王、雖得王名、不在皇親之限。」や、『続紀』慶雲三年二月庚寅条に「（前略）又制二七条事一。（中略）准レ令、五世之王、雖レ得二王名一、不レ在二皇親之限一。今五世之王、雖レ有二王名一、已絶二皇親之籍一、遂入二諸臣之例一。顧二念親々之恩一、不レ勝二絶レ籍之痛一。自レ今以後、五世之王、在二皇親之限一。其承レ嫡者、相承為レ王。自余如レ令。〈其七〉」による。大宝令文の復原の参考となる史料だが、養老令文ではこの格文の法意に適合するように新たに「自親王」を付加したと考えられる。つまり、「親王より」五世の王は天皇から数えて六世となることから、五世王自体を皇親に含めていなかった大宝令文においては「自親王」は存在しなかった語句と捉えられる。

ただし、『唐令拾遺補』でも指摘されているが、『大宝令』で「五世之王」と推測される部分は、根拠となる慶雲三年格文が引用する令文では、「准えるに」と記されるように完全な引用ではない取意文の可能性がある。「五世」（本令文中）「五世王」（本条C部分所引天平元年〔七二九〕八月五日格中・王娶親王条令文中）という用字の可能性も棄てきれないが、右の案を提示しておく。

『大宝令』では天皇から数えて五世王からが皇親の範囲外とされたが、慶雲三年の変改により「雖レ得二王名㆒不㆑在㆓皇親之限㆒。」を改めるのではなく、「自親王」を加えるにとどめた変改が想定される。それ以外の大宝令文は、ほぼ養老令文と同じだったと見なせよう。

2 継嗣条

【大宝令】　立○①　◎○◎◎　◎◎◎◎　◎◎◎②　③

【養老令】凡三位以上、〈A〉継嗣者。皆　嫡相承。若无嫡子、及有罪疾者、立嫡孫。〈B〉无嫡孫、以次立嫡子同母弟。无母弟、立庶子。〈C〉无庶子、立嫡孫同母弟。無母弟、立庶孫。〈D〉四位以下、唯立嫡子。［謂、庶人以上。其八位以上嫡子、未叙身亡、及有罪疾者、更聴立替。〈E〉］其氏宗者、聴勅。〈F〉

但◎上◎　◎◎④

【根拠】

①本条B部分古記「問。立嫡、未知。具分析。」より。

②本条B部分古記「若嫡子亡、及有罪疾、立嫡孫。无嫡孫者以次立嫡子。案文。（後略）」より。また、「喪葬令」17服紀条の「嫡孫」部分に付された古記「釈親云、子之子為孫。継嗣令云、无嫡子及罪疾立嫡孫。」より。古記の「もし嫡子亡なば」という字句を採用した場合は復原が若干異なるが、後述する『唐令』や養老令文その他の形式から「无からば」とする方が穏当であろう。ここでの古記の解釈は、嫡孫がいるけれども嫡子がいな

いという状況が、嫡子の早世を意味していると捉えたために「亡」字への意改を行ったのではなかろうか。

③本条B部分古答「（前略）文云、无嫡子、及有罪疾者、立嫡孫。无者以次立嫡子同母弟。无者立庶子者。」より、「嫡孫を立てよ」より下は左記のように復原することも可能かと考えられる。

○××者○○○○○○○○　○××者○○○
无嫡孫。以次立嫡子同母弟。无母弟。立庶子。

しかし、古答が『大宝令』の註釈書かどうか[36]については議論の的となっている箇所であり、本章でも留意しなければならない点である。私は、本条集解の「古答[37]」に関しては、以下のような理由から稲葉佳代説のように『大宝令』の註釈とは捉えないことにする。

〈1〉次条の定嫡子条A部分集解に「大宝三年令問答」が見える。このように、引用私記が限定的な書き方をしていない場合には、惟宗直本やその前段階での明法家が引用した令ではなく、註釈に対して主観によった「新・古」が付される可能性が想定される。

〈2〉同様に、『政事要略』巻八十二、糺弾雑事（議請減贖）に引用される古答は、「古答云、問。八虐何色得レ贖、何色不レ得レ贖。答。案、文云、（後略）」とあるように、問答形式であっても「古答」として引用されている[38]。ここに問答引用者による変改を看取できよう。これに関連して、律に対する註釈にも古答が見えることから、律・令ともに一つの註釈書によって註釈を施すのは不自然である。よって、「古答」の語に次の〈3〉で述べるように多くの可能性を想定する稲葉説が妥当と考えられる。

〈3〉「古記」と記される事例（『続紀』天平宝字元年〔七五七〕閏八月壬戌条など）で「古い記録」という意味で使用される場合もあることから、「古答」に関しても同様の意味での使用を想定できること。さらに付言しておくと、『政事要略』には近い過去の場合でも「古老云」として引用する例もある。[39] 要するに、「令」に対して「古」が冠せられている場合は限定的な用法（新・古それぞれ一つしか該当しないので）となるが、それ以外（各種註釈や問答が存在する）の用例は引用者の主観による形容詞「新・古」としての意味で捉えるべきと考えられる。

〈4〉本条C・D・Eの集解部分に古記が引用されていないという消極的な理由ながら、「但氏上者聴勅。」までの令文・本註の存在が疑問視されること。C部分以下の規定は、対応する令文の存在を古記の存在いかんで確定できる問題ではないことは言うまでもないが、傍証とするには充分ではなかろうか。

〈5〉古答は「文に云う～者」と直接引用形式によって条文を引用しているが、子細に見ると取意文の可能性も指摘できること。つまり、古答引用文には一度しか記載されない「嫡孫」・「母弟」の字句は、養老令文では二度とも使用されている。古答は既出のこの字句を省略したものと見られる。両方とも省略の後に「者」を挿入し、「(嫡孫・母弟が) 无ければ」という文章構造になっており、養老令文（大宝令文も同一だとしたら、その取意文と受け取ることもできるが、大宝令文は後述のように異なっている）の取意文と見なすことができよう。

「古答」に関しては別に詳論する必要があるが、ともかく本節では、当該部分の古答は「大宝継嗣令」復原に依拠すべき根拠にはならないことだけを確認しておくことにする。

④本条F部分古記「但氏上者聴勅。謂、諸氏上者、必勅定給。不論嫡庶。」より。

この継嗣条については、これ以外にも煩瑣な考察が必要なので、次項において述べることとしたい。

3 定嫡子条

【大宝令】◎◎◎◎◎◎◎◎◎ ◎◎◎◎◎ ◎◎◎◎① ◎◎◎◎②
◎◎◎◎③ ◎◎④ ◎◎◎◎⑤ ◎◎⑥

【養老令】凡定五位以上嫡子者、陳牒治部、験実申官。〈A〉其嫡子有罪疾、[罪。謂荒耽於酒、〈B〉及余罪戻。〈C〉将来〈D〉不任器用者。〈E〉疾謂癈疾。〈F〉] 不任承重〈G〉者、申牒所司、験実聴更立。〈H〉

【根　拠】

①本条A部分令釈所引大宝三年（七〇三）令問答「継嗣令云、定五位以上嫡子者、陳牒治部、験実申官。是其状如何。」より。

②本条B部分古記「荒耽於酒者。尚書曰、（後略）」より。

③本条C部分古記「及余罪戻者。謂官人除名・免官・免所居官・官当等是。」より。

④本条D部分古記「将来。謂往前也。」より。

⑤本条E部分古記「不任。謂不用也。器用。論語曰、君子使人器之。必不求備也。」より。

⑥本条G部分古記「承重。謂説祖父之蔭承継也。」より。

本条について、宮本救(40)は『大宝令』と『養老令』とは同一とされる。確実な根拠によって復原される箇所が多いことから、推測するに大宝令文・本註ともほとんど養老令文と同じであったとして差し支えないだろう。

4　王娶親王条

【大宝令】　○◎◎◎◎◎◎①

【養老令】凡王娶親王、臣娶五世王者聴。〈A〉唯五世王、不得娶親王。〈B〉

【根　拠】

①本条A部分古記「娶五世王者聴。謂広至于庶人称臣也。」より。

「臣」字については、「謂は」以前には直接引かれていないので若干可能性を低く見た。だが、古記の「臣と称す」とあるのは条文に「臣」字があることを前提とした説明と捉えてよいだろう。

(2)「大宝継嗣令」継嗣条の復原

さて、第二条の継嗣条については復原案やその根拠ともに複雑になったので、ここでまとめておきたい。本条は大宝令文に関する言及が最も多いので、まずそれら諸説を参看しておくことにする。最初に呈示された中田薫(41)による継嗣条の復原案は左記のとおりである。

凡八位以上継嗣者皆嫡相承、若無嫡子及有罪疾者立嫡孫、無嫡子《ママ》以次立嫡子同母弟、無母弟立庶子、無庶子立嫡孫同母弟、無《ママ》母弟立庶孫、其氏上者聴勅

また、瀧川政次郎(42)は本条古記や『続紀』から「氏上」のみを復原している。それに関連して、「氏宗」に改めた理由を『唐令』の「本宗」に倣ったものとするが、これについては次項において述べることにする。

次いで、石井良助(43)が示された復原案は冒頭部分が異なる。

凡継嗣者、皆嫡相承、若無嫡子及罪疾者、立嫡孫、無嫡孫、以次立嫡子同母弟、無母弟、立庶子、無庶子、立

嫡孫同母弟、無母弟立庶孫、其氏上者聴勅

一方、今江廣道[44]も「戸令応分条」に付された古記に「嫡子を定めるに限り有るやいなや」という問答が存在することから、中田説に示される「八位以上」の存在を疑問視され、右の石井説に賛意を表している。その他、関口裕子[45]も大宝二年西海道戸籍の利用などから同様の見解を示している。

しかし、義江明子[46]は庶人の立嫡の否定と外八位を除外すべきことを論じ、継嗣に係る書出し部分に「内八位以上」の字句が存在したという可能性を指摘している。

書き出し部分の論点は、本註部分の「有罪疾者、更聴立替」の存否・復原にもかかわってくる。別に『唐令拾遺補』においても指摘されるが、その根拠とされるのが次の『続紀』天平勝宝元年の勅である。

《史料25》『続紀』天平勝宝元年（七四九）二月壬戌条

勅曰、頃年之間、補二任郡領一、国司先検二譜第優劣、身才能不、舅甥之列、長幼之序一、擬二申於省一、式部更問二口状一、比二校勝否一、然後選任。（中略）自レ今已後、宜下改二前例一、簡二定立レ郡以来譜第重大之家一、嫡々相継、莫レ用中傍親上。終絶二争訟之源一、永息二窺窬之望一。若嫡子有三罪疾及不レ堪二時務一者、立替如レ令。

ここに記される「令」が「大宝継嗣令」の本条を指すとした場合には、『唐令拾遺補』が「外八位の立嫡および更立規定が『大宝令』にも存したことになる。」という解釈が成り立つ。しかし、「もし嫡子に罪疾が有るならば、「令」のごとく立て替えよ。」という勅旨は、註ではなく令文自体に帰納できる内容である。また、「時務に堪えざらむ」場合についても、「選叙令」任郡司条が応用されたものと捉えるべきである。その上で大宝令文での対象範囲が問題となってくる。

もう一つ論点となるのが、「戸令」応分条古記一云が引用する養老五年（七二一）の籍式（以下「養老五年籍式」

とする）の解釈についてである。「庶人聴レ立。」という短文だが、庶人がこの籍式によって規定されたことにより、庶人より上位層に関する判断が分かれるのである。

中田・義江両説は右に掲げた勅や式などをふまえて、立嫡に際して位階による制限を想定して復原している。しかしながら、この見解には首肯できない。その理由は、位階の制限が規定されていないとする今江の見解が妥当と考えるからであり、その後に発表された、この継嗣条の嫡子が意味するところには階層による限定が無いという吉川敏子[47]の鋭い指摘も参考となる。さらに、中田興吉[48]も、「養老五年籍式」は大宝令文での規定を「庶人立嫡を聴す」として補足するものではなく、その判断を任意にするものであると説いている。そして、「大宝令には継嗣は「嫡子」を中心に行うとの規定があったにすぎないのではないだろうか。」というすぐれた予察を示している。いわゆる「養老五年籍式」は庶人の規定であり、弁別されていたとすれば有位層と無位層＝庶人であろう。有位層の中にも立嫡の階梯が存在したならば、「養老五年籍式」以前に立嫡の制限が外される別の式もあったはずである。それが見られないことは、今江廣道の見解、つまり、位階による立嫡制限は無いという見解が妥当と考える。

位階などによる制限が存在しなかったとするならば、先に問題とした天平勝宝元年勅（史料25）は、郡司任用規定の変更にともなって郡司嫡子についても令文が対応するものであることを確認したものと評価できよう。継嗣条は間接的継承という観点から各種かかわる事柄が多くなってはいるが、立条意図としてはあくまでも継嗣のみを規定するものと言えよう。そして、五位以上については、第三条の定嫡子条によって国家にとって充分に貴族層を管掌する限定的な規定が設けられていることを重視すべきだろう。

以上をふまえた上で継嗣条の書出し部分を復原すれば、古記が引用する「立嫡」という字句が「継嗣」を受けると推測すべきだろう。つまり、復原案は「凡そ継嗣は皆嫡を立てよ」となるのである。

次に、書出し部分以降の根拠は前掲したとおりであるが、さらに憶測が許されるならば、古記が唐の「封爵令」を参照していることが注目される。仁井田陞[49]が『大唐六典』などから復原する「開元七年封爵令」の該当条文を掲示すれば左記のごとくである（『唐令拾遺補』も同文に復原する）。

諸王公侯伯子男、皆子孫承嫡者伝襲、若無嫡子及有罪疾、立嫡孫、無嫡孫以次立嫡子同母弟、無母弟立庶子、無庶子立嫡孫同母弟、無母弟立庶孫、曽玄以下准此、無後者国除、

『大唐六典』[50]の記事からすれば、ほぼ首肯できる復原と言える。さらに、本条B部分古記が「重ねて説く」ために「封爵令」を案じている。ここでは取意文（もしくは開元令文ではなく永徽令文か）として「公侯伯子男身存之日。不為立嫡。亡之後嫡襲爵。庶子聴任宿衛也。襲爵嫡子。无子孫而身亡者除国。更不及兄弟。」と引用し、「ここ（日本）の法文は見在なり」と述べている[51]。ここでの「見在」は、「現に在る」ではなく「生存している」と解釈すべきで、それは後段の「見在日」の用例から言っても明らかである。つまり、古記はこの封爵令文を本人生存中の立嫡規定であると判断していると見なせよう。「封爵令」を引用する部分に「身存之日」とあることから見ても疑いをいれない。

古記は、この直後に「立嫡子。若嫡子亡、及有罪疾、立嫡孫。无嫡孫者以次立嫡子。」と引用して「文を案ずるに、見在の日、次をもって嫡を立てることを得べし。」と解釈している。明法家が言う「文」とは通常令文を指すので、ここで言う「文」は大宝令文を指している。そして、「封爵令」を参照した結果を、日本では大宝令文に敷衍して「生存中には、次第によって嫡を立てることができるのである」と結論している。以下も註釈が続くが、右の古記の引用する文が大宝令文であると捉えることこそ、最も整合性が高いと判断される。

以上、唐の「封爵令」や日本の『養老令』における「无嫡孫」以下の規定は、『大宝令』では「以次立嫡子。」に

収斂され、それ以下が省略されている可能性が高いと想定される。これは、古記が引用する封爵令文も「更に兄弟に及ばず」として意改し、母弟や庶子などの規定を省略しているということも、大宝令文にこれらの規定が存在しない可能性を示唆している。このB部分以降、「氏上」に関するF部分にまで古記による註釈が残存していないことも、該当する令文が『大宝令』に無いので当然古記も存在しなかったと見なせよう。

以上の考察の結果、継嗣条の復原案を左に掲げて本章のまとめに代えたい。

凡継嗣者、皆立嫡。若无嫡子、及有罪疾、立嫡孫。无嫡孫、以次立嫡子。但氏上者、聴勅。

(3)「大宝継嗣令」と「養老継嗣令」との相違点

(1)・(2)項での「大宝継嗣令」復原案を基に、令文の異同などから考えられるいくつかの論点を指摘することにしたい。

(i) **皇兄弟子条の本註**　本条の本註「女帝の子もまた同じ。」というのは『大宝・養老令』ともまったく同文である。このことは、両令が施行されていた奈良時代を通じて、女帝の存在と想定された女帝の子女が歴史的意義を有していたことに関連するものと言えよう。この部分については、例えば成清弘和[52]も、『大宝令』にも存在したと指摘し、『唐令』には見えないという点を重視した。敷衍して、男帝も女帝も、継嗣にかかわる皇子女の扱いに変わりは無い存在として律令に規定されていたと説いている。

このように、本条はいわゆる「女帝論」や「皇統論」における重要な史料性を帯びていると言える。ここで詳論することは避けるが、女帝が男性の天皇と同列に扱われていることは重要である。その子も親王とされることから、奈良時代に多く見られる女帝の皇嗣も男帝と同列にあり、当時の皇統の中に占める女帝のウエイトが高く、そのため当時の有位層の実態としての認識が高いものであったと想定することは可能であろう。

これらの議論において今後必ず本条が参照されるべきということをここに記して、注意を喚起したい。

(ii) 「氏上」と「氏宗」の用語　「大宝継嗣令」継嗣条において規定される「氏上」は、氏中の代表にして統率者の身分呼称だが、「養老継嗣令」において「氏宗」に改められたことはすでに指摘した。しかし、「養老喪葬令」10三位以上条（前掲史料15、135頁）に「別祖氏宗」として記載される他は、残存史料上にその使用例を見ない。このことについて若干言及しておきたい。

まず、「氏宗」の「宗」の字義について、『大漢和辞典』[53]によれば位牌や社・始祖の適長子・祖先中の有徳者・一族などの意味がある。日本古代の用例としては、『続紀』天平宝字五年（七六一）三月丙戌朔条に「（前略）朝議平章、別許㆓少領已上嫡子出身㆒、遂使㆓堂構無㆑墜、永世継㆒㆑宗。（後略）」と記述される事例や、中国と同様に「本宗」・「宗族」[54]の事例がある。これらからすると、「宗」字をもって「氏上」の「上」字に置換するのは困難だと言えよう。「宗」字には、その時点での氏中第一の人物を当てることができない。なぜなら、系図的な繋がりやその氏筋を想起させる用字であると言えるからである。換言すれば、氏の中での第一の家筋やその族徒といった複数の該当者が想定される用字となってしまうからなのである。

このように、「養老継嗣令」において改変された「氏宗」は、「上」と「宗」の字義の相違により史料上に表れなかったのである。国史上の用語として「氏宗」が不適当と考えられたからという事情が想定される。そのため、「氏上」から「氏宗」の用例[55]を経ずに、「氏長」や「氏長者」へと使用例が変化していったものと見なせよう。

(iii) 継嗣条の差異　継嗣条の後半部分は、当該部分に引かれる古答が『大宝令』の註釈と考えられないので復原根拠とはできない。そのため、『養老令』との差が明確になったことは前述した。

一方で、本条の前半もまた議論のあるところである。すでに触れたように、中田薫は「凡八位以上継嗣者皆嫡相承」と復原し、義江明子は「内八位以上」である可能性を指摘し、庶人の立嫡は制限していたとする。また、宮本救56は蔭位制との関係で立法されたとする。このような論説が呈示されるのは、継嗣が、戸主・氏上の地位継承や相続・蔭位や官人への出身などの恩典にかかわることによる。そして、継嗣条自体の持つ意義が根源的に大きかったからである。

しかし、本条や「戸令」応分条古記の註釈から、大宝令文がそれほど詳細な規定ではなかったことが看取できた。本節では、積極的な根拠があるという凡例にも挙げた条件を満たさないので(2)項の復原案には示さないでおいたが、(3)項において「凡継嗣者、皆立嫡。若无嫡子、及有罪疾、立嫡孫。无嫡孫、以次立嫡子。但氏上者、聴勅。」のように復原すべきことを指摘した。関係する諸事象により継嗣条が内包する意義が発現してくるにつれ、その意義に対して対応しきれなくなったという背景が推察される。これらの継嗣自体の意義が高揚した状況を考慮した上で、立嫡次第は唐の「封爵令」を参考にしつつ、位階による差等をも明文化して養老令文が成立したと考えられる。この間に出された「養老五年籍式」や天平勝宝元年勅などは、この流れに沿うものと評価できよう。

「大宝継嗣令」継嗣条が、位階による制限は想定されずに立法されたことは注意を喚起する。『大宝令』の編纂段階において、立法者及びそれを指示する為政者の認識、もしくは理念としては、氏族の継嗣が―それが父系的か双系的かはここでは措くとしても―嫡系相承になるよう求めている点である。

そして、そのことは従来行われてきた研究方法、つまり戸籍・計帳を中心に用いて、法と実態との適合・乖離を見出すという手法について、その結果を再検討すべき必要性を認識させる結果となったと言える。

さて、変改が加えられた「養老継嗣令」2継嗣条を見てみよう。

《史料26》「養老継嗣令」２継嗣条

凡三位以上継嗣者、皆嫡相承。若無二嫡子一、及有二罪疾一者、立二嫡孫一。無二嫡孫一、以レ次立二嫡子同母弟一。無二母弟一、立二庶子一。無二庶子一、立二嫡孫同母弟一。無二母弟一、立二庶孫一。四位以下、唯立二嫡子一。〔謂、庶人以上。其八位以上嫡子、未レ叙身亡、及有二罪疾一者、更聴二立替一。〕其氏宗者、聴レ勅。

『養老令』では、右のように位階による立嫡規定が見られるように、有位官人層以上の継嗣を管掌する意味あいが強まる。加えて、注目される文言として「氏宗は勅を聴け。」という部分がある。ここには、天皇の氏族に対する法を越えた権能が、『大宝令』から引き続き『養老令』においても存在したことがその背景にあると想定される。さらに、天皇の意志自体が法規定に明示されることも特徴的な日本の固有性と言うことができよう。

小結

律令制の確立する『大宝令』施行の前段階において、氏姓制も不完全ながら法令により整備されていく過程を検討した。具体的には、氏上制の整備と八色の姓による姓の序列化、また、その直前から始まる「連賜姓期」を嚆矢とする改賜氏姓による氏族政策が実施されるようになる点を明らかにした。

『大宝令』は全文が知られないので、部分的な検討にとどまったが、『養老令』から端的に見るに、行政法体系の中にはある程度氏姓制の影響・被影響関係を看取できた。だが、個別事例の点まで踏み込んでみると、それほど深層にまで氏姓制の影響が及んでいなかったと言える。この要因は、あくまでも中国法的な理念に基づいて整備されていったものであるからだろうか。あるいは、令の規定自体が骨格部分であって、個別の具体的事例として影響が表出しにくいためだからであろうか。

いずれにせよ、氏宗（上）や氏女・采女の規定などを参照したように、名称ではなく制度の実態としては日本独自の色彩を帯びるものもある他、より固有性の強い神祇官における氏族の職掌や土（師）部の規定に関する規定などにより慣習法的な影響が特徴的に表れていると言えよう。

この他、八色の姓のように単行法として成文法化されていても、令制に影響を与えない場合もある。このことは、氏姓制が律令制に取り込まれたのではないことを示している。氏姓制は一部単行法として成文法とされても、慣習法としての性格を強く保持しつつ成文法（律令制）と並存しながら残存していたことを示す証左となると評価できよう。

以上のことから、氏姓制（間接的には部民制も）は慣習法的ながらも、ある程度成文法として整備されつつあったことが窺えた。しかしながら、『養老令』の編纂期において、なおも令の規定により解消、もしくは全体的吸収もされずにいくつかの事例を指標としたような唐には見えない固有性は残存していったと結論付けられる。

註

（1）本書序章の註（1）で定義したように、「慣習法」とは、厳密な法学用語としてではなく、成文法により規定されてない制度を指すものとする。

（2）八色の姓制定より前には、姓に明確な序列は存在しないが、大臣・大連を輩出する臣・連が他の姓に比して優位であることは言えよう。加えて、内田浩史は臣・連以外では君姓がやや優等であったと想定している。これもおおよそ首肯できる指摘である（内田「カバネ秩序に関する基礎的考察」『中央史学』一五、一九九二年）。

（3）『先代旧事本紀』は、鎌田純一『先代旧事本紀の研究』（校本の部、吉川弘文館、一九六〇年）を参照。以下、『旧事本紀』と略す。

また、大野七三編著『先代舊事本紀 訓註』（意富之舎、一九八九年）も参照。

（4）中村英重「律令国家と氏上制」『北大史学』二五、一九八五年。その後、中村は「神主の形態と氏神・氏上」（『駿台史学』七五、一九八九年）において、氏上と氏神祭祀を催行する神主任命とを結び付けて再論している。

しかし、氏神祭祀のみに限定されない権能を氏上は保持していたと考えられるので前説に従う（いずれも中村『古代氏族と宗教祭祀』吉川弘文館、二〇〇四年に補訂して所収）。なお、この点については、拙稿「書評 中村英重著『古代氏族と宗教祭祀』」（『歴史学研究』八〇五、二〇〇五年）においても同様の評価を与えた。

（5）近藤広「滋賀・十里遺跡」『木簡研究』二二、二〇〇〇年（前書とする）。『栗東町埋蔵文化財発掘調査一九九九年度年報』近藤広担当、栗東町文化体育振興事業団埋蔵文化財調査課、二〇〇一年（後書とする）。

前書では、八色の姓の「道師」に該当する可能性が指摘され、それ以前にも「道師」という言葉自体は存在したものと想定されている。この見解は山尾幸久の解釈に依拠したと述べているが、どこまでが山尾による意見なのかは判然としない。

私も、拙稿「書評 大橋信弥著『古代豪族と渡来人』」（『歴史評論』六六五、二〇〇五年）において、十里遺跡出土の木簡に見える「道師」が八色の姓の道師である可能性があること、及びその意義に関して注意を喚起している。また、同じ滋賀県能登川町（現、東近江市）の斗西遺跡出土木簡には「道師布施百四布」という文言が記された例もある（植田文雄「滋賀・斗西遺跡」『木簡研究』一三、一九九一年）。植田は、道教関連の「道士」、もしくは仏教関連の「導師」の可能性を指摘する。

これを承けたと考えられる後書では、「中央から派遣された職能をもった集団、もしくは、道教に関わる人とする説がある」と述べるが、道教にかかわる人を道師と呼んだ例が現在のところ知られないことから、首肯することはできない。布施とのかかわりや、僧官の購読師・律師や法会における導師・講師などの例からすれば、斗西遺跡出土木簡の「道師」は仏教関連の語句とすべきだろう。

一方、長屋王家木簡には「无位大宅勝道師　摂津」と釈読される事例がある（奈良国立文化財研究所『平城宮発掘調査出土木簡概報』二八、同所、一九九三年）。本例の姓は「勝」で個人名にあたるのが「道師」である。しかし、「真人」や「連」が個人名として用いられる例については頻出することから類推すると、この「道師」についても姓が存在したことから個人名に転用したと考えられる。よって、姓としての「道師」が実態としても認められる蓋然性が高い。

（6）拙稿a論文参照。

（7）溝口睦子『日本古代氏族系譜の成立』学習院大学、一九八二年。

（8）「墓記」の理解については、加藤謙吉「『日本書紀』とその原資料—七世紀の編纂事業を中心として—」（『日本史研究』四九八、二〇〇四年）・坂本太郎「纂記と日本書紀」（『坂本太郎著作集』二、吉川弘文館、一九八八年、初出一九四五年）・野口武司「「墓記」と『日本書紀』」（『梅澤伊勢三先生追悼　記紀論集』続群書類従完成会、一九九二年）・『日本書紀』下（序章掲示、一九六七年）などを参照。拙稿bなどでも簡単に触れた。

（9）拙稿a・b・c・f・j論文、及び本書第四章参照。

（10）「養老名例律」9請・10減・11贖・18除名の各条など参照。古代の親族論とかかわるが、成清弘和『日本古代の家族・親族　中国との比較を中心として』（岩田書院、二〇〇一年）を参照。

（11）拙稿j論文参照。

（12）『養老令』の各条などによる。なお後述する。

（13）直木孝次郎「「氏」の構造について」（『日本古代の氏族と天皇』塙書房、一九六四年）で指摘され、以後踏襲している見解が多い。

（14）拙稿j論文、及び本書第四・五章参照。

（15）大宝令文では「戸主」と本註部分の「蔭子」が存在していると考えられるので、本条の本質的意義も『大宝令』

から継続していると見なして大過ないと思われる。

だが、仁井田陞・池田温編『唐令拾遺補』（東京大学出版会、一九九七年、「戸令」は坂上康俊担当）において「課戸」・「男年十六以下」が存在した可能性が高いとする。「課戸」についてはほぼ首肯しうるが、本註部の「男年十六以下」の字句は、実態として『大宝令』段階でも不課戸の範疇であったとしても、本条の規定には存在しなかったと考えられる。

なぜなら、当該部分の古記が「古記云、問。賦役令云、三位以上父祖兄弟子孫及五位以上父子並免二課役一。此条、独称二蔭子一。其意如何。答。略レ文耳。若レ此之類弘多。放二賦役令耳一」という問答をしているからである。これによれば、本条では蔭子を挙げるのみであることが知られる。よって、『大宝令』の当該本註は「不課。謂、蔭子等。」という文言であったと想定される。『養老令』により、より具体的に指示されるようになったと考えられるが、このような粗漏の多いものから具体性を持つ規定への変改は後述する「継嗣令」２継嗣条と同一の流れを示すものと捉えられる。
（16）庚午年籍の定氏姓機能については、井上光貞「庚午年籍と対氏族策」（『史学雑誌』五六―三、一九四五年。後に『日本古代史の諸問題』思索社、一九四九年に所収）・岩口和正「庚午年籍と定姓」（『日本福祉大学研究紀要』六二、一九八四年）を参照。
（17）『延喜交替式』は新訂増補国史大系、吉川弘文館刊を使用。以下同じ。
（18）氏女・采女に関しては、麻野絵里佳「奈良時代における畿外出身女孺に関する一考察」（『史観』一三一、一九九四年）・磯貝正義『郡司及び采女制度の研究』（吉川弘文館、一九七八年）・門脇禎二『采女』（中公新書、一九六五年）などを参照。
（19）別祖氏宗を造墓規定側から考察したものには岡野慶隆「奈良時代における氏墓の成立と実態」（『古代研究』一六、一九七九年）がある。明石一紀『日本古代の親族構造』（吉川弘文館、一九九〇年）・中村英重「律令国家と氏上制」（『古代氏族と宗教祭祀』吉川弘文館、二〇〇四年）を参照。拙稿a・b論文において、中祖・遠祖において同祖同族関係にあるが、近祖において別族（別氏）となっている場合の近祖を指しているのが「別祖」とした。その分氏した氏族の宗長を「氏宗」とすることを述べた。

(20) 職業的部の名称は、平野邦雄『大化前代社会組織の研究』（吉川弘文館、一九六九年）による。

(21) 宗教的部の名称は、井上辰雄『古代王権と宗教的部民』（柏書房、一九八〇年）による。

(22) 猨女にかかわる同官符については、拙稿e論文、及び本書第二章において検討した。

(23) 国造制については、篠川賢『国造制の成立と展開』（吉川弘文館、一九八五年）・同『日本古代国造制の研究』（吉川弘文館、一九九六年）・新野直吉『研究史 国造』（吉川弘文館、一九七四年）などを参照。

(24) 「譜第」の語は『類聚国史』神祇部国造条所収延暦十七年三月丙申条・『三代格』巻七、郡司事所収弘仁二年二月二十日太政官符などに見える。
譜第の理解については、今泉隆雄「八世紀郡領の任用と出自」（『史学雑誌』八一—一二、一九七二年）・新野直吉「郡司制の諸問題」（『日本古代地方制度の研究』吉川弘文館、一九七四年）・毛利憲一「郡領の任用と「譜第」—大宝令制の構造と特質—」（『続日本紀研究』三三八、二〇〇二年）・米田雄介「郡司の出自と任用」（『郡司の研究』法政大学出版局、一九七六年）などを参照。

(25) 本位田菊士「五世紀末の王権と古市の天皇陵古墳—弘計・億計二王伝承の成立をめぐって—」『日本歴史』六四七、二〇〇二年。

(26) 土師氏の改賜氏姓については直木孝次郎『日本古代の氏族と天皇』（塙書房、一九六四年）・宮永廣美「桓武天皇と外戚—渡来系氏族優遇説の再検討—」（『続日本紀研究』三五二、二〇〇四年）・山本幸男「大枝朝臣賜姓覚書—和氏・土師氏と早良親王」（『続日本紀研究』三一一・三一二、一九九八年）・米沢康「土師氏の改姓」（『芸林』一二—五・六、一九六一年）など参照。

(27) 鎌田元一「公民制の形成過程」『律令公民制の研究』第一部、塙書房、二〇〇一年。
(28) 岸俊男「日本における「戸」の源流」(『日本歴史』一九七、一九六四年。後に岸『日本古代籍帳の研究』塙書房、一九七三年)に所収。
(29) 文殊正子「歌女とその周辺」『日本古代社会の史的展開』塙書房、一九九九年。
(30) 品部や雑戸の解体過程については狩野久「品部雑戸制の再検討」(『史林』四三—六、一九六〇年。後に狩野『日本古代の国家と都城』東京大学出版会、一九九〇年に所収)・関晃「いわゆる品部廃止の詔について」(『続日本古代史論集』上、坂本太郎博士古稀記念会編、吉川弘文館、一九七二年)を参照。
(31) 『令集解』職員令雅楽寮条による。
なお、「官員令別記」については新井喜久夫「官員令別記について」(『日本歴史』一六五、一九六二年)・大山誠一「「官員令別記の成立をめぐる諸問題」(『日本歴史』三七二、一九七九年)などを参照。

また、『令集解』に関しては註釈に奈良から平安時代の記述が混在するために別に論じる機会を得たい。
(32) 雑戸の改氏賜姓については佐伯有清「雑戸の姓氏と造籍」(『日本古代氏族の研究』吉川弘文館、一九八五年)・神野清一『日本古代奴婢の研究』(名古屋大学出版会、一九九三年)を参照。
(33) 仁井田陞・池田温編『唐令拾遺補—附唐日両令対照一覧』東京大学出版会、一九九七年。以下同書は『唐令拾遺補』とし、とくに註記しないものとする。
(34) 『大宝令』復原にあたっての凡例と留意点は次のとおりである。
一、テキストの留意点について述べておく。テキストは、序章に掲示したように新訂増補国史大系本『令集解』を使用したが、同本は校訂に問題を残すので諸本による校異を行った。参照した諸本は、石川介校印本(印本)・鷹司本・田中本・東山御文庫本(東山本)・藤波本・船橋本である。いずれも明治大学図書館所蔵(印本に関しては明治大学博物館所蔵の刊本である)のマイクロフィルムの紙焼版を使用した。田中本に関しては『国立歴史民俗博物館蔵貴重典籍叢書』(歴史篇第三巻令集解3・第六巻令集解6、一九九九年、臨川書店)と同書附けたりの「校勘記」も参照した。活字本の『校訂令集解』・『定本令集解釈義』もあわせて参照した。この他、令本文は国立国会図書館所蔵紅葉山文庫本の『令義解』(マイクロフィルム紙焼版)とも校異を行った。

令文や古記・古答に関する部分では、継嗣条B部分の「古答」(521頁1a行)が『校訂令集解』では「古令」とされ、頭書に「令。按答歟」としている。これに関して今江廣道は皇学館叢書所収本(三浦周行校訂)が「古令」に作っており、従うべきかもしれないとする。しかし、内容的な疑問から復原には用いないとされた(今江廣道「戸籍より見た大宝前後の継嗣法―特に庶人の嫡子について―」『書陵部紀要』五、一九五五年)。たしかに、新註皇学叢書第二巻所収の『令集解』(『定本令集解釈義』と同書)では、「古令」に異字として「答」を示している。底本である『校訂令集解』自体の校訂も三浦周行の影響が大きい。このように「古令」と作るような写本が現存するかは、管見の限り知られない。

しかし、前記した諸本の中、善本と評価できる鷹司・東山本をはじめとして、いずれも「古答」に作ることからして、改める必要性は認められない。

また、それ以外の部分においても、国史大系本の字句を訂正する必要がないことが確かめられた。よって、以下の引用はすべて国史大系本によるものとし、活字は適宜新字体に改めた。また、字句の復原が主目的なので返点はふらないことにした。

二、左に養老令文を示し、本註は［　］、集解が付される箇所を〈A〉とする。その右側に大宝令文復原案を掲げる。

三、復原には次の記号を用いる。

「◎」は古記などに直接引用される形で示される字句で、確実に大宝令文に存在したと考えられるもの。

「○」は同じく間接的に引用されたり、取意文に使用される字句で、存在の可能性が高いと判断されるもの。

「△」は明法家の註釈の論点となっている用語、または存在の可能性の高い字句と表裏の関係であることなどから存在の可能性が想定されるもの。

「×」は『大宝令』には存在しなかったと推定される字句。ただし、ここでは積極的な根拠がない場合は保留した。したがって、『養老令』と同文と見られる箇所との差を示さないが、この点は適宜触れることとする。

字句が養老令文と相違する箇所についてはその字句を『大宝令』の列に示すことにする。
四、復原の根拠については、復原案の下に丸数字を付して対応させた。
なお、古記については以下のように捉える。

古記が『大宝令』を註釈していることについては言を要しないだろうが、井上光貞「日本律令の成立とその注釈書」(『律令』日本思想大系、岩波書店、一九七六年)・中野高行(『令集解』の注釈書」山中裕・森田悌編『論争日本古代史』河出書房新社、一九九一年)・宮部香織「大宝令注釈書「古記」について―研究史の整理と問題点―」(『國學院大學日本文化研究所紀要』九〇、二〇〇二年)などが論点・諸説を簡便にまとめている。また、その他主要な論考として、西宮一民「令集解所引「古記」について」(『日本上代の文章と表記』風間書房、一九七〇年、初出は一九五八年)・岩橋小弥太「古記」(『律令叢説』吉川弘文館、一九七二年)・松原弘宣「「古記無別」について」(荊木美行編『令集解私記の研究』汲古書院、一九九七年、初出は一九七一年)・同「『令集解』における大宝令―集解編纂時における古記説の存在形態について―」同上書所収、初出は一九七四年)、などが挙げられる。
(35)『大唐六典』巻二、尚書吏部司郎中員外郎、三秦出版社、一九九一年、40頁。
右に対応条文が見られるが、内容的にはかなり異なっている。しかし、条文冒頭部は「皇兄弟皇子皆封国」となっており、そこから復原される「唐封爵令」でも「皇」一字であると見られる。なお、「封爵令」という編目名は「開元七年令」には存在しない。
(36)古答の扱いに関する議論は、古記と同じで『大宝令』に関するものとする説が通説である。古くは稲葉通邦「神祇令和解」(『律・令』神道大系・古典編、一九八七年)が言及し、近年では利光三津夫「大宝律令と「古答」について」（『日本上古史研究』四）・同「再び「古答」について―稲葉佳代氏の「古答」に関する見解を駁す―」（『法学研究』五七―五、一九八四年）が論及している。

他方、引用する明法家によってそれぞれ指し示すものが異なるとする稲葉佳代説がある（稲葉「令集解における古答について」『続日本紀研究』二二九、一九八三年・同「古記と古答について」『金城学院大学論集』一四三、一九九一年）。

この他、虎尾俊哉は古答が引く「一云」の検討から、古記と古答が同一であるとの可能性を指摘した（虎尾「令集解考証三題」『古代典籍文書論考』吉川弘文館、一九八二年、初出は一九六四年）。しかしながら、二例しかない古答所引の一云を、古答全体の性格へと敷衍させることは慎重を期すべきだろう。また、『唐令拾遺補』では両説を掲示してはいるものの断案を示していない。

(37)　この古答部分などを用いて、上野利三は『大宝律』に関する考察を行っている（上野「律条復旧史研究をめぐる諸問題」『前近代日本の法と政治―邪馬台国及び律令制の研究―』第五章、北樹出版、二〇〇二年）。しかし、量刑に関して「法の適用と刑の執行は必ずしも一致を見たとは限らない」（右書130頁）として、古答より復原される『大宝律』の量刑との不整合性を古答の作文のためと想定されている。律研究に関する「古答」の扱い方に関しても再考が必要な状況にあるのではなかろうか。

(38)　『政事要略』巻八十二、糺弾雑事（議請減贖）新訂増補国史大系、656～657頁。

(39)　『政事要略』巻七十、糺弾雑事（蠱毒厭魅及巫覡）601頁。この箇所は藤原穏子に比定される太皇大后の御産の話に関するもので、貞信公忠平の命も引用されている。

(40)　宮本救「日本古代家族法」補考―継嗣相続法について―」『芸林』七―六、一九五六年。後に『日本古代の家族と村落』（吉川弘文館、二〇〇六年）に所収。

同書所収の際、内容に改訂の無いことと、内容自体の評価は拙稿「書評　宮本救著『日本古代の家族と村落』」

（『日本史研究』五四三、二〇〇七年）において述べた。

（41）中田薫『法制史論集』一 第四章、岩波書店、一九二六年、91頁。

（42）瀧川政次郎『律令の研究』刀江書院、一九三一年、その後名著普及会より復刻。

（43）石井良助『長子相続制』法律学体系、法学理論篇、日本評論社、一九五〇年、39頁。

（44）今江前掲註（34）論文、26頁。

（45）関口裕子「律令国家における嫡庶子制について」『日本史研究』一〇五、一九六九年。後に関口『日本古代家族史の研究』上（塙書房、二〇〇四年）に所収。

（46）義江明子『日本古代の氏の構造』吉川弘文館、一九八六年。

（47）吉川敏子「大宝継嗣令継嗣条と戸令応分条についての基礎的考察」『日本歴史』六〇三、一九九八年。後に吉川『律令貴族成立史の研究』（塙書房、二〇〇六年）に所収。

（48）中田興吉「養老五年籍式考」『日本歴史』六二四、二〇〇〇年、6頁。

（49）仁井田陞『唐令拾遺』東京大学出版会、一九三三年、305〜314頁。

（50）『大唐六典』巻二、尚書吏部司郎中員外郎、三秦出版社、一九九一年、40頁。

しかし、同書では「皆子孫承嫡者伝襲」の字句が無いこと、「准此」が「同此」となっているといった異同がある。

（51）奥村郁三編著『令集解所引漢籍備考』（関西大学東西学術研究所研究叢刊一四、関西大学出版部、二〇〇〇年）では、「此間之法」以下を日本令と捉え「无嫡孫者、以次立嫡子」では意味がとおらず、「以次立嫡子同母弟」でなければならないとする。

しかし、本文に述べるように解釈すれば整合的な文章だと言えよう。

（52）成清弘和『日本古代の家族・親族―中国との比較を中心として―』岩田書院、二〇〇一年。

(53)　諸橋轍次『大漢和辞典』巻三、大修館書店、一九六六年、954頁。
(54)　多賀秋五郎「宗族の資格について」(『東洋史学論集』三、一九五四年)が述べるように、中国的な「宗族」は父系中心の血縁集団と言える。
日本においては、その実はともかく、系譜的な意識は同様であったと見られる他、「氏(ウヂ)」成立段階から父系的な集団であるとの認識を有していたと考えられる。

本書の第四章史料74(225～226頁)で引用したように、帰化渡来人が表文中において「宗族」を用いている例もある。日本と朝鮮との漢字文化のあり方の違いも考慮すべきかと思われるが、帰化渡来して久しい人の場合の日本人との同化程度ともかかわる。

このことに関しては後考を期したい。
(55)　「氏上」の用例は、『書紀』・『続紀』あわせて十条(数は十六例)。下限は『続紀』霊亀元年(七一五)二月丙寅条で、その後は「氏長」の用字となる。
(56)　宮本救「日本古代家族法の史的一考察—相続法を中心として—」『古代学』三—四、一九五四年。後に宮本『日本古代の家族と村落』(前掲註(40)書)に所収。

第四章　賜氏姓・改賜氏姓から見る氏姓制

日本古代、とりわけ律令制下の官人社会は二つのシステム、すなわち位階制と官職制により体系付けられていたことはつとに知られている。[1]官職制は、人ではなく職の序列なので本書の考察から省くが、位階制は、成文法として体系的かつ明確に官人の序列を示し、それ以外の者も無位や白丁として捉えることが可能な制度である。これらとは異なるシステムの氏姓制は、体系的な成文法がほとんど見られない上に、明確な序列を示すものでもない。[2]しかし、慣習的とも言える氏姓制の曖昧かつ複雑な構造を究明することは、官人や百姓公民全般に及ぶ社会構造を明らかにしうる有効な手段であり、氏姓制を管掌する権限は百姓の上に立つ天皇の手に帰している点も重要である。[3]

これまでの氏姓制を扱う諸論考においては、氏姓そのもの、もしくは氏族の実態などの究明へと視点が向けられており、天皇権と氏族との関係を織り込みながら考察されてこなかった。また、「賜氏姓・改賜氏姓」[4]についても、姓や個別氏族の研究で多少なりとも言及している論考を含めれば、四桁を優に越えるほどの数に上っているが、改賜氏姓自体を考究した論考[5]はそれほど多くはなく、その分析視角にも偏りがある。本章では、この改賜氏姓の事例をてがかりに、氏姓制とそれに密接にかかわる政治史の問題に迫ってみたい。

一　問題の所在と分析視角

国史中に数多く散見する賜氏姓・改賜氏姓記事については、これまで氏姓制に関する一つの素材として多くの研究が積み重ねられてきた。まずは改賜氏姓を論拠とした先学の主要な業績を概観し、その問題点をふまえた上で本章の意図するところを述べる。

古い時期の研究では、「賜氏姓」について総体的に論じた一九四一年の村尾次郎[6]「氏姓崩壊に現はれたる帰化人同化の一形相」が注目される。村尾は、八色の姓制定とそれに先立つ連の大量賜姓や、天平勝宝二年正月（後掲史料49、195頁）の肖奈王福信が高麗朝臣を賜った事例を取り上げ、出自の見分けが付く氏名とそれに連動する姓という関係が崩壊したと見なして「一元的国民編成」が成立したとした。一九四四年には阿部武彦[7]が「上代改賜姓の範囲について」で、改賜氏姓の及んだ氏人を精査し、氏内での単体としての氏族と氏族、またその中の氏人との結合は強固ではないと考察した。また、佐伯有清[8]は一九五四年に「続紀にみえる賜姓朝臣と賜姓宿禰」により、朝臣姓氏族の同族的結合性の巨大さと宿禰姓氏族の同族的結合性の貧弱さを実証した。

その後、喜田新六[9]により、改賜氏姓は主に請願によって行われることが指摘された。次いで、池上経[10]によって改賜氏姓の方法が考察され、渡辺直彦[11]により改賜氏姓が類型化された。

加えて、姓の変化を中心として考察した宇根俊範[12]による桓武天皇代の族姓改革の評価や、改賜氏姓の時期的偏在を基に桓武天皇代は諸氏族の再編成を企図していたと推測する伊藤千浪[13]の説などが公表され、改賜氏姓を総合的に検討した考察はほぼ出尽くした観もある。

九十年代に入ると、中西康裕[14]が改賜氏姓の記事文を網羅し類型化して、国史の書誌的研究の材料としている。また、和気氏の改賜氏姓を中心に天皇側の意志の介在を論じた長谷部将司[15]の論考は、本章と近い視点から改賜氏姓の事例を評価している。

しかしながら、これらの先学諸氏の研究は、多くの論点が改賜氏姓記事を材料にして氏姓制に向けられているものが多く、改賜氏姓そのものを検討していない。また、改賜氏姓自体を論点とした先行研究でも、比較的記事の分量が多いものを考察対象としており、全体的には論じられていないと言える。後述するように、ある意味で改賜氏姓という政策の一面的理解にしか至っていないと言える。長谷部の論にしても、何例かの改賜氏姓の事例に対する評価は、天皇側からの評価のみに片寄ってしまっているという問題点がある。

本章では、これら先行研究で見落とされてきた改賜氏姓自体を考察の俎上に載せるために、まず検討されるべき氏姓制における改賜氏姓の政策的意義について考察する。

加えて、改賜氏姓を蒙る氏族側から見た改賜氏姓の実効性、具体的には、実際に改賜氏姓が氏の側にとってどのような意義があったかを検討することを第二の問題意識とする。

次いで、天皇権の権能としての改賜氏姓と、改賜氏姓から見る天皇の政治志向を考察し、有氏姓者以下の身分の統制と氏姓の賜与貶奪権[16]をどのように発揮したのかを明らかにする。すなわち、日本の氏姓制の独自性が認められる改賜氏姓の政治性を追求することを第三の課題としたい。

なお、本章の考察対象とする時期は、『書紀』から『後紀』までの収載範囲を中心とする。

二　改賜氏姓事由による類型化

本章の対象範囲にかかる国史中の改賜氏姓記事すべてを例示するのは煩雑にすぎるので、件数・例数[17]のみを挙げることにする。

『古事記』　賜氏姓1件2例　　改賜氏姓0件
『書紀』　賜氏姓30件212例　改賜氏姓0件
『続紀』　賜氏姓317件520例　改賜氏姓（改氏姓・復氏姓・除字を含む）93件
　　　　　113例　不賜氏姓2件2例　16件重複　あわせて姓の貶降19例
『後紀』　賜氏姓60件106例　改氏姓4件（2件重複）4例

序章で簡単に触れたが、改賜氏姓の型式についての用語を定義しておこうと思う。同様な改賜氏姓の分類を行った義江明子(18)の類型を要約して参照することにする。

①恩賜としてなされるもの。功績内容を付記。改氏姓前後で上下の序列が推定され、対象範囲も限定的。
②罪人に対して、罰として新氏姓を与えるもの。名称的・姓の尊卑や氏姓の有無などにより序列を示す。
③誤りに基づく復氏姓。上下の序列を推定できる場合が多い。
④庚寅年籍の記載をよりどころとする、国家としての一定の政策を示しているにすぎないもの。

美江は罪人の免罪にともなう復氏姓は、恩賜として①の例に含め、次いで②・③・④については、主に氏族の側にその賜氏姓に関する動因があるものとしている。その他、義江が考察から除外したものを⑤として挙げると、諱を避けるための名称の変更、ある種の氏姓一般についての変更を指示する場合がある。

前節で述べたように、喜田新六は、改賜氏姓を義江の言う③の事例が中心であるとし、その際の請願の根拠となるものを挙げているので、次に要約しておこう。

①先祖の功績や歴史性を申し立てる型。

②戸籍などの誤記を正す型。
③母方の氏姓に従っていたものを父姓に改める型。
④同族を理由に、同じように賜氏姓を願う型。
⑤現在の氏姓は好ましくない・不適当だとする型。

以上、五つの申請事由があるとしているが、これらはすべてこじつけや虚偽の申告の可能性なども考慮されるので、正当な理由とはならないものが大半だったと評している。つまり、真正な事由よりも仮冒の例が大半と見なしている。

これらの先学の研究もふまえ、改賜氏姓記事の内容による分類をするならば、三つの型に大別できよう。

特殊改賜氏姓　氏姓制に関する氏族政策とは異なる要因によって行われた改賜氏姓を指すことにする。

下賜型改賜氏姓　賜氏姓・改賜氏姓の賜与貶奪権がある天皇が、自らの意志によって行われた改賜氏姓を指すものとする。そして、この型が本来の「改賜氏姓」の意義をもっとも具現化している型であると言える。

認可型改賜氏姓　何らかの事情による氏側からの申請や、擬制的同祖同族関係を結ぼうとする氏側からの主張を、賜氏姓・改賜氏姓の賜与奪権のある天皇が認可する、という形式を指す。従来の研究が一面的であると思われるのは、この三番目の型である認可型改賜氏姓の例を中心に考察して、そこから得られる一面的な結果を基に改賜氏姓全般の考察に論を進めていることに起因していると考えられる。

次に、右の類型化別に以下に例示するが、膨大な数になる認可型改賜氏姓例は除外する。

(1) 特殊改賜氏姓の例

《史料1》『続紀』天平十七年（七四五）五月己未条

筑前・筑後・豊前・豊後・肥前・肥後・日向七国、无姓人等、賜二所レ願姓一。

《史料2》『続紀』天平宝字元年（七五七）三月乙亥条

勅、自レ今以後、改二藤原部姓一為二久須波良部一。君子部為二吉美侯部一。

《史料3》『続紀』天平宝字元年四月辛巳条

其高麗・百済・新羅人等、久慕二聖化一、来附二我俗一、志願給レ姓、悉聴許之。其戸籍、記二无姓及族字一、於レ理不レ穏。宜レ為二改正一。

《史料4》『続紀』天平宝字三年十月辛丑条

天下諸姓着二君字一者、換レ以二公字一。伊美吉以二忌寸一。

《史料5》『続紀』宝亀元年（七七〇）九月壬戌条

令旨。（中略）又以下去天平勝宝九歳改二首・史姓一、並為中毗登上、彼此難レ分、氏族混雑。於レ事不レ穏。宜レ従二本字一。

（後略）

《史料6》『続紀』延暦四年（七八五）五月丁酉条

詔曰。（中略）又尊二曽祖妣道氏一、曰二太皇大夫人一。仍改二公姓一為二朝臣一。又臣子之礼、必避二君諱一。比者、先帝御名及朕之諱、公私触犯。猶不レ忍レ聞。自レ今以後、宜二並改避一。於レ是、改二姓白髪部一為二真髪部一、山部為レ山。

(2) 下賜型改賜氏姓の例

《史料7》『書紀』垂仁天皇二十三年十一月条

（前略）以敦賞二湯河板挙一、則賜レ姓而曰二鳥取造一。（後略）

《史料8》『書紀』允恭天皇二年二月条

（前略）時闘鶏国造、従二傍径一行之。乗レ馬而莅レ籬、謂二皇后一、嘲之曰、（中略）皇后赦二死刑一、貶二其姓一謂二稲置一。

《史料9》『書紀』白雉五年（六五四）七月是月条

褒下美西海使等、奉レ対二唐国天子一、多得中文書・宝物上。授二小山上大使吉士長丹一、以二少花下一、賜二封二百戸一、賜レ姓為二呉氏一。（後略）

《史料10》『書紀』天智天皇八年（六六九）十月庚申条

天皇遣二東宮大皇弟於藤原内大臣家一、授三大織冠与二大臣位一。仍賜レ姓、為二藤原氏一。自レ此以後、通曰二藤原内大臣一。

《史料11》『書紀』朱鳥元年（六八六）六月己巳朔条

槻本村主勝麻呂賜レ姓曰レ連。仍加二勤大壹位一、封二廿戸一。

《史料12》『続紀』文武天皇三年（六九九）正月癸未条

詔、授二内薬官桑原加都直広肆一、賜二姓連一。賞レ勤レ公也。

《史料13》『続紀』天平十八年（七四六）十月丁卯条

従四位下道朝臣真備賜二姓吉備朝臣一。

《史料14》『続紀』天平勝宝二年（七五〇）正月丙辰条

従四位上肖名王福信等六人賜二高麗朝臣姓一。

《史料15》『続紀』同年三月戊戌条

駿河国守従五位下楢原造東人等、於二部内盧原郡多胡浦濱一、獲二黄金一献之。（割註略）於レ是、東人等賜二勤臣姓一。

《史料16》『続紀』天平宝字元年（七五七）七月辛亥条

（前略）並是告レ密人也。又上道臣斐太都賜二姓朝臣一。

《史料17》『続紀』天平宝字二年四月庚申条

初尾張連馬身以二壬申年功一、先朝叙二小錦下一、未レ被レ賜レ姓、其身早亡。於レ是、馬身子孫並賜二宿禰姓一。

《史料18》『続紀』同年八月甲子条

以二紫微内相藤原朝臣仲麿一任二大保一。勅曰、（中略）自レ今以後、宜三姓中加二恵美二字一。（中略）故名曰二押勝一。朕舅之中、汝卿良尚。故字称二尚舅一。更給二功封三千戸・功田一百町一。（後略）

《史料19》『続紀』天平宝字七年（七六三）十月丙戌条

参議礼部卿従三位藤原朝臣弟貞薨。（中略）勝宝八歳、安宿・黄文謀反。山背王陰上二其変一。高野天皇嘉レ之、賜二姓藤原一、名曰二弟貞一。

《史料20》『続紀』天平宝字八年七月辛丑条

授刀少志従八位上弓削連浄人賜二姓弓削宿禰一。

《史料21》『続紀』同年九月乙巳条

（前略）弓削宿禰浄人賜二姓弓削御浄朝臣、中臣伊勢連老人中臣伊勢朝臣、大津連大浦大津宿禰、牡鹿連嶋足牡鹿宿禰、坂上忌寸苅田麻呂坂上大忌寸一。

《史料22》『続紀』天平神護元年（七六五）三月甲辰条

備前国藤野郡人正六位下藤野別真人広虫女・右兵衛少尉従六位上藤野別真人清麻呂等三人、賜㆓姓吉備藤野和気真人、藤野郡大領藤野別公子麻呂等十二人吉備藤野別宿禰、近衛従八位下別公薗守等九人吉備石成別宿禰㆒。

《史料23》『続紀』神護景雲元年（七六七）十一月丙寅条

私鋳銭人王清麻呂等卌人賜㆓姓鋳銭部㆒、流㆓出羽国㆒。

《史料24》『続紀』神護景雲二年二月戊寅条

従五位下勲六等漆部直伊波賜㆓姓相模宿禰㆒、為㆓相模国々造㆒。

《史料25》『続紀』同年七月壬午条

武蔵国入間郡人正六位上勲五等物部直広成等六人賜㆓姓入間宿禰㆒。

《史料26》『続紀』神護景雲三年五月壬辰条

詔曰、不破内親王者、先朝有㆑勅、削㆓親王名㆒。（中略）特宥㆓其罪㆒。仍賜㆓厨真人厨女姓名㆒、莫㆑令㆑在㆓京中㆒。（後略）

《史料27》『続紀』同年五月丙申条

県犬養姉女等坐㆓巫蠱㆒配流。詔曰、（中略）犬部姉女乎波内都奴止為弖冠位挙給比根可婆禰改給比治給伎。（後略）

《史料28》『続紀』同年九月己丑条

（前略）復清麻呂等波奉侍留奴止所念天己曽姓毛賜弖治給天之可、今波穢奴止之弖退給尓依奈毛、賜弊利之姓方取弖別部止成給弖、其我名波穢麻呂止給比、法均我名毛広虫売止還給止詔布御命乎、衆諸聞食止宣。（後略）

《史料29》『続紀』宝亀二年（七七一）五月戊子条

外従五位下柴原勝乙妹女・勲十等柴原勝浄足賜㆓姓宿禰㆒、並止㆓其身㆒。

《史料30》『続紀』同年五月戊申条

近衛勲六等薬師寺奴百足賜二姓三嶋部一。

《史料31》『続紀』宝亀十年（七七九）十一月甲申条

勅、中納言従三位物部朝臣宅嗣、宜下改二物部朝臣一賜中石上大朝臣上。

《史料32》『続紀』延暦八年（七八九）十二月壬子条（薨伝中・宝亀年間のこととして）

葬二於大枝山陵一。皇太后姓和氏、諱新笠。（中略）宝亀年中、改レ姓為二高野朝臣一。（後略）

《史料33》『続紀』延暦二年（七八三）四月丙寅条

左京人外従五位下和史国守等卅五人賜二姓朝臣一。

《史料34》『続紀』延暦六年九月丁丑条

先レ是、贈左大臣藤原朝臣種継男湯守有レ過除籍。至レ是、賜二姓井手宿禰一。

《史料35》『続紀』延暦十年正月甲戌条

大秦公忌寸濱刀自女賜二姓賀美能宿禰一。賀美能親王之乳母也。

以上挙げた例や、『書紀』顕宗天皇元年四月条（第二章史料13、92頁）において前播磨国司来目部小楯が山部連を賜氏姓された例などの他、一時的な恩寵を蒙り改賜氏姓されたが本氏姓に復した例や、罪人の復氏姓などがあるが、煩瑣を避けて例示しなかった。また、『書紀』の史料7・8の例、加えるに第二章で検討した猨女君氏や山部連氏のような『記紀』に見られる個別の氏族の祖先譚、つまり氏族の賜氏姓事績が記された氏族説話は、記事の正確さの問題があることや、功業に基づく下賜型の賜氏姓と名称付与にかかわる特殊賜氏姓のいずれかなので、除外して考察を進めたい。

三　改賜氏姓の時期的変遷

(1) 天武天皇代の改賜氏姓

改賜氏姓記事が頻出するようになってくるのは『書紀』の終盤、天武天皇代からである。そこで、以下、当該期に改賜氏姓を頻繁に行った理由と意義を考察していく。

天武天皇代において賜氏姓記事が急増するが、同日の一件において何氏もが同時に行われることが多いという特徴がある。それらを二分すると、天武九年から十三年に渉って見られる連を賜姓した時期（以下、「連賜姓期」とする）、十三年から十四年にかけての八色の姓制定による賜氏姓に分けられる。まず、天武天皇代前期の「連賜姓期」について見ていくことにする。

(i)**「連賜姓期」（天武九年～十三年）**この時期の連賜姓は「下賜型改賜氏姓」の例に当てはまると言えるが、天皇側から見た場合に改賜氏姓が氏族政策として有効な一つの手段であった。ここで「連賜姓期」の始まりを告げる記事をいくつか引用してみる。

《史料36》『書紀』天武天皇九年（六八〇）正月甲申条

是日、忌部首首、賜レ姓曰レ連。則与二弟色弗一共悦拝。

《史料37》『書紀』天武天皇十年正月丁丑条

是日、親王・諸王、引二入内安殿一。諸臣皆侍二于外安殿一。共置酒以賜レ楽。則大山上草香部吉士大形、授二小錦下位一。仍賜レ姓曰二難波連一。

《史料38》『書紀』天武天皇十一年五月甲辰条・己未条

甲辰、倭漢直等、賜レ姓曰レ連。
己未、倭漢直等男女、悉参赴之、悦レ賜レ姓而拝朝。

この三つの記事を見ると、天武天皇前半期の当時は賜氏姓が氏族政策として有効であったことが窺えよう。すなわち、史料36には賜姓された忌部首首・色弗の兄弟が喜んで拝謁したとあることから、首から連への改姓にこの兄弟を喜ばせるだけの意義があったということが分かる。史料37は、酒宴の席において、位階とともに氏姓を賜ったというものである。氏名は部称から地名へ、姓は吉士から連へと改賜氏姓されたが、現実的かつ具体的な身分秩序である位の昇叙と連動していることに改賜氏姓の意義が見出せるであろう。

史料36について、該当の記事や「色弗」の古典文学大系（岩波書店・以下同）の頭註には、この賜姓を壬申の年の功によると想定しているが、大宝元年（七〇一）六月癸卯条において壬申の年の功により従四位上を追贈されているので、首肯すべきだろう。また、史料37の記事の頭註には「三月帝紀および上古諸事の記定に参加。」としているように何らかの功績を窺わせる。

しかしながら、これらの改賜氏姓が高級官僚化を意図したと解説することには従いかねる。以下、この時期の「連」について述べる主な説を顧みてみよう。

まず、阿部武彦[19]は伴造の官僚化に見あうように、官僚に相応しい連を賜ったとしている。

次いで、熊谷公男[20]は「連賜姓期」の連に関して、「一斉連姓賜与で従来とは性格の異なる連姓が大量に賜与されはじめ、それが結果的に「八色の姓」の第七位の連として定着した、と理解しておくのが穏当であろう。」と述べている。「連」を阿部は高く、熊谷は別物と見なしているが、阿部説の蓋然性は高いと言える。恩典としての賜姓と見なせば、「臣」と双璧をなす本来の地位が高い「連」を賜ったと考えるのが穏当である。

事実、その根拠として「当年之労」、具体的には壬申の乱時や律令整備に携わった人々の功により賜氏姓に与る場合があったということは、物部雄君連の死後、氏上を賜った例や大三輪真上田子人君への諡などの例から史実として認められよう。

この時期の改賜氏姓の多くが下賜型改賜氏姓と考えられる所以は、先にも触れた天武元年（六七二）に起きた壬申の乱との関係が大であろう。それにより、天智九年の庚午年籍による定氏姓は、皇位争奪の内乱である壬申の乱を経てすでに定氏姓された氏族を巻き込んだものであることから、勝者側で功を挙げた者と敗者側の者とで氏姓と出自との関係が混乱をきたしてきたと考えられる。そして、勝者側である天武天皇がその功臣を優遇した政策をするのは当然だろう。その一つの表れが改賜氏姓であり、「連賜姓期」がその発現であるのである。基本的に氏名は変わらず、姓のみの改賜姓が行われたのは、壬申の功臣の多くに新たな氏名を賜うことによって名称上の混乱を招くような事態を避けるためと考えられる。

これに関して、本位田菊士[21]は改姓を貴族としての再生という視点から論じた。要約すると、壬申の乱により大友皇子方の蘇我赤兄・果安とその子孫は流罪等に処せられて断絶し、直接処罰の対象とならなかったムラシ（連・弁羅志）の系統のみが残った。しかし、日向と連とを同一人物と見れば、鸕野皇后の怨恨と連の子である安麻呂自らが蘇我氏の存在をも抹消することへの懸念・躊躇というジレンマがあったと想定する。結局は安麻呂の小功と功罪を相殺して、安麻呂とその系統に新しい姓（ウヂナ）石川が授けられ、日向の歴史的位置付けを削ってムラシなる別個の人物に摺り替える工作が行われたと推測している。同一人物説の当否はともかくとして、人物関係から捉え直すと、蘇我安麻呂は天智天皇が薨ずる直前に呼び出された大海人皇子（天武）に注意を喚起した功がある。また、持統の母は蘇我倉山田石川麻呂である。赤兄の甥にあたる安麻呂の系統が石川朝臣氏として再スタートすることになる、壬申の乱がその改賜氏姓の契機となったと見なせる例証の一つとなろう。

氏族の動向という点から考えてみても、「連賜姓期」の改賜氏姓が官僚化を図っていたとは見なしがたい。

その理由は、当該期に賜氏姓された氏族が以後官僚としてスタートを切っていると評価できないことが一点。官僚化というのが六位以下クラスの実務官人を想定しているのならば別であるが、忌部連（史料36）も難波連（史料37）もその後において高級官僚を輩出する氏族とは言い難いからである。

また、意図が官僚化にあるのならば、これらの連賜姓氏族が八色の姓制定時においても当然その賜姓に与り、政権に関与しやすい上位の姓を与えられたはずである。しかし、「連賜姓期」に賜姓された六十五氏・68例のうちで、八色の姓により再び賜姓されたのはわずかに十一氏・11例（16％。倭直氏は、2例から連となったが、その後は1例からの忌寸賜姓と数えた）にすぎない。その内訳を見ると、宿禰が3例、忌寸が8例となっており、真人・朝臣ではない比較的低位の賜姓にとどまっていたことが二点目。結果として、「連賜姓期」に賜姓された氏々は、その後も各氏の分相応な官職に就いていたものと見なされるので、官僚化のための賜氏姓とは決して考えられないのである。

このような理由から、「連賜姓期」の改賜氏姓が官僚化のためとする説には従いかねるのであり、このときの連を「下賜型改賜氏姓」によるものと見なす立場から、従来の臣・連と併称される、高い地位に位置付けられる「連」とほぼ同じ意義のものを賜与していたものと解したい。

もっとも、「連賜姓期」のその後の記事は、氏単位の賜氏姓であり、このことは八色の姓の七番目の等級である連と相関しているとも考えられなくもない。だが、この時期の改賜氏姓の多くは下賜型改賜姓であると考えられ、改賜氏姓されること自体が重要であった。改賜氏姓された氏族の中でも、外位と同様に族姓が考慮されているために、ある一氏族が目立って優遇されてくることがないのである。

そして、「連賜姓期」に賜姓した連が八色の姓におけるそれと考えられない理由は、次の二点である。八色の姓制定後に見える改賜氏姓において宿禰・忌寸への賜氏姓が見られることが二度手間となってしまい不自然なこと、氏姓制が機能していた時期に大量の氏に賜氏姓することは、並立する位階制などの混乱をも招くおそれも考えられること、などである。そのため、下賜型改賜氏姓という恩典であっても、氏族の位置付けや動向に大きな影響を与えない、氏族にとって有効度の低い事例であったと結論付けることができる。

それでは、なぜ「連賜姓期」のような連のみが一時に大量に賜姓されることがあったのであろうか。憶測にすぎないのだが、天武天皇は功賞として賜氏姓する場合に、賜う姓を連と設定していたと考えることはできないだろうか。ある程度恩典として「連」を賜うことが決められていたために、「連賜姓期」後期の賜氏姓は、若干氏々に対する賜氏姓としては機械的な感もするので、完全に下賜型改賜姓の事例とすることは少しためらわれる。これには、天武十年四月庚戌条・十二年九月丁未条・同年十月己未条・十三年正月庚子条という同時期に、功臣ではない氏族の再選抜や、混乱しかけた族姓改革の例も含まれているからであろう。

ところで、壬申の乱に参加した人物の中には、功臣であっても功の大小や族姓が考慮されることによって改賜氏姓に与らない氏族も多数あったのではなかろうか。なぜなら、この時期の外位制が族姓の低い者に対して与えられるものか死後の追贈のどちらかであるからである。外位が族姓の低い者や死後の追贈として与えられた要因として、族姓の高い豪族層の反対にあい、天武もこれに遠慮したという見解があるが、充分頷首できるものである(22)。同じように、多少なりとも天武には葛藤があり、それは外位制のみならず改賜氏姓やその他の政策にも見出すことができる。天武によるこの時期の政策は専制と旧豪族や新たな功臣との調和に向けた政治志向と言える。氏姓制の面からは、混乱しかけた氏姓の安定と中級以上の豪貴族層の再選抜を試みる前提として連を賜姓する「連賜姓期」があった。ゆえに、この政策は八色の姓制定に先行することになるのである。

(ⅱ)「八色の姓」の賜姓（天武十三年～十四年）

次に、八色の姓の制定に際しての賜姓について考察してみる。

まず、第三章で概要を述べた八色の姓制定（天武天皇十三年十月己卯朔条、第三章史料5、126頁）が主な施策となる。八色の姓により同日最初に改姓が行われたのは真人姓で十三氏に上る。翌天武十三年十一月戊申朔条で朝臣、十二月己卯条で宿禰、次いで十四年六月甲午条で忌寸がそれぞれ改姓されている。以上のように、貴姓の順に賜姓していることが分かる。これら各氏の出自が『記紀』に記載されているかを記したのが表7である。

貴姓の順に賜姓されたという認識は『古語拾遺』にも窺える。

《史料39》『古語拾遺』

至二于浄御原朝一、改二天下万姓一、而分為二八等一。唯序二当年之労一、不レ本二天降之績一。其二曰朝臣。以賜二中臣氏一、命二以大刀一。其三曰宿禰。以賜二斎部氏一。命二以小刀一。其四曰忌寸。以為二秦・漢二氏及百済文氏等之姓一。

ここで、先学が捉える八色の姓の評価に対して疑問点を挙げてみる。

一点目は、皇親の政治的な地位向上による天皇の絶対性が強化したという論点である。天武天皇代の政治的動向としては承認されなくもないが、真人を賜姓された氏族が皇親として優勢になったとは見なし難い。八色の姓では、朝臣姓氏族の有力化には際立ったものがある。一方、真人姓氏族の内訳は、表7に示したように、『記紀』に出自を明示しなければならないという、現実的に有勢ではない氏族を含む性格と、出自に曖昧な部分を残すという弱点とを露呈しているとも考えられる。『姓氏録』に出自不明とされるのは、朝臣姓では綾君・坂本君の二氏（4％）であるのに対し、真人姓にも高橋公・茨城公の二氏（15％）が出自不明とされることも、強引な賜姓を行った痕で

表7　八色の姓における賜姓

新姓	改姓件数	記紀両書に記載			古事記のみに記載			日本書紀のみに記載			記紀両書に記載されず		
		氏族名	件数	%	氏族名	件数	%	氏族名	件数	%	氏族名	件数	%
真人	十三氏	三国公・坂田公・酒人公・猪名公・丹比公	五氏	約39%	当麻公	一氏	約8%	山道公・息長公・羽田公	三氏	約22%	路公・守山公・高橋公・茨城公	四氏	31%
朝臣	五十二氏	大春日臣・大宅臣・阿倍臣・膳臣・平群臣・上毛野君・下毛野君・犬上君・大三輪君・鴨君・胸方君・物部連・穂積臣・中臣連	十四氏	27%	阿閉臣	一氏	約2%	粟田臣・小野臣・櫟井臣・柿元臣・巨勢臣・紀臣・波多臣・石川臣・桜井臣・田中臣・小墾田臣・岸田臣・高向臣・星川臣・林臣・波彌臣・坂本臣・采女臣	十八氏	約35%	伊賀臣・池田臣・佐味臣・玉手臣・笠臣・大野臣・道守臣など	十九氏	36%
宿禰	五十氏	大伴氏・尾張連・阿曇連・玉祖連・忌部連・三宅連	六氏	12%	猪使連・土師連・山部連	三氏	6%	茨田連・小子部連・若湯人連・忍壁連・境部連・桜井田部連	六氏	12%	倉連・掃部連・津守連など	三十五氏	70%
忌寸	十一氏	山背連・凡川内連・大倭連・難波連	四氏	36%	秦連・書連	二氏	19%		○氏	0%	葛城連・紀酒人連・大隅直・倭漢直・河内漢連	五氏	45%

はないかと思われる。

二点目として、姓がただ身分の高低を示すものへと変改したと考える説である。しかし、すべての氏に八色の姓に該当する姓を与えてはいないことからこの説には首肯できず、記事を短絡的に実態に当てはめている見方と言えるのではなかろうか。奈良時代にもある程度の賜氏姓の機能が残存していたことは明らかであり（後述）、実際に朝臣姓氏族と宿禰姓氏族との比較から、上位にある朝臣姓氏族の優位が確かめられている[23]。つまり、八色の姓は単なる地位の高低を示すだけにとどまらず、氏姓制としての有効な氏族政策であったと言いうる。

また、北村文治[24]は、『記紀』に見える姓史料は天武の史局による追記と考えた。そして、「連賜姓期」における史料36（181頁）を新たな性格の連が考案され賜姓された最初のものとし、八色の姓については「制度」的改革を意味せず、実際に公・君・臣・連・直の五姓という特定の氏族の族姓を改めたものとした。よって、北村は氏族に対する「政策」・「対策」という点から、武天皇代こそが氏姓制の全体の対策が可能になった時代と評価し八色の姓をその根拠とした。しかし、「連」の記載などは、氏々の伝承からも採択されているものと考えられるのであって、『記紀』編纂当時の勢力と姓の高低への影響の見られない氏族もあるので、天武天皇代にすべてが実施されうるものとは解し難い。

つまり、八色の姓について、制定後における賜姓の手順や史料39から判断すると、貴姓である真人・朝臣を賜姓された氏は、高い確率でその出自を明らかにされている。この点は評価すべきだろう。そして、上田正昭[25]が「古事記分註に系譜を語る多くの氏族が壬申の乱後有力化する点に先づ着目しなければならない。記中に二度以上も出自を語る尾張連・阪（坂）本臣・丸邇臣等がいずれも壬申の乱の功臣である等の例はその代表的なものとする事が出来る。」と述べている。表7の出自の明示率からも、壬申の乱すなわち天武天皇代の政治動向は『記紀』に見える氏族説話への影響力の大きさに比例していることが知られよう。時代は下るが、史料17（178頁）の例も壬申の乱と改賜氏姓との関連の高さを示唆するものである。

しかし、そうした傾向の中であっても、一方では従来の血統が重んじられたのである。この点は壬申の乱における功臣の昇叙の仕方や、当該期の外位制度に氏族による差異があったことなどからも諒解されよう。『記紀』の説話に、名負氏に体現される王権との関係に仕奉関係による事情が考慮され、賜氏姓や氏族説話に表れていったものと評価できる。それは、溝口睦子[26]が言うように、古代氏族系譜（図）の古さを考える上で重要なキーワードとする「供奉・奉仕」といった、王権と氏族との政治的位置を語る系譜内での事績も、同様なものと考えられよう。

以上のように、八色の姓の歴史的意義を改めて指摘するならば、前川明久[27]が言うところの、新たな姓を賜与して改めて貴族層の把握をした、という考え方が私見に近いと言える。すなわち、竹内理三[28]も言うとおり、二義的なものとした氏族制（氏姓制であろう）の再確認統制といった点に重点がおかれたものと考えられる。「連賜姓期」における下賜型改賜姓によって賜姓された「連」も含めた再編、すなわち、八色の姓は従来の姓「連」も含め新たな姓の制定と再編と言えよう。翻って、「連」の賜与によって姓の価値基準の混乱が想定される。そのことが天武をして再び八色の姓により姓の秩序化を図らせたと思われるのである。

ただし、道師より下位の賜姓記事が見られないことについては、低い姓を与えられて喜ぶ氏族はいないであろうから、下位姓に該当する氏族に及ぶほど全体的には実施されなかったと考えられる[29]。酒井紀子[30]の研究によって知られるように、八色の姓以外の姓にもある程度の序列があったことは、旧来の姓と八色の姓とが文字どおり「万姓をまろかす」（第三章史料5、126頁）状態となったことを示す。先述したように、この状態を氏姓の統制という政策的観点から、天武の「再定姓」として評価するのである。叙位ほど多くない「連賜姓期」の下賜型改賜姓や一部の功臣への賜氏姓は、天武の政策志向を示していると言える。これにより、八色の姓の一部やその他の賜姓が下賜型改賜氏姓ではないかと考えられるのも、天武が改賜氏姓を有効な手段と見なしていたと推測させるのに十分である。

以上によって、八色の姓による改賜氏姓は特殊改賜氏姓の一種であると結論付けられる。

(2) 律令制下の改賜氏姓

はじめに、重要な史料を提示しよう。

《史料40》『続紀』神亀元年（七二四）二月甲午条

（前略）又官々仕奉韓人部一・二人尓、其負而可㆓仕奉㆒姓名賜。（後略）

この記事は、村尾次郎(31)や平野邦雄(32)などの諸先学が帰化渡来人への賜氏姓の画期を見せはじめる要因となった法令として重要視しているが、この点についての異論は無い。その結果、新来の帰化渡来系氏族は氏姓制に新たなる混乱を招いた。つまり、旧来の氏族層に多くの新しい氏族が加わることによって氏姓制の機能が低下しはじめたのである。その直接的影響が想定される賜氏姓記事を例示してみる。

《史料41》『続紀』神亀元年五月辛未条

従五位上薩妙観賜㆓姓河上忌寸、従七位下王吉勝新城連、正八位上高正勝三笠連、従八位上高益信男捄連、従五位上吉宜・従五位下吉智首並吉田連、従五位下鯀兄麻呂羽林連、正六位下賈受君神前連、正六位下楽浪河内高丘連、正七位上四比忠勇椎野連、正七位上荊軌武香山連、従六位上金宅良・金元吉並国看連、正七位下高昌武殖槻連、従七位上王多宝蓋山連、勲十二等高禄徳清原連、無位狛祁乎理和久古衆連、従五位下呉粛胡明御立連、正六位上物部用善物部射園連、正六位上久米奈保麻呂久米連、正六位下賓難大足長丘連、正六位下胛巨茂城上連、従六位下谷那庚受難波連、正八位上答本陽春麻田連㆒。

《史料42》『続紀』神亀二年正月庚午条

大初位下漢人法麻呂賜㆓姓中臣志斐連㆒。

《史料43》『続紀』同年六月丁巳条

和徳史龍麻呂等卅八人、賜㆓姓大県史㆒。

《史料44》『続紀』同年七月丙戌条

河内国丹比郡人正八位下川原椋人子虫等卌六人、賜㆓河原史姓㆒。

まず、史料41に見える物部・久米は無姓であるので、その出自の低さを指摘しうる程度である。その他の例は、いずれも帰化渡来人や帰化渡来系氏族に対する賜氏姓である。史料42の中臣志斐連については、大塚徳郎[33]も帰化渡来人系としている。漢人と記されていることからも帰化渡来系の人であることは明らかであるが、この記事より以前に中臣氏と擬制的同族関係を結んだことによる賜氏姓と見られる。

史料40の神亀元年から史料44までの一年余りの間ではあるが、これだけの例を見るに至っている。しかし、八色の姓の中で帰化渡来系氏族に与えられる貴姓は忌寸だが、それへの改賜姓はわずかに河上氏のみであり、他例はすでに低級と化した連や、八色の姓以外の史を賜姓される例ばかりである点は注意を要する。よって、帰化渡来系氏族に対しては、いまだこの時期まで貴姓に与りにくいという氏姓制の制約が、賜姓される姓の種類という面に働いていたものと考えられる。

このことから、帰化渡来系氏族がたやすく旧来の氏族と同等の氏姓を称することが困難であったことが窺われるが、逆に日本の氏姓制の中に徐々に溶け込んでいく状況もまた看取できる。

一方で、帰化渡来人への改賜氏姓の以前に、改賜氏姓が氏姓制の変容を示している記事も散見する。史料45以下に聖武の前代元正天皇代の養老年間における記事を例示してみる。

《史料45》『続紀』養老元年（七一七）八月庚午条

正三位安倍朝臣宿奈麻呂言、正七位上他田臣万呂、本系同族、実非二異姓一。追二尋親道一、理須二改正一。請、賜二安倍他田朝臣姓一。許レ之。

《史料46》『続紀』同年九月癸卯条

従五位上臺忌寸少麻呂言、因レ居命レ氏、従来恒例。是以、河内忌寸因レ邑被レ氏。其類不レ一。請、少麻呂率二諸子弟一、改二換臺氏一、蒙二賜岡本姓一。許レ之。

《史料47》『続紀』養老三年五月癸卯条

無位紀臣龍麻呂等十八人・従七位上巨勢斐太臣大男等二人・従八位上中臣習宜連笠麻呂等四人・従六位上中臣熊凝連古麻呂等七人・従八位下榎井連挊麻呂、並賜二朝臣姓一。大初位下若湯坐連家主・正八位下阿刀連人足等三人、並賜二宿禰姓一。无位文部此人等二人賜二文忌寸姓一。従五位下板持史内麻呂等十九人賜二連姓一。

《史料48》『続紀』同年閏七月甲申条

賜二無位紀臣広前朝臣姓一。

史料45では、安倍宿奈麻呂が他田万呂を同族であると認め、「安倍他田」という複式氏名氏族となった。このことは氏上の権能によるものであるが、複式氏名による新氏族の成立について、その主体が安倍宿奈麻呂と他田万呂ら氏族側であることが留意される。なぜなら、「連賜姓期」に見られるような下賜型改賜氏姓や八色の姓のような特殊改賜氏姓においては改賜氏姓の主体は天皇側にあったが、これらの史料ではその主体が氏族側に移りつつあると言えるからである。後者の場合、改賜氏姓の主体が氏族側にあり、天皇は承認するという行為をほとんど機械的に行っていたものと考えられる。ただし、許可・不許可をとおして天皇は改賜氏姓を管掌していると言える。

また、史料41の「狛祁乎理和久」が賜った「古衆連」や47・48に見える「紀臣」・「文部」などの無位の人に対する改賜氏姓については、位階制とあまり密接にかかわりのない下級氏族や、傍系に位置する氏人などに対する認可型改賜氏姓であると考えられる。とくに、史料47のように多数の氏人が改賜氏姓されることは、氏姓制における姓の序列や氏内の階層性の表示機能が形骸化していることを意味していると思われる。

姓による序列が形骸化していることを最も端的に示しているのが史料48である。これは、無位の臣姓からの朝臣賜姓であるから、位階の高低とは別の論理が働いていることは明らかである。朝臣賜姓の事由は功によるものか、本宗氏に近い同族であると認められたためか、あるいは単に賜姓基準の崩れを示しているのかは史料に残らなかったために不詳である。

最後に史料46について、認可型改賜氏姓の一例と言えるが、この例は姓ではなく氏名の改氏を許可したものである。この事例も完全に賜氏姓の主体が氏側にあり、単に請願しているだけで申請の根拠も薄弱である。つまり、氏姓制の二つの構成要素の内の一つである氏名が持っていた意義の減退を意味する一例であると言えよう。

天武・持統天皇代においては、下賜型改賜姓と特殊改賜氏姓しか見られなかったが、文武天皇代頃から認可型改賜氏姓の例が見られるようになる。このことも、改賜氏姓自体が持つ意義の変質を見出せよう。このように、聖武天皇代までにおいて名負の表象としての氏姓の意義の減退が見られるということは、聖武天皇代において史料40のごとき氏姓の表示機能を揺るがせる背景がすでに現出していたからと言えよう。

しかし、ここで「意義の減退」と述べたが、氏姓制の枠組みの中で、中・上級氏族においてはそれ以前にも氏族政策の乱れは見られはじめていた。そのことは、高島正人の論説にその一例が指摘されている。[34]高島は慶雲二年（七〇五）の大伴宿禰安麻呂の大納言昇進を、宿禰からは登用しないという原則が破綻したものと見なしている。それ以前には宿禰姓氏族は議政官の上位（大納言以上）に到達できず、議政官への任命が氏姓制と連動していたのである。同じく高島は、この慶雲五年には「議政官構成が、皇族の非補任、納言官以上への宿禰姓者以下の卑姓者不補任の原則をなお貫徹していたことを知るのである。」と述べる。先に見たように、認可型改賜氏姓の見えはじめる時期もまた慶雲年間であることから、議政官構成の変動時期と同時期であることが注意される。ただし、このことが氏姓制の全面的な崩壊を意味しないことは、上位氏族と下位氏族の差・傍系氏族の差というものが歴然と残って氏姓の階層性と連動していたことから諒解されよう。

文武天皇代に崩れはじめた議政官構成は、その後も藤原氏の多数化などにより寡占化しつつあったが、この時期には各氏ごとではなく、律令制官人として位階を中心にして格差を付ける方向へと進んでいたと言える。例えば、神亀五年（七二八）格による外位制は氏姓制との関連が考えられているが、天武天皇代の外位制とはまったく別の制度として成立したものと考えられる。

野村忠夫や大町健は、「内階コースの氏」、「外階コースの氏」、「両方の見られる氏」などと、それぞれ真人・朝臣・宿禰・忌寸といった姓との相関関係を指摘している。しかし、外位制が氏族に対応していないことは、叙位と改賜氏姓とが連動しない点や、請願により内位を賜る事例が存在することから見て明らかである。神亀五年の外位は氏姓制とは本来無関係であり、経済的側面が重視された制度である。[35]姓との関連を説くのは、外位にほぼ対応する外官に就任する氏族が比較的卑姓であるから導かれる結果論である。

その後、氏姓制がさらに混乱をきたすと受け取れる法令が出された。前掲史料1（176頁）の天平十七年五月己未条における西海道諸国の無姓人らに願いどおりの氏姓を賜った例や、加えて、史料3（176頁）の天平宝字元年四月辛巳条における帰化渡来系氏族への志願したとおりの氏姓を賜った例である。

この二つの法令は、ともに帰化渡来系氏族に無制限の賜氏姓が認められたと考えられる記事である。史料1については帰化渡来系氏族の他にも、戸籍に登載漏れしている氏人や低級の姓を有する氏族が无姓と偽って賜氏姓を受けた可能性も考えられなくもないが、いずれにしても聖武天皇代における氏姓制の混乱を示す改賜氏姓に関する法令である。史料3に関しては、平野邦雄は史料40の法令に続く改賜氏姓に漏れた帰化渡来人と、とくに農民に重点をおいてのものとされる。平野や村尾次郎は、この法令の直接的影響を天平宝字五年（七六一）三月庚子条に見られる、朝鮮三国からの帰化渡来系氏族への大量賜氏姓に表れているとしている。史料は長文なので割愛するが、この点については基本的に賛同する。

ただし、村尾はその賜氏姓例から、今や完全に異族的な要素が氏姓から除去されたとまで評価しているが、このことには従いかねる。なぜなら、賜氏姓された姓を見ると、連・造が大半（一例は公）という低級の姓を宛てがわれて氏姓制へと組み込まれており、実際に願いどおりの姓が与えられたとは考えにくいからである。氏名においても百済公以外は清海や楊津・朝日・御坂など、具体的な名負を示すものではなく佳字を用いている例が多い。氏姓制の包含する層を確実に広げた特殊改賜氏姓ではあるけれども、その実は、有効ではない認可型改賜姓であったと言うことができる。そこでは、帰化渡来系氏族と日本氏族との同化が考えられているが、天平宝字五年の改賜氏姓には若干の差別のある待遇が見られる。次の二つの史料は、この問題に関して示唆的である。

《史料49》『続紀』天平勝宝二年（七五〇）正月丙辰条

従四位上肖奈王福信等六人賜二高麗朝臣姓一。

《史料50》『続紀』天平宝字二年（七五八）四月己巳条

内薬司佑兼出雲国員外掾正六位上難波薬師奈良等一十一人言、奈良等遠祖徳来、本高麗人、帰二百済国一。昔泊瀬朝倉朝廷詔二百済国一、訪二求才人一。爰以、徳来貢二進聖朝一。徳来五世孫恵日、小治田朝廷御代、被レ遣二大唐一、学二得医術一。因号二薬師一、遂以為レ姓。今愚闇子孫、不レ論二男女一、共蒙二薬師之姓一。窃恐二名実錯乱一。伏願、改二薬師字一、蒙二難波連一。許レ之。

これらの記事を見れば、天平宝字五年の賜氏姓以前において前者では「朝臣」という貴姓を、後者では「難波」という、一見すると日本在来の氏族のような氏名を賜っている。しかし、この両記事の事例は、天平宝字五年までの間に賜氏姓された記事に見える他の帰化渡来系氏族とは格の違いがあることが認められよう。その理由として、高麗朝臣・難波連とも帰化渡来系氏族として朝廷に奉仕してきた実績を持つ氏族であるからと考えられる。同年間に賜氏姓された氏族は、おそらく新来の帰化渡来系氏族であったと見られる。とりわけ前述の天平宝字五年三月庚子条で賜氏姓されたのは帰化渡来人の一世であり、奉仕実績が比較的低い人々である。ここに史料49・50の事例との間に差等を見い出すべきである。

とはいえ、この両記事に見えるように、帰化渡来系氏族にも完全な同化を認めうる素地がこの聖武天皇代頃には確定したことは言ってよいかと思われる。聖武天皇代の神亀年間に渡来系氏族への賜姓件数が増加し、天平宝字年間に至ってさらに急増しているのである。結論は後述するとして、次にもう一つ改賜氏姓から窺える氏姓制が混乱していった要因を示す実例を挙げよう。

《史料51》『続紀』天平十一年（七三九）四月甲子条

詔曰、省二従四位上高安王等去年十月廿九日表一、具知二意趣一。王等謙沖之情、深懐レ辞レ族、忠誠之至、厚存二

懇懃一。顧二思所一レ執、志不レ可レ奪。今依レ所レ請、賜二大原真人之姓一。子子相承、歴二万代一而無レ絶、孫々永継、冠二千秋一以不レ窮。

《史料52》『続紀』天平勝宝三年（七五一）正月辛亥条

賜二正五位下大井王奈良真人姓。无位垂水王・男三室王・甥三影王・日根王・名辺王、无位盧原王・男安曇王・三笠王・対馬王・物部王・牧野王・孫奈羅王・小倉王、无位猪名部王・男大湯坐王・堤王・菟原王・三上王・野原王・礪波王等三嶋真人。无位御船王淡海真人。无位等美王内真人。无位土生王・岡屋王美和真人。无位清水王・男三狩王海上真人。田部王春日真人。文成王甘南備真人。平群王・常陸王志紀真人。

史料51は、王の臣籍降下が活発化する嚆矢と言えるものである。それ以前にも種々の真人姓氏族や橘宿禰というような臣籍降下の氏族が見られたが、この史料51を契機にして、史料52のような大量の臣籍降下や、その後も甘南備真人・丘基真人・文室真人・豊野真人などのように多くの王が臣籍降下して、新たな氏が生まれていくのである。少し意味あいが異なるが、以下の史料も後述する氏姓制の混乱化と関連する。

《史料53》『続紀』天平勝宝八歳（七五六）十二月乙未条

先レ是、有二恩勅一、収二集京中孤児一、而給二衣糧一養レ之。至レ是、男九人・女一人成レ人。因賜二葛木連姓一、編二附紫微少忠従五位上葛木連戸主之戸一、以成二親子之道一矣。

右の史料は、元来無姓であった孤児にさえ連姓を賜いうる状況を示している。このように、氏姓の表示機能が混然となった状況下では、改賜氏姓はほとんど意義を有さなくなったと捉えられ、氏姓が現代の苗字のように単なる表象を示すにすぎないものに近似しつつあったと言えるのである。

先述のように、文武天皇代頃より認可型改賜氏姓が行われはじめ、氏族政策における改賜氏姓の有効性が低下し、それと比例して氏姓制の枠組みが揺らいでいった。

史料40~50に見られるような下級氏族や帰化渡来系氏族への多くの賜氏姓例が物語るように、前代までの「名負氏名+それに関連する姓」という表象機能を有して氏姓制を成り立たせていた氏姓が、本来表象していた内実とはまるで関係のない改賜氏姓が増加するに及んで、その名称自体が意味をなさなくなってしまったのである。それとともに、史料51・52のような王籍からの臣籍降下の増加や史料53のような無姓民にさえ連を賜うような状況は、完全にではないにせよ、氏姓制によって「氏」を表し、その性格を規定しえないほどの氏族数の増加や、本宗氏と傍系氏族との関係の複雑さなどが絡みあい、単なる氏と同族の氏人を表示する程度の表示機能へと変質してしまったことを窺わせるのである。

それでは、前代までの地位の高下を表す表象機能はどこへ行ったのだろうか。それまで氏姓制と並立的に表象機能を果たしていた位階制と職制が、官人個人の表示機能として中心的な役割を担うようになったと考えられる。『令集解』官位令には「(前略)凡臣事レ君、尽レ忠積レ功。然後得二爵位一。得二爵位一然後受レ官。々有二高下一、位有二貴賤一。准二量爵位之貴賤一、補二任官職之高下一。故曰二官位一。(後略)」とあり、法理念においては氏姓の本来の意義であった奉仕の観念すらも位階と職を中心に移行してしまったことが分かるのである。

要するに、議政官の構成員や、外位制と卑姓との対応などに見られる貴姓と卑姓との差別的待遇などに関しても、わずかに一部の中・上級氏族に限定して見られた問題であった。上級氏族は蔭位の制により世襲的に高位を獲得したのに対して、それ以下の下級氏族が氏姓制の枠組みに相応するかどうかを問題としなくなったために、氏姓が混乱し、代わって位階制の有効化が前面に押し出してきたと解しうるのである。

ここで、第三節で述べたことをまとめておきたい。

本節では、賜氏姓・改賜氏姓が国家側の氏姓制に関する氏族政策の意義を考察した。

第一に、改賜氏姓の内容により類型化した。

第二に、表6（136～137頁）に示したように、壬申の乱による政界の変動が氏姓制にまで及び、「連賜姓期」と八色の姓とによる下賜型と特殊改賜氏姓の流れが生じたのは、氏姓の混乱を受けて上位氏族に限り再選抜・再定姓した結果であると考えた。また、このときの賜氏姓は賜氏姓自体が栄誉であるので氏族にとって実勢力に顕示するような効力は無いものと考えた。

しかしながら、賜氏姓・改賜氏姓を氏族政策に利用した天武天皇代より以後、氏姓制は変質へと向かう。朝廷は律令制を漸次導入し、氏族に関しても位階と職による統制を強めた。このことは氏姓制の意義が減退する一要因となった。

第三に、氏姓制の混乱の理由を帰化渡来系氏族への賜氏姓や王の臣籍降下などから導き出した。その結果、聖武天皇代に至って賜氏姓の例もおおよそが有効ではない認可型改賜氏姓になってきていることが分かった。他方、下賜型改賜姓の例においては氏族の動向に影響がある＝有効化してくることを看取した。なお、個別氏族の事例につ

表8　改賜氏姓の流れ

時期／型	天武天皇代 氏族政策	文武～聖武天皇代 氏側より	光仁・桓武天皇代 氏側より
下賜型改賜氏姓	無効力	有効化	有　効
認可型改賜氏姓	未　見	殆ど無効力	殆ど無効力
特殊改賜氏姓	無効力	無意義	無意義

いては次節において詳述する。

このように、改賜氏姓の事例を追って氏姓制の変質を垣間見た。とりわけ氏姓の混乱が変質の要因であることが浮き彫りになった。

表8にも示したが、この氏姓混乱の流れを摘記すれば、その萌芽はすでに文武天皇代に見られ、聖武天皇代に至りほぼ決定的となり、孝謙・淳仁・称徳・光仁天皇歴代の賜氏姓の多さへと繋がっていく。氏姓制の変質は間違いなく中・下級氏族への氏・姓の濫授の結果であるが、当該期においても同族内での格差は認められる。それは、第四・五節で後述する中臣氏の例や、時代は下る例ではあるが、西野悠紀子[36]が大三輪朝臣氏を例にとり論証しているように、家系（家門）による差が残存していることからも傍証される。

さらに、後々にまで擬制的同祖同族関係氏族と本宗氏との格差も認めうる。このような格差がありながら、同等の賜氏姓を受けるような事例が行われはじめたこと、つまりは本宗氏と傍系氏の姓においての同列化を認めたこと、氏の内部格差を明らかにしうる別の氏族政策を行わなかったということなどが、帰化渡来系氏族への賜氏姓と並んで氏姓制の大きな変質要素であったと考えられる。

このように、奈良時代を通じて氏姓制は表示機能面において大きく変質しはじめたのであった。

四　氏族側から見る改賜氏姓

前節までに、天武から称徳天皇代までを目処に概観した。その結果、氏姓の管理とその出自の理解は天皇により重要視されていたが、実際に改賜氏姓を運用するにつれて氏姓そのものの意義を変質させていったことを見た。その変化の中でも、初期における氏族政策として、また改賜氏姓を請願する氏族側から見ると、氏姓の賜与貶奪権が

表9　中臣連

名	続柄	極官・職（見官・職）	備考
黒田	賀麻大夫子		大連
常磐	黒田子		氏上・大連・連姓
伊礼波	右		
可多能祜	常磐子		氏上・大連
御食子	可多能祜・一	小徳冠（従四位上相当）前事奏官・祭官	氏上・大連。弥気とも
国子	同右・二	小徳冠・前事奏官・祭官	氏上・大連
糠手子	同右・三		大連
鎌足	御食子・一	大織冠・内大臣	藤原姓
久多	同右・弟	小錦上（正五位相当）	
垂目	同右・八	小錦上	
金	糠手子子	大錦上（正四位相当）・右大臣	大友側にて斬殺。後なし。小紫位（従三位相当）
押熊	不詳	小三中（正七位下・従七位上相当）	遣新羅使
勝海	不詳	大夫（議政官構成員カ）	殺害される
鎌子	不詳	大夫	賀麻大夫カ
千徳（得）	不詳	常陸国鹿島郡大領	
爾伎比等	不詳	従八位上	天平10頃
正月	不詳	東国国司	大化頃

（　）内は令制の相当官位を示す

天皇に帰していることにこそ充分な意義を見出せるだろう。

そこで、本節において、改賜氏姓を蒙る氏族側から見た賜氏姓の実効性を考察することにしたい。具体的には、実際に改賜氏姓が氏の側にとってどのような意義があったのかを検討する。ここでは、下賜型改賜氏姓の事例が知られる中臣氏を例にとって見ていくことにする。

(1) 中臣連→中臣朝臣（表9・10）

中臣連は、第三章と本章第三節で検討した八色の姓によって朝臣を賜姓され、その翌年から許米の子大嶋が藤原朝臣として史料に登場してくる。だが、文武二年詔（史料56、206頁）により中臣氏に復した人々は藤原氏とは区別して考えることを前提として考察を進めたい。

まず、連期と朝臣期での位階と官職の比較をしてみることにする。

表10　中臣朝臣

名	続柄	極官・職（見官・職）	備考
許米	金弟		朝臣改賜姓
大嶋	許米子	直大弐（従四位上相当）・祭主・神祇伯・中納言	一時、藤原・葛原姓となる
馬養	大嶋子	従六位上・内舎人	
石根	馬養子	従五位上・伊予介	元慶頃
道成	石根子	正五位下・尾張守	
益継	道成子	従五位下・伊賀守	
逸志	益継子	従四位上・祭主・神祇伯・内蔵頭	後裔は五位～六位層
国足	国子子	大錦上（正四位相当）・前事奏官	祭主・朝臣賜姓
意美麻呂	国足子	正四位上・神祇伯・中納言	一時、藤原・葛原朝臣・和銅四年薨
東人	意美麻呂子	従四位上・神祇伯・刑部卿	後裔は従五～七位層
安比等	同右・弟	正六位上・主船正	後裔は正六位～少初位層
廣見	同右・弟	正五位上・神祇伯・侍従・祭主	天平頃。後裔は正六位～従七位層
長人	同右・弟	正六位上・中務大丞	
毛人	長人子	従五位上・大副・祭主	後裔は正六位層
泰麿	長人弟	正七位上	後裔は従八～無位層
磐城	久多子	従五位下・少副	石木と同一人カ
太理	磐城子	正六位上	
秋野	太理子	正八位上	
嶋麿	垂目子	小山中（正七位下・従七位上相当）	
人足	嶋麿子	従四位上・神祇伯・右中弁・祭主	
益人	人足子	正五位下・神祇大副・祭主	
名代	人足弟	従四位下	
伊賀麿	名代子	従五位下・大隅守（左遷）	
竹成	同右	（散位・従六位上）	奉幣使。宝字頃
松成	同右	（散位・従五位下）	宝亀頃

形見	人足弟	正六位上	
船主	形見子	正六位上	
池守	不詳	（従五位下・尾張介）	宝亀頃。伊勢幣使
大庭	不詳	（従八位下・斎官）	養老頃。津嶋朝臣大庭と同一？
楫取	不詳		出羽柵戸に配される。天平宝字頃
麻呂	不詳	（従五位下）	天平宝字頃
真敷	不詳	（従五位下）	天平頃
家主	不詳	第八代伊勢神宮大宮司	天平頃
（名欠）	不詳	（伊予国守・勲十二等）	大唐使。天平頃
（名欠）	不詳	（正六位上・豊前員外目）	宝亀頃

表9と表10を参照して頂きたい。両表により連から朝臣へと改賜姓された前後の氏族的な展開（位階・職を中心にして）を検討する。

表9によれば、改賜氏姓による中臣氏の有効性を考えると、中臣連の場合は、位階の面で改姓前後で四位から五位程度に昇叙されている点から、それほど変化はないと言えよう。任じられる職の特徴も議政官に昇る人物が散見する点で改賜氏姓前後で変化なしと言える。

少し詳しく見てみよう。まず、中臣連の時期では、「延喜本系解状」[37]に見える御食子・国子が「前事奏官」に任じられている。これは大夫と同格のものと捉えることができるが、一方で「兼祭官」とあるので、後者の祭祀職の方が前者よりもやや軽い扱いとなっている点が参考となる。また、系譜不詳で議論されている勝海・鎌子についても『書紀』には「大夫」と見える。これも加味すると、中臣連は議政官構成氏族として、氏上一人程度を議政官に輩出しうる地位であったと見なせよう。神事に関する職掌は、氏上が兼務するのが原則だが、氏上に次ぐ地位にいた氏人や伴部が実質上請け負っていたと考えられる。

次に、中臣連から中臣朝臣となった時期になると、氏上が議政官構成氏族の一員として一人程度をその構成員に輩出しうる勢力であったと見なしてよい。

位階については、氏上は正四位〜正五位相当へと進階できたものと見られる。その他の氏人については例が少ないので判断しかねる。だが、少なくとも中臣鎌足を輩出するに至り議政官の上位氏族へと変貌しつつあったと思われる。このような上昇傾向も、鎌足薨後の氏上と見られる従兄弟の金が大友皇子の代に右大臣にまで昇るが、壬申の乱において殺害されていることから停滞し、上位氏族としての地位を確立するまでには至らなかったと言うことができる。

(2) 中臣朝臣→藤原朝臣（表11）

表11を参照するまでもないが、藤原朝臣は氏族の展開という面では古代氏族中第一の勢力を誇ったと言えよう。加えて、氏中に多くの「家」（公的な意味でも血縁親族の意味においても）を包含し、後には各々家門を形成して平安貴族層の大部分を占めるに至ることも周知のことだろう。

しかし、本節で対象とするのは改賜氏姓前後にかかわってくる氏人であるので、表11には不比等の孫の代までの主な氏人のみ掲げることにした。

中臣朝臣から藤原朝臣の比較を試みる前に、「藤原朝臣」賜氏姓に関しては大きな問題点が存している。詳論は避けるが、この点から述べてみよう。

先行研究である高橋崇[38]・吉永良治[39]と黛弘道[40]の諸論考をふまえて若干の私見を述べる。そこでまず、下賜型改賜氏

表11　藤原朝臣

名	続柄	極官・職（見官・職）	備考
不比等	鎌足子	正二位・右大臣・贈正一位太政大臣	養老4・8薨
氷上娘	鎌足女	天武夫人	天武11・1薨
五百重娘	同右	天武夫人	
武智麻呂	不比等・一	正一位・左大臣・贈太政大臣	天平9・7薨
豊成	武智麻呂・一	従一位・右大臣	天平神護元・11薨
仲麻呂	同右・二	正一位・大師	恵美押勝。斬首される
乙麻呂	同右・四	従三位・式部卿	勝宝4・6薨
巨勢麻呂	同右	従三位・参議・式部卿	仲麻呂の乱で斬首
貞嗣	同右	従三位・中納言兼宮内卿	弘仁15・1薨
房前	不比等・二	正三位・参議・民部卿・贈正一位	天平9・4薨
鳥養	房前・一	従五位下	
永手	同右・二	正一位・左大臣	宝亀2・2薨
真楯	同右・三	正三位・大納言	八束。天平神護2・3薨
清河	同右・四	従四位下・参議・贈従一品	遣唐大使。唐で薨
魚名	同右・五	正二位・大宰帥・贈左大臣（本官）	延暦2・5薨
宇合	不比等・三	正三位・参議・式部卿兼大宰帥	天平6・9薨
広嗣	宇合・一	従五位下・大宰少弐	反乱す
良継	同右・二	従二位・内大臣・勲二等	宿奈麻呂。宝亀8・9薨
清成	同右・三	無位無官（理由は不明）	宝亀8・9没。62歳
百川	同右・八	従三位・参議・中衛大将兼式部卿・贈正一位太政大臣	雄田麻呂
蔵下麿	同右・九	従三位・参議・大宰帥・勲二等	宝亀5・6薨
麻呂	不比等・四	従三位・参議・兵部卿	天平9・7薨
浜成	麻呂子	従三位・大宰員外帥	濱足。参議。侍従は氷上川継の謀反時に解官
宮子	不比等女	文武夫人・聖武母・正一位	太后太宮
光明子	同右・三	聖武皇・孝謙母	

姓の例として前掲した史料10（177頁）をてがかりに、またその他の関連史料を列挙する。

《史料54》『大織冠伝』（『藤氏家伝』上）

遣二東宮皇太弟一、就二其家一詔曰、（中略）頃聞病重。朕意弥軫。作二汝可レ得之任一。仍授二大織冠一、以任二内大臣一。任姓為二藤原朝臣一。

《史料55》『姓氏録』左京神別上、天神・藤原朝臣条

出レ自二津速魂命三世孫天児屋命一也。廿三世孫内大臣大織冠中臣連鎌子〈古記云鎌足〉、天命開別天皇〈諡天智〉八年、賜二藤原朝臣姓一。男正一位贈太政大臣不比等、天渟中原瀛真人天皇〈諡天武〉十三年、賜二朝臣姓一。

《史料56》『続紀』文武天皇二年（六九八）八月丙午条

詔曰、藤原朝臣所レ賜之姓、宜レ令下其子不比等承上レ之。但意美麻呂等者、縁レ供二神事一、宜レ復二旧姓一焉。

以上の史料からは、史料54の『大織冠伝』で賜ったとされる「藤原朝臣」は後世の追記で、このとき賜ったのは高橋が推測するように称号のようなものであったと考えられる。朝臣姓が成立するのは後の八色の姓制定時であるからである。そして、八色の姓による朝臣賜姓のときには中臣氏として賜姓に与ったと思われるが、その翌年から大嶋が藤原朝臣として史料に登場してくる。黛の指摘のように、神事に仕えるときは中臣朝臣として記されたようで、中臣と藤原の氏名を使い分けている。大嶋は、当時一般的に賜氏姓に与る一族の範囲内（およそ四等親以内）[41]に属していたために、朝臣改賜姓を契機に藤原氏を名乗ることで鎌足の名裔として栄達を図ったものではなかろうか。

史料55からは、藤原氏として朝臣賜姓されたようにも受け取れるが、吉永が「藤原氏賜姓は中臣連氏からの分離独立を意味せず、中臣連氏諸流の中で藤原氏一族が存在するようになった。」という立場をとっているように、八

色の姓の時点では中臣氏の氏上に統率される一同族にすぎないものであっただろう。そこで、大嶋が藤原朝臣を持ち出してくると、長じた不比等とは確執を生じたものと考えられる。なぜならば、藤原という氏名は鎌足の功績に基づいた下賜型改賜氏姓であるからである。成長した不比等は藤原の氏称の独占化を図ったのではなかろうか。そのことは、持統天皇代中頃より大嶋が「中臣・葛原」という氏名でしか記されていないことからも推察される。代わって意美麻呂が、鎌足の女の夫であるという親縁性によって藤原朝臣を名乗りはじめている。

しかし、第三章において触れた持統五年（六九一）八月に藤原氏が墓記を上進するに及んで、藤原という氏名の重要性が再認識される。このような流れの中で、史料56の文武二年詔が下される。ここで、改めて中臣朝臣氏と鎌足の直系としての藤原朝臣氏との区別が明確化されたのである。このときにこそ、藤原改賜氏姓が下賜型改賜氏姓としての有効性を発揮するようになったものと考える。

この賜氏姓を下賜型改賜氏姓と考える根拠は、藤原朝臣氏はその後議政官の上位氏族として新生したこと、中臣氏が名負氏[42]としてかかわってきた神事に関連することが無くなったこと、などが挙げられるであろう。

このことは、第三章など[43]で述べたように中臣本宗氏においても擬制的同祖同族関係による氏の再編成の契機となる側面をも有していたのである。

次に、前記した八色の姓による中臣連氏の朝臣賜姓について検討する。結論を先に述べると、特殊改賜姓の一例であると言え、中臣氏にとっての有効性も低いと言える。

以下、その根拠を述べる。

前述したように、鎌足薨後の中臣氏上に就いた従兄弟の金は、表9（201頁）のように右大臣にまで昇るが、壬申の乱において斬られる。この時点では、中臣氏は存続することさえ危ぶまれる氏族であっただろう。そのため、下賜型改賜氏姓に与ることなど不可能に近いことと考えられる。しかし、金が属した糠手子の系統の他、御食子・国子の系統の三門に分立していたことや金の斬殺以外には刑罰が比較的穏やかなもので処理されたことも影響したのだろう。壬申の乱後も中臣氏総体としては、氏族的に有勢を保っていたと考えられる。

また、表11からは氷上娘と五百重娘がともに天武夫人であることが知られるが、天皇の夫人となっていたことが八色の姓においても朝臣という貴姓を賜ったことに少なからず影響を与えたとも考えられる。

しかし、八色の姓は名称上の序列化が主目的であり、氏族の立場から見れば、賜姓の有効性は無かったことは明らかである。それは、表10の朝臣賜姓後の氏族展開を見れば、本宗の氏人が四位~五位相当である状況にはあまり変化は無かったと言える。だが、その官職を見るに、議政官に名を連ねるものはほとんど見られなくなり、極官が名負氏としての限界である神祇伯であることは、改賜氏姓が官職の任命をとおしての地位向上には有効に作用しなかったことが窺えるのである。

前節で考察したように、天武天皇代においては改賜氏姓、つまり「連賜姓期」や八色の姓による賜氏姓の大部分において、改賜氏姓による地位向上よりも改賜氏姓自体が意義を有していた。それがたとえ下賜型改賜姓であっても、その他の面では有効ではないことが看取された。このときの中臣連から朝臣への賜姓も同様に特殊改賜姓であり、位階や職に影響を与えるような有効性はなかったが、この点はこの時期の賜氏姓の特徴だったことから当然の帰結とも考えられる。しかし、中臣氏が名負氏として神職としての性格を強くしたのは八色の姓→墓記上進→文武二年詔（史料56）という段階をふんで確立していったものと思われ、藤原改賜氏姓が持つ意味の一つに、中臣氏が議政官になりうる構成氏族としての地位を奪っていったという点も追加して指摘できるのではないだろうか。

表12　大中臣朝臣

名	続柄	極官・職（見官・職）	備考
清麻呂	意美麻呂子	正二位・祭主・右大臣	延暦7・7薨。神護景雲3・6賜姓
宿奈麻呂	清麻呂・一	正五位下・阿波守	父に先だって卒す
子老	同右・二	正四位下・参議・宮内卿・神祇伯・祭主	延暦8・1卒。後裔は従五位層
継麿	同右・三	正五位下・但馬守	
淵魚	継麿子	従四位上・祭主・神祇伯	後裔は六～七位層
諸魚	清麻呂・四	正四位上・参議・左大弁・神祇伯・祭主	後裔は五位～八位層。国雄が大副になる
今麿	同右・六	従五位下・大宰大判事	
諸人	宿名麻呂子	従五位上・祭主・大副	後裔は従五位～八位層
常麿	今麿子	従五位上・伊予守	
雄良	常麿子	正六位上・常陸少掾	
有本	雄良子	正五位上・祭主・大副	寛平6・2卒す。以後従五位～無位層
岡良	同右・三	従五位下・遠江守	
輔道	岡良子	六位・備後掾	
頼基	輔道子	従四位上・祭主・大副	後裔は祭主相承。従二位～五位層。天暦頃
名高	秋野子	散位・正六位下	表10より
永緒	名高子	散位・従六位下	表10より。以後不振
真魚	益人子	正六位上・大司	表10より。以後不振
真助	伊賀麿子	散位・正六位上	表10より。以後五位～無位層
氏文	船主子	従七位下	表10より。以後不振
伊賀雄	船長子	従八位上	表10より。以後不振

さて、本項において検討する大中臣氏の賜氏姓記事を参照しておく。

《史料57》『続紀』神護景雲三年（七六九）六月乙卯条

詔曰、神語有言二大中臣一。而中臣朝臣清麻呂、両度任二神祇官一、供奉无レ失。是以、賜二姓大中臣朝臣一。

《史料58》『姓氏録』逸文（『東大寺要録』）

姓氏録第十一云、神護景雲三年、右大臣中臣朝臣清麿加二賜大字一。厥後延暦十六年、定成等四十八人同賜二大字一。同十七年、船長等卅七人加二賜大字一。自余猶留為二中臣朝臣一。

まず、史料57の大中臣改賜氏姓について取り上げる。清麻呂は鎌足の女の斗売娘と婚姻した意美麻呂を父に持つ（清麻呂の母は丹治比阿岐良）ことや、薨伝に恪勤にして清慎とあるような勤務姿勢が評価された結果昇進し続け、中納言・神祇伯のときに大中臣へと改氏賜姓されるに至った。この改賜氏姓は、明らかにその功を称された「下賜型改賜氏姓」と考えられる。

次に、大中臣朝臣賜氏姓後の氏族展開を、表12を用いて考察してみる。

表11と表12の比較検討に移るが、まず、表12中で清麻呂からの直系血族は頼基までを掲示した。このときまでの位階の比較をすれば、四位～五位相当に到達しているという点では中臣朝臣時代と大差はない。しかし、表には示さなかったが、中臣朝臣が大中臣朝臣を分立した後の氏族展開を鑑みると、中臣朝臣逸志・東人・安比等・広見・長人・泰麿の後裔の到達官位層は五位～六位相当程度であり、大中臣朝臣と比較すると位階にして二・三階（一位程度）、下回っていることが窺える。また、中臣氏の名負氏としての最高官職である神祇伯・祭主の地位も、前記の人物以後、大中臣朝臣の占めるところとなっている。このことは、藤原朝臣の氏族展開と比べて甚だしく相違し

ているとまでは言えない。それでも大中臣朝臣賜氏姓は、少なくとも極官という点で中臣朝臣の殻を破り、またその位階や職の領域をも少なからず浸食したと言える。しかし、完全に異なる氏名を賜姓されなかったことは、清麻呂が神祇職にて功を積み、以後も神祇に携わるべき氏族と認識されていたという理由によるのであろう。

次に、史料57が下賜型改賜氏姓であったのに対して、史料58に見られる大中臣朝臣への賜氏姓は認可型改賜氏姓の例であると考えられる。つまり、表12に掲げた大中臣朝臣名高・永緒・真魚・真助・氏文・伊賀雄らや、表に掲げた以外にも濱主・永吉・坂田麿・乎多太らが賜氏姓されたと記すが、これらはおそらく当時流行していた請願によるもので、認可型改賜氏姓の典型例の、本宗氏に氏姓を同じくする動きをこの史料は示しているのである。しかし、下賜型改賜氏姓以外の改賜氏姓も氏族の動向に影響を与えるものであったと考えると、前節での結論と矛盾してしまうことになる。この点について試みに史料57と同じ年の神護景雲三年の他の改賜氏姓例も参考に比較して検討してみよう。

これらの史料より以後の八世紀後半の時期には、改賜氏姓後に氏族的展開が上昇しえた例はほとんど見られない。神護景雲三年の大中臣朝臣への賜氏姓例以外で、わずかに下賜型改賜氏姓とされる不破内親王・県犬養宿禰姉女や輔治能（和気）真人清麻呂の例は、いずれも罪人に対しての賜氏姓（貶氏姓）であり、氏姓制の枠内では比較的卑しい表示に代えられている。よって、氏姓制の枠内で形骸化していく改賜氏姓という氏族政策の中にあって、天皇側・氏族側双方から見てみると、天武天皇代より後の下賜型改賜氏姓は、唯一有効な行為であったと言うことができよう。

下賜型改賜氏姓という特例は氏族側から望んで得られるものではない。一方、大多数を占める認可型改賜氏姓の例は、位階・職などの面で即効力は望めなくても、少しでも高い姓や、地名や佳字を用いたスマートな氏名などを得ることによって、国家の上層部の覚えを少しでも良いものにしようと意図した中・下級氏族の切なる願いが込められた政治運動であったものと推測される。

これらの認可型改賜氏姓の中で、珍しくも有効だったと考えられる例がある。表13に掲げたように、十二月戊午条に土師宿禰となったその後に、桓武天皇代に至って改賜氏姓を請願して許されて菅原氏や秋篠・大江・大枝の各朝臣氏族となった事例である。これは、第三章第三節（139頁）でふれたように、土師氏が喪葬にかかわる性格を持ち、それが天応元年（七八一）六月に土師宿禰道長等の上表に「専ら凶儀に預かる」と言っているが、喪葬にかかわることが忌み嫌われた時代に移行しつつあることを考慮しての結果であろう。同様に延暦十六年（七九七）四月二十三日に「応に土師宿禰の凶儀に預かるのを停止すべき事」(44)という太政官符が出されていることからも、認可型改賜氏姓の範疇ながら特別な効力があったことが諒解されよう。換言すれば、認可型改賜氏姓の手続きをふまえながら、その後を鑑みると土師氏の名負の職掌による拘束から脱却し、なおかつ外位氏族としての位階面での限界からも脱却するという二点において、下賜型改賜氏姓と同等の効力を発揮した例として注目される。同様のことは、前述した藤原朝臣改賜姓の例と軌を一にしていると言えよう。

以上の例を通観するに、氏族にとっての改賜氏姓とは、本宗氏に表示の上で近づくこと、改賜氏姓に与った氏姓の表示に近づくことを目的としていることが考えられ、それによる位階の昇進など氏族展開という面での即効力を期待する思惑は少なかったものと推察される。であるからこそ、時代が下っても国家側からの下賜型改賜氏姓の意義は有効だったと考えられるのである。

本節も長くなったので、ここでまとめておくことにする。

表8（199頁）に示した改賜氏姓の各類型の推移が実際に確認できるのかを、中臣氏を例にとって考察した。その

表13　神護景雲三年の改賜氏姓

月日	旧氏姓名	新氏姓	タイプ
二月辛酉条	飯高公家継等三人	宿禰	認可型改賜氏姓
	神麻績連足麻呂・子老・広目等二六人	宿禰	〃
	三嶋県主広調等	宿禰	〃
三月乙丑条	林連佐比物・広山	宿禰	認可型改賜氏姓
	日下部連意卑麻呂	宿禰	〃
三月辛巳条（道嶋宿禰嶋足の請願による）	丈部子老・国益・賀例努等一〇人	阿倍陸奥臣	認可型改賜氏姓
	丈部直継足	阿倍安積臣	〃
	丈部大庭等	阿倍信夫臣	〃
	丈部嶋足	安倍柴田臣	〃
	丈部庭虫等二人	阿倍会津臣	〃
	丈部山際	於保磐城臣	〃
	春日部奥麻呂等三人	武射臣	〃
	宗何部池守等三人	湯坐曰理連	〃
	靫大伴部継人・弟虫等八人	靫大伴連	〃
	大伴部三田等四人	大伴行方連	〃
	大伴部人足	大伴刈田臣	〃
	大伴部福麻呂	大伴柴田臣	〃
	吉弥侯部人上	磐瀬朝臣	〃
	吉弥侯部文知	上毛野陸奥公	〃
	吉弥侯部老人・大成等九人	上毛野名取朝臣	〃
	吉弥侯部足山等七人	上毛野鍬山公	〃
	吉弥侯部豊庭	上毛野中村公	〃
	吉弥侯部広国	下毛野静戸公	〃
	吉弥侯部念丸等七人	下毛野俯見公	〃
四月壬寅条	味酒部稲依等三人	平群味酒臣	認可型改賜氏姓

月日	旧氏姓名	新氏姓	タイプ
四月甲辰条	下毛野公田主等四人	朝臣	認可型改賜氏姓
四月乙巳条	横度春山	桜嶋連	認可型改賜氏姓
四月甲子条	小長谷部宇麻呂・竹田部荒当・糸井部袁胡等一五人	大伴部	認可型改賜氏姓
五月庚辰条	賀茂朝臣清濱	高賀茂朝臣	認可型改賜氏姓
五月己丑条	井手小足等一五人	秦井手忌寸	認可型改賜氏姓
	秦神嶋・秦人廣立等九人	秦忌寸	〃
五月壬辰条	不破内親王	厨真人厨女	下賜型改賜氏姓 罪による貶氏姓
五月丙辰条	県犬養宿禰姉女	犬（丈）部	下賜型改賜氏姓 罪による貶氏姓
五月甲午条	倭画師種麻呂等一八人	大岡忌寸	認可型改賜氏姓
五月乙未条	吉備藤野和気真人清麻呂等	輔治能真人	認可型改賜氏姓。清麻呂らと同族との区別を示した下賜型改賜氏姓の可能性もある
	吉備藤野宿禰子麻呂・牛養等一二人	輔治能宿禰	認可型改賜氏姓
	吉備石成別宿禰国守等九人	石成宿禰	〃
六月戊戌条	白鳥村主馬人・白鳥椋人廣等二三人	白原連	認可型改賜氏姓
六月癸卯条	倉人水守等一八人	大和連	認可型改賜氏姓
	海直溝長等一九人	大和赤石連	〃
六月壬戌条	別部大原・比治・忍海部興志・財部黒士・物部麻呂等六四人	石生別公	認可型改賜姓
七月壬午条	阿刀造子老等五人	阿刀宿禰	認可型改賜氏姓
八月癸丑条	上村主五百公	連	下賜型改賜氏姓 藤原仲麻呂の乱に関係あろう
九月辛巳条	岡田豊登稲城等四人	吉備臣	認可型改賜氏姓
九月丙戌条	河原豊登堅魚等一〇人・河原蔵人人成等五人	河原連	認可型改賜氏姓

九月己丑条	輔治能真人清麻呂	別部穢麻呂	下賜型改賜氏姓 道鏡政権下での貶氏姓
十月甲辰条	秦勝倉下等五二人	秦原公	認可型改賜氏姓
十一月庚辰条	神麻績宿禰足麻呂・広目女等二六人	神麻績連	認可型改賜氏姓 復姓による降下
十一月壬午条	秦長田三山・秦倉人呰主・秦姓綱麻呂	忌寸	認可型改賜氏姓
十二月戊午条	土師連智毛智	宿禰	認可型改賜氏姓

結果、中臣連から八色の姓による朝臣賜姓は特殊改賜氏姓に分類され、表8に示したように無効力であったという結論を得た。次いで、中臣連からの藤原朝臣賜氏姓と中臣朝臣との分離は、次のようなプロセスを経た。すなわち、鎌足の賜った藤原氏の称号が、功臣として称揚された氏名として機能しはじめるのが八色の姓による中臣朝臣賜姓で、以後文武二年の中臣・藤原氏分立の詔というように段階をふんでいるということを述べた。いずれにしても、藤原の下賜型改賜氏姓は氏族の浮沈にとって重要であったという結論を得た。さらに、中臣朝臣から大中臣朝臣賜氏姓も下賜型改賜氏姓であり、表10・12のごとく氏族全体として位階・職両面の上昇が看取され有効であったと見なされた。

第二節で述べたように、認可型改賜氏姓の例は膨大な例が存するため大中臣朝臣賜氏姓と同年の賜氏姓記事のみとの比較を試みたが、氏族の位階と職の変動には影響がなかったことを再確認できた。

一方では、氏族が改賜氏姓を通じて、有効・無効を問わず地位上昇のために氏姓の面から変えようという期待を込めていることも看取された。そして、改賜氏姓をとおして、王権とりわけ天皇が、氏族に対して管掌していたことを氏族側も再認識するという機能をも果たす政策的行為となっていることを明らかにした。

五　古代天皇権の性格とのかかわり

従来の研究に欠けていた改賜氏姓自体の分類とその意義を検討した本章第一〜四節までの結果を受け、本節ではさらにもう一歩進めて、天皇権の権能としての改賜氏姓と、改賜氏姓から見る天皇の性格についての考察を試みる。氏姓制の主な特徴は、次の二点が挙げられる。賤身分や夷狄以外で氏姓を有さない天皇自身が、臣民（有氏姓者）以下の身分の統制と氏姓の賜与貶奪権を有すること、氏名を持つことでは他の諸侯などと同列であった中国の皇帝とは異質で、日本氏姓制の独自性が認められることなどである。

右のような氏姓制の特徴は、これまで実例をとおして論じられてはいなかった。そのため、律令制と併存しつつも吸収されることのない氏姓制と、それを統轄する天皇権について、より一層考究するべき意義があると考える。天皇権の発動も各天皇により個人差があるのは当然である。本節での検討を通じて、各天皇の個人差を改賜氏姓の実施より看取できるものと考える。以上の氏姓制と天皇権とのかかわりを中心に、氏姓制研究の深化を目指すことを本節の目的とする。

⑴　天皇権における氏族の管掌

天皇大権の発現形態としての改賜氏姓を論じる前に、まず天皇が氏族に対する管掌権を有していたことを確認しておく。そこで、主な氏族政策を見ておくと、第三章で触れたように、氏族の中心となる氏上を管掌していることが第一に挙げられる。認可型改賜氏姓は、氏上をとおして行われるのである。それらも含めた賜氏姓・改賜氏姓は、氏族政策における天皇権発動の一つの手段である。天皇の詔勅による下賜型改賜氏姓である直接的管掌と氏上をとおした間接的管掌の両輪があると言える。

天皇が直接的に管掌していた氏姓の統轄範囲を知る上で参考となるのは、持統五年（六九一）八月辛亥条（第三章史料6、128頁）の「墓記」上進を命じられた十八氏である。姓については以下の例がある。

《史料59》『続紀』大宝二年（七〇二）九月己丑条

詔、甲子年定二氏上一時、所レ不レ載氏、今被レ賜レ姓者、自二伊美吉一以上、並悉令レ申。

「墓記」や治部省の「本系帳」などから知られる氏人の系譜や名簿により、氏族は律令制機構によってある程度の管掌を受けていた。その間に立つ氏上も「家記・家牒・本系・旧記」などにより同族の出自を管理(45)し、さらに改賜氏姓時においての氏上による出自の保証も、遠い同祖関係の同族や擬制的同族関係氏族の認定にかかわっている。つまり、天皇と氏族との間には治部・中務・民部省などの律令機構による間接的管掌が存在するのであるが、それとは別に天皇が氏上をとおして下級氏族や氏人を間接的に管掌することもあると評価することができよう。

他方、天智三年二月条（第三章史料1、123～124頁）に見られるように、天皇が直接的に「氏」として把握しようとした範囲は「大氏・小氏・伴造等」（宣命の定型句からすれば国造も入るだろう）であろう。姓の基準において見れば、天武天皇の八色の姓制定以後においては、本章の史料39（186頁）や59のように忌寸以上の姓を賜った氏であった。賜氏姓による氏族政策は、少なくとも『大宝令』施行よりも遡る天智や天武天皇代から保持していた機能を受け継ぐ天皇の権能である。庚午年籍(46)による定姓を行った天智天皇や、八色の姓による再定姓と選抜を行った天武天皇らは、氏姓制における重要な画期を現出させた天皇であると言える。

天皇が五位以上・忌寸以上の氏族の統制のために、出自・同族関係を管理する他にも、氏女・采女貢納や名負入色者の輩出を介して「氏」としての総体的なまとまりをその都度再確認することで氏族を管理していたことが想定される。この点については、『三代格』巻一[47]に見える猨女公氏の猨女貢上や令の規定の氏女・采女などの貢進の事例などから窺知できよう。

次いで、第三章で述べたように、『養老令』には「職員令」治部省条に卿の職掌として「本姓・継嗣・婚姻・喪葬」などが、中務省条に卿の職掌として「位記・諸国戸籍」などが、また民部省条には卿の職掌として「諸国戸口名籍・（中略）家人・奴婢」などを掌ることなどが、氏姓と氏族の管掌にかかわる関連条文として見出せる。さらに「戸令」より、戸主や財産の継承は「氏」と同様に、令制に則った相承が行われたと考えられる。

このように、天皇を頂点とする律令制機構は天武十年（六八一）九月甲辰条の「理官」（後の治部省）などを通じて氏上（氏宗）に代表される氏姓を管掌し（喪葬に関しては、「喪葬令」10三位以上条と義解に「凡三位以上、及別祖氏宗、〈謂、別祖者、別族之始祖也。氏宗者、氏中之宗長。即継嗣令。聴㆑勅定㆑是也。〉（後略）」とある）、継嗣についても「継嗣令」2継嗣条や3定嫡子条の規定[48]にあるように、貴族の継嗣立嫡に律令制機構を通じた管掌があった。とりわけ、継嗣条に「氏宗者、聴㆑勅。」とあるように、氏宗[49]は勅を聴くように規定され、氏人を統制する氏上に関して天皇の意思の介入が必須であることが明文化されていることは特筆すべきであろう。天皇が直接・間接に氏姓と氏族を管掌することが、成文法となっているからである。

一方で、氏姓の変更については令文に何ら明文がないことに注目したい。つまり、賜氏姓・改賜氏姓は律令に規定されない天皇固有の権能であることを逆推させるからである。この天皇大権の発露する一形態が改賜氏姓であり、その点を敷衍すれば、改賜氏姓には天皇の氏族政策に対する志向の一端を垣間見ることが可能と言えるのではなかろうか。

(2) 天皇権と氏姓制

(i) 改賜氏姓の族的範囲

第二章及び前節で述べたように、天皇が賜与する、あるいは許可をすることにより管掌した改賜氏姓という天皇の政事行為には、被改賜氏姓者数の多寡に天皇の個性が反映されていると言えないだろうか。であるならば、被改賜氏姓者の数を検討することで、ある程度天皇の個性を抽出することもまた可能と考える。

しかしながら、一度に改賜氏姓された当事者が、国史上では個人として記録されていても、実際には複数の氏人に及んでいる例のあることがすでに指摘されている。著名な例は、前節でも触れたように、中臣鎌足が賜った藤原の氏名を別系の大嶋・意美麻呂らも称している事例である。不比等以外の系統が藤原の氏名を使用しており、この当時、四等親にまで改賜氏姓が及んでいた可能性が指摘されている。[50]

もう一例、佐伯有清が指摘する日下部から安倍猨嶋臣への改賜氏姓例も挙げられよう。[51]

《史料60》『続紀』宝亀四年（七七三）二月癸丑（八日）条[52]

下総国猨嶋郡人従八位上日下部浄人賜㆓姓安倍猨嶋臣㆒。

《史料61》『寧楽遺文』太政官符案　延喜式裏文書[53]

（前欠）戸主日下部衆智　戸主日下部万呂

戸主日下部秋麻呂　戸主日下部龍嶋

右被㆓内臣正三位藤原朝臣宣㆒稱、奉㆑勅、件人等改㆓本姓㆒、賜㆓安倍猨嶋姓㆒者、省宜㆓承知、准㆑勅施行㆒、符到奉行、

員外右中弁正五位上兼行鋳銭長官美作守阿倍朝臣清成

左大史正六位上兼豊後員外介阿倍志斐連東人

宝亀四年二月八日

史料60・61に見える「安倍猨嶋（臣）」は、二つの史料の日付が一致することから同時に改賜氏姓されたと考えられるが、『続紀』には浄人一人の名しか記されていない。

この二つの事例から分かるように、下賜型・認可型改賜氏姓ともに、国史記載上の人名と実際の被改賜氏姓対象者数とでは差異がありうるということが想定される。反対に、国史記載の被改賜氏姓者数よりも実際の数が少なくなるというケースはありえない。

また、国史中に同一改賜氏姓において多数の氏人の名が列記される例は少ない(54)。だが、史料61の太政官符の例のように被改賜姓者が国史に見えないことも考えられる。このような場合、代表の戸主一人が国史に採録され、残存部分に見えるような各戸主名を代表して中心的な人が記されたのだろう。その場合でも戸主以下の人々にも改賜氏姓は及んだのであろうが、氏族のまとまりとして連動する各戸主レベルまで把握されていれば充分だったものと考えられる。

これまで見てきたように、国史記載の被改賜氏姓者数は不正確である可能性がある。その点をふまえながらも、全体の傾向をつかむ上では改賜氏姓記事における人名の記載数を考察する意義はなお存するだろう。改賜氏姓の手順(55)についての考察は避けるが、改賜氏姓に表れる氏の族的な結合と、天皇権の機能としての改賜氏姓自体の意義を究明する材料となりうるからである。いくつかのケースを基に、その意義を探ってみよう。

まず、父子や親族・各門流の長が同時に史料上に列挙され、親族的に広範囲に改賜氏姓されたと見なされるとき、天皇は氏族集団の上層部を把握することによって、その氏人層を緩やかに管掌していると考えられる。次に、より下級氏族もしくは百姓層の戸籍の是正などによる認可の場合は、律令制下では戸籍などの管理にかかわる民部省の上に天皇は位置することになる。ただ認可するのみであっても、名目上は天皇がすべての改賜氏姓を統轄している意図を知りうるからである。このことが天皇権の機能としての改賜氏姓自体の一点目の意義である。

次に、天皇の意志による政策という面を強く意識してみたならば、元々は天智天皇による藤原賜氏名や、天武天皇による壬申の功臣等に行った改賜氏姓が初期形態であり、改賜氏姓自体が恩典として機能していたことを看取できる。ゆえに、新しい氏姓保持者も近親に限られ、氏内や他氏に可視的に誇示できるものとなる。つまり、氏姓には天皇による政治的な演出効果を持った装置としての一面も備え、恩典として「名実」の「名」にあたるものを賜与しているのである。そこから派生して、改賜氏姓には氏族に対する人心収攬作用という側面も生じる。天皇により功績を讃えられ、それに相応しい氏や姓を賜わることは、それを誇りにして、なおかつさらなる仕奉へと駆り立てる動機にもなろう。名目的に仕えるべき客体が天皇へと収斂する古代社会においては、その中での地位表象の変化は、より高い効果を期待できただろう。

このように、恩典である下賜型改賜氏姓が行われはじめることにより、他氏や同族の被改賜氏姓者に対して羨望の眼差しが注がれることとなり、以後の「姓氏仮冒」[56]などの私称や認可型改賜氏姓などによる佳氏貴姓への偏った改賜氏姓へと繋がっていく。このことを象徴的に示しているのが、先に触れた中臣氏から藤原氏への改氏の事例である。その画期も藤原改氏の文武二年八月詔と連関するように、壬申の乱後の影響が表出する文武天皇代頃と想定できる。この改賜氏姓の契機の変化が看取できる二点目の意義と考える。

ところで、本論では氏姓の貶除も考察対象としている。「貶氏姓」とは氏名を卑しくしたり姓を下すことを言う。「除氏姓」は貶氏姓における最も厳しい処置といえ、氏名や姓、もしくは両方を除くことであり、貫せられている籍も除かれる。皇親籍に名が無かった山村王の子孫が除籍・賜氏姓氏姓された例[57]があるが、このケース以外は、いずれも科罪や虚偽・詐称の訂正によるものである。しかし、貶除の例も次の再掲史料から下賜型改賜氏姓の一例であると言えるのである。

《史料62》『続紀』神護景雲元年（七六七）十一月丙寅条

私鋳銭人王清麻呂等卌人賜㆓姓鋳銭部㆒、流㆓出羽国㆒。

《史料63》『続紀』延暦六年（七八七）九月丁丑条

先㆑是、贈左大臣藤原朝臣種継男湯守有㆑過除㆑籍。至㆑是、賜㆓姓井手宿禰㆒。

このような貶氏姓の例は、氏族内での親等という親族の範囲から見ると、概して波及範囲が狭い。史料62と除氏姓後に討ち取られた恵美押勝（藤原仲麻呂）一族の例以外は、直系子孫に及んだ可能性が残る例もあるものの、広義での氏族にまで及ぶ例は無い。(58)律で規定される犯罪縁坐の範囲に比しても、科罪としての改賜氏姓の及ぶ範囲は狭小である。このことは、一側面として氏の内部において後の「家」に変化していく狭義の「氏」が存在し、家筋・家門という観念が細分化した氏にも認められるのではなかろうか。換言すれば、血縁関係の親疎が貶氏姓の範囲にも影響しており、氏内部での最小構成単位としてのまとまりが存在することを示していると言えよう。

以上のことから、一人から数人程度の改賜氏姓には、家族的な親族範囲の結合を見出すことができる。これは天皇の意識上でもこの親族範囲を認識していたと考えられる。さらに、やや時代が下ればより明確に「家」族集団が表れる。例えば、土師四腹や藤原四家や恵美家などがそれであり、このような氏族側の意識においても氏内部の構成単位が家筋・門流形成へと進展し、その内部での直系近親者と配偶者による最小構成単位が意識されていたことは疑いない。この氏族の結合の範囲を窺知できる可能性が三点目の意義である。

それでは、二点目の改賜氏姓の契機の変化に関して、天皇権の氏姓制への関係という視点から改賜氏姓の事例を中心に考察してみよう。

(ii)　氏姓制の転機と天皇権　天武天皇代には、改賜氏姓は百姓への恩典であり下賜されるものであった。[59] しかし、八色の姓制定直前に「連」姓への大量改賜姓（連賜氏姓期）が行われ、直後に政策としての側面が強い特殊改賜氏姓（八色の姓によるもの）が行われた。下って、氏族側からの申請による認可型改賜氏姓の行われる契機が文武天皇代に表れたことは既述した。その後も氏姓制の内実や賜氏姓・改賜氏姓のあり方も何度か変化するが、転機となる施策を見てみよう。

前掲したものもあるが史料を掲示しよう。

《史料64》『続紀』神亀元年（七二四）二月甲午条（聖武天皇）

（前略）辞別詔久、（中略）又官々仕奉韓人部一・二人尓、其負而可二仕奉一姓名賜。

《史料65》『続紀』天平十七年（七四五）五月己未条（聖武天皇）

筑前・筑後・豊前・豊後・肥前・肥後・日向七国、无姓人等、賜二所レ願姓一。

《史料66》『続紀』天平宝字元年（七五七）四月辛巳条（孝謙天皇）

（前略）勅曰、（中略）其高麗・百済・新羅人等、久慕二聖化一、来附二我俗一、志願給レ姓、悉聴許之。其戸籍、記二无姓及族字一、於レ理不レ穏。宜レ為二改正一。

右の史料は、帰化渡来系氏族そのものや、氏姓制の研究史上、氏姓制における帰化渡来系氏族の混在化を示す史料とされてきた。私も以前述べたが、[60] 史料64や65の勅は、无姓人や帰化系の人々に願いどおりの氏姓賜与の意向を示したものである。田中史生が指摘するように、[61] これは高麗王や百済王を例にして「王」姓賜与が日本の小中華思想を充足させるものの一つとし、日本の氏姓制の枠内に帰化渡来系氏族を吸収している事例と同様に、下級の帰化渡来系氏族への対応例と考えられる。

また、別の意義としては次の点も指摘できる。史料66の「久しく聖化を慕い、来たりて我が俗に附す。」や高麗(高倉)福信の薨伝[62]に見える「宝亀十年、上レ書言、臣自レ投二聖化一、年歳已深。」という上表文言から看取できる、帰化渡来系氏族の日本国内向けの阿容的な姿勢、換言すれば、日本定住の際の優遇を引き出すための打算的な思惑が看取できよう。

他方、氏姓制の流れの中で捉えれば、それまでの氏姓による氏々の名負の表象とも言うべき氏姓が混合化してしまう。その上、名に負うべき氏名も各氏の願いどおりの称が与えられ、その多くが地名によっていたということは、氏姓の示すべき意義が弱まったという他はない。

関連して、平野邦雄[63]の有力な帰化渡来系氏族は、むしろ氏の名や由来の異質性を誇示していたとさえ考えられるという指摘も見逃せない。右のことを念頭において、以下の史料を参照してみる。

《史料67》『続紀』宝亀九年(七七八)十二月庚寅条(光仁天皇)

玄蕃頭従五位上袁晋卿賜二姓清村宿禰一。晋卿唐人也。天平七年、随二我朝使一帰朝。(後略)

《史料68》『続紀』宝亀十年三月戊午条(光仁天皇)

従三位高麗朝臣福信賜二姓高倉朝臣一。

《史料69》『続紀』同年十一月甲申条(光仁天皇)

勅、中納言従三位物部朝臣宅嗣、宜下改二物部朝臣一賜中石上大朝臣上。

《史料70》『続紀』宝亀十一年十二月甲午条(光仁天皇)

唐人従五位下沈惟岳賜二姓清海宿禰一、編二附左京一。

《史料71》『続紀』天応元年（七八一）七月癸酉条（桓武天皇）

右京人正六位上栗原勝子公言、子公等之先祖伊賀都臣、是中臣遠祖天御中主命廿世之孫、意美佐夜麻之子也。伊賀都臣、神功皇后御世、使二於百済一、便娶二彼土女一、生二二男一。名曰二大本臣・小本臣一。遥尋二本系一、帰二於聖朝一、時賜二美濃国不破郡柴原地一、以居焉。厥後、因レ居命レ氏。遂負二柴原勝姓一。伏乞、蒙二賜中臣栗原連一。於レ是、子公等男女十八人依レ請改賜レ之。

《史料72》『続紀』延暦二年（七八三）四月丙寅条（桓武天皇）

（前略）左京人外従五位下和史国守等卅五人、賜二姓朝臣一。

《史料73》『続紀』延暦四年六月癸酉条（桓武天皇）

右衛士督従三位兼下総守坂上大忌寸苅田麻呂等上レ表言、臣等、本是、後漢霊帝之曽孫阿智王之後也。（中略）吾聞、東国有二聖主一。何不二帰従一乎。若久居二此処一、恐取二覆滅一。即携二母弟廷興徳及七姓民一、帰化来レ朝。是則誉田天皇治二天下一之御世也。於レ是、阿智王奏請曰、臣旧居在二於帯方一。人民男女、皆有二才芸一。近者、寓二於百済・高麗之間一。心懐二猶予一、未レ知二去就一。伏願、天恩、遣レ使追召レ之。乃勅、遣二臣八腹氏一、分レ頭発遣。其人男女、挙レ落随レ使尽来、永為二公民一。積レ年累レ代、以至二于今一。今在二諸国一漢人、亦是其後也。臣苅田麻呂等、失二先祖之王族一、蒙二下人之卑姓一。望請、改二忌寸一、蒙二賜宿禰姓一。伏願、天恩矜察、儻垂二聖聴一、所謂寒灰更煖、枯樹復栄也。臣苅田麻呂等、不レ勝二至望之誠一、輙奉レ表以聞。詔許レ之。坂上・内蔵・平田・大蔵・文・調・文部・谷・民・佐太・山口等忌寸十一姓一十六人賜二姓宿禰一。

《史料74》『続紀』延暦九年七月辛巳条（桓武天皇）

左中弁正五位上兼木工頭百済王仁貞・治部少輔従五位下百済王元信・中衛少将従五位下百済王忠信・図書頭従

五位上兼東宮学士左兵衛佐伊予守津連真道等上レ表言、真道等本系出レ自二百済国貴須王一。貴須王者百済始興第十六世王也。（中略）降及二近肖古王一、遥慕二聖化一、始聘二貴国一。是則神功皇后摂政之年也。其後軽嶋豊明朝御宇応神天皇、命二上毛野氏遠祖荒田別一、使二於百済一、捜二聘有識者一。国主貴須王、恭奉二使旨一、択二採宗族一、遣二其孫辰孫王一〈一名智宗王。〉随レ使入朝。天皇嘉レ焉、特加二寵命一、以為二皇太子之師一矣。於レ是、始伝二書籍一、大闡二儒風一。文教之興、誠在二於此一。難波高津朝御宇仁徳天皇、以二辰孫王長子太阿郎王一為二近侍一。太阿郎王子亥陽君。亥陽君子午定君。午定君生二三男一。長子味沙、仲子辰爾、季子麻呂。従レ此而別、始為二三姓一。各因レ所レ職、以命レ氏焉。葛井・船・津連等即是也。逮二于他田朝御宇敏達天皇御世一、高麗国、遣レ使上二烏羽之表一。群臣・諸史、莫二之能読一。而辰爾進取二其表一、能読巧写、詳奏二表文一。天皇嘉二其篤学一、深加二賞歎一。詔曰、勤乎懿哉。汝若不レ愛レ学、誰能解読。宜三従レ今始近二侍殿中一。既而、又詔二東西諸史一曰、汝等雖レ衆、不レ及二辰爾一。斯並国史・家牒、詳載二其事一矣。（中略）伏望、改二換連姓一、蒙二賜朝臣一。於レ是、勅、因レ居賜二姓菅野朝臣一。

以上の史料67～74のように、帰化渡来系氏族の混在化を端的に示す改賜氏姓記事を掲げてみた。

まず、史料67は唐から日本に比較的新しく来た袁晋卿個人の才幹が評価されたことによる賜氏姓と見なせるが、氏名である「清村」も姓「宿禰」にしても、もはや帰化渡来人であることを顕示するような氏姓ではない。これは、従五位上で玄蕃頭である人物が袁晋卿という名のままでは不適当であり、氏姓制の枠内に編入するための賜氏姓であって、本人からの申請による認可型改賜氏姓であると考えられる。しかし、賜った氏姓から分かるように、氏姓制の表示機能の低下が想起されよう。

史料68は、史料49（195頁）で肖奈王から高麗朝臣に改まったのに次ぐ、二度目の改賜氏姓記事である。高麗朝臣という氏姓の「高麗」は帰化渡来系氏族という出自を示し、「朝臣」は日本において獲得した地位の高さを表示する。この場合、「高麗」という氏名において蕃国の出自が表象されていた。しかし、ここに至って「高倉」という氏名を賜ったことは、氏姓によって帰化渡来系であることを示す必要が無くなったのであり、福信は位階のみならず氏姓においても帰化渡来系氏族の枠組みを乗り越えたことを意味する。名称上は、日本の氏族と完全に同化したものと言いえよう。そして、賜氏姓形態については、先の朝臣改賜姓と同様に福信の実績に対する下賜型改賜氏姓とも考えられるが、改賜氏姓の間隔と昇叙との間隔から判断して、従三位の貴族として不適当な姓を改めることを申請しただけの認可型改賜氏姓であったと見なすべきである。

次いで、史料70についても67と同様に氏姓制の枠内に取り込むという意味を持つ賜氏姓と言える。沈惟岳は「唐人」と記されていることや、賜氏姓後に左京に編附されている（本貫地も定まっていなかった）ように、渡来して年月を経ておらず、朝廷への奉仕実績も少なかった。このような惟岳に対して「清海」という和風の氏名と「宿禰」という姓を賜っていることは、氏姓制において帰化渡来人や帰化渡来系氏族に賜氏姓することが、単なる新しい「氏」の表示にしかならない氏称であったことが看取できるのである。この歴史性を持たない沈惟岳への宿禰賜姓は、伝統ある大伴宿禰と同列のものなのである。大伴宿禰は、平安時代に伴朝臣となるが、少なくともこの時点において朝臣・宿禰といった貴姓は上級氏族（歴史性や位階において）のものだけではなくなっていたのである。

史料71に見える中臣栗原連は、『姓氏録』では天児屋命十一世孫雷大臣命の後裔とされるが、「未定雑姓」(64)に収められることから、氏族伝承の信憑性は疑問視されていたと見なされる。また、帰化渡来系氏族に多い「勝」という姓であること、百済に使いをしたことなどの常套的な伝承を語ることもあわせて、こうした氏族伝承は事実とは見なしがたく附会と言えよう。それでもなお、中臣氏と擬制的同祖同族関係を結ぶことができたので複式氏名かつ連への改賜氏姓が許されたのであろう。同様に、神亀二年（七二五）正月庚午条（史料42、190〜191頁）では「漢人」と記される法麻呂が中臣志斐連を賜氏姓されているが、『姓氏録』では天児屋命十一世孫雷大臣命の弟子の後裔として、中臣氏族の外縁に属すようになっている。

もちろん、これらの事例は認可型改賜氏姓に属するものである。中臣栗原や中臣志斐連氏の場合、渡来してそれなりの年月を経ていると見られるが、目立つ奉仕実績が乏しかったために中臣氏の先祖に系譜を結び付けることによって賜氏姓に与ろうとしたと考えられよう。これに関連して、熊谷公男[65]は改賜氏姓の際に引きあいに出される同祖関係は系譜上の関係であることが多く、事実かどうかを確認することは不可能で、社会的・政治的に認知されることで同祖関係の正当性が付与されると述べらている。この時期には、そのように認知される基準も曖昧になってしまったと考えられる。こうした諸例は他にも散見する。

史料72は、有名な桓武天皇の母である高野新笠を輩出した和史氏への賜氏姓記事である。新笠と父の乙継は、宝亀年中（史料32、180頁）に高野朝臣に改賜氏姓されたことが知られるが、延暦二年四月に至り（史料33、180頁）、その同族氏族の三十五人にも渉って朝臣を改賜姓されたことは、桓武天皇の外戚優遇策に他ならない。和史氏は百済聖明王の後裔と称しているが、「史」という実務官人と見られる姓を与えられていたことから、王族の出とするのは疑わしい。この中から家麻呂が出て、桓武の縁故の力によって帰化渡来系氏族の出自ながら議政官の一員にまで昇りつめるのである。このような桓武天皇の優遇策は氏姓制の面からも、位階と職の面からも、明らかに従来の帰化渡来系氏族の限界を脱却せしめたと言えるのである。

次に史料73について。坂上大忌寸氏は、当時としては帰化渡来系氏族の限界であった忌寸姓を称していたが、奉仕実績があり、加えて功を立てている者に忌寸より上位の姓を与えられない規制が残存していたために「大忌寸」に改賜姓されている。「大」字が付されて中途半端な姓が新造されたことは、宿禰以上の姓を与えなかった点においては、氏姓制の制約がかろうじて残存したことが知られる例である。ここで宿禰賜姓される十一氏は、帰化渡来系氏族の中でも歴史性を保持している方ではあるが、八色の姓の第四位である忌寸を「下人の卑姓を蒙る」と考えるに至っている。かつては帰化渡来系氏族の十一氏とも望みえなかった宿禰を賜るが、より高い姓を望めば得られるようになったという、氏姓制の序列が無実化していることが看取できよう。

ここで、史料69の意味を考えたい。それは史料21（178頁）の坂上大忌寸の事例と同様に姓の序列ではなく名称上の混乱を示していると考えられる。私は天平宝字八年の大忌寸改賜姓の頃、上級の氏族間には氏姓制の枠組みが残っていると推察したが、この時期の姓に「大」字を付すという賜姓は、逆に姓が無意味化する一つの端緒となった可能性が想定できるのではなかろうか。

「石上大朝臣」という氏姓は、宅嗣の功績が累積したために賜った異例の姓である。皇族でない宅嗣は仮に真人姓を望んでも賜姓されることはなく、むしろ真人よりも朝臣の方が貴姓と見なされはじめる時勢でもあった。そこで、改賜氏姓という氏族政策を行うに当たり、「朝臣」以上を表示するために「大朝臣」を改賜姓することになったのである。氏姓制が機能していたならば、朝臣のままで石上の氏名を賜うのみでも、恩典として可視的に氏名の意義を示したはずである。裏を返せば、氏姓制序列の動揺が「大」字を付して無理に朝臣の上位であることを示し、恩典としての意義を付与したのである。氏姓制が、姓の面から見た変容を見せはじめる改賜氏姓の一例と言えよう。

最後の史料74は、73と同様の賜氏姓記事である。百済王仁貞や津連真道らの上表によるもので、この例も坂上氏などと同じく歴史性を持つ氏族だが、史料73の例とは異なり朝臣を賜姓されている。熊谷公男[66]が百済王仁貞ら百済王氏の三人を津氏の保証人であると述べているが、津氏としては百済系氏族を示しえれば事足りたものと思われ、これも桓武天皇の帰化渡来系氏族の優遇策の一例と考えられる。津氏はわずか三十八年ほどで連より朝臣へと改賜姓されているが、史料73・74ともに桓武の帰化渡来系氏族の優遇策の時運に乗って認可型改賜氏姓を蒙ったと考えられる。

以上の考察から、光仁から桓武天皇代は第二節で述べた称徳天皇代よりも一層氏姓制の変質化が進行していると言っても過言ではあるまい。

図らずも天皇は、旧来の氏族と帰化渡来系氏族が氏姓において混在化することによってその表示機能が低下することを政策的に推進した時代を現出した。各天皇代はそれぞれが氏姓制の転機であると強調できよう。であるならば、史料64において韓人部に名負氏たる賜氏姓をする一方、無氏姓の人への願いどおりの賜氏姓を認めた聖武天皇、さらに史料66において帰化渡来系氏族に志願のとおりの賜氏姓を認めた孝謙天皇代がそれぞれ大きな転機として認めうる。とりわけ、帰化渡来系氏族に対する氏姓制の制約を取り去った点が重要な転機として評価できる。それがより実際に多く行われるようになるのは、光仁・桓武と高野新笠との関係による、帰化渡来系氏族優遇策が働いていたものと思われる。

このように、桓武天皇代を重要な転機と評価する点について、志田諄一[67]も同様に、姓氏の混乱、氏族の動揺が、大きな政治・社会問題にまで発展したと述べている。社会問題とまで言いうるかは別として、前掲の例とあわせて、桓武天皇代の評価は、とりわけ氏姓制の変遷の中で大きな変革期になっているとしてよいだろう。

以上、改賜氏姓の主立った例を挙げて氏姓制の大きな変質過程を追ってみた。これらの位置付けについて、時代背景や血縁関係による改賜氏姓実施への必然性なども考慮すべきであるが、全般に渉って検討するのは冗長にすぎよう。よって、次項において各天皇の個性を、その発現形態としての改賜氏姓例を相体的に数値化して検討する。具体的には改賜氏姓一つずつの意味や、その実施数や対象者数などに発露した事象によって考察することにしたい。

(3) 改賜氏姓と被改賜氏姓者数

前項において、被改賜氏姓者として記載される人数の考察を行う意義と、その構成単位にある程度の基盤と、それをふまえた天皇の認識と意図があることを示した。その上で、改賜氏姓の政策と天皇権との関係性を、改賜氏姓数と被改賜氏姓者数を基に改賜氏姓と天皇権の特徴を考察していく。

まず、『書紀』・『続紀』・『後紀』中の賜氏姓・改賜氏姓記事(68)（貶・除氏姓を含む）を私案の三類型によって分類し、記事により知られる人数を天皇ごとに区分したものが二つの表14・15である。

ところで、国史中に見える改賜氏姓の人数記載の形には次の三とおりが存在する。

①「某」この場合は某＝X人とする。

②「某等X人」この場合は、某は代表者として名が挙がっており、実際はX人。

③「某・某等」この場合は、名が挙がっている某の他に「等」字に包摂人数が隠されていると考えられるので、某・某（某の数による）＋X人として捉えられる。

①・②の事例はそのままX人、③の場合は内容的に包摂者が考えられない場合以外はX等の事例として数え、個人名のみ記される場合はその個人名の数だけを被改賜氏姓者として数えた。これが表における人数の数値である。

予察を示しておく。②・③のような省略記載は認可型改賜氏姓の例に多く、時期的に下り、認可型改賜氏姓が増加するにしたがい、史料に表れない複数の被賜氏姓者がある事例が増加すると想定される。

(i) **全体的な傾向**　まず、表14から窺われる下賜型改賜氏姓の全体的な傾向を見てみる。

第一に、八色の姓による改賜氏姓を特殊改賜氏姓として除いた場合、『書紀』に見える残る事例はほとんどが下

表14　下賜型改賜氏姓

時代＼例数	個人（複数カ）	2人（+等）	3人（+等）	4人（+等）	5～10人	11人以上	合計
天智以前	15						15
天智	（1）						1
天武	4（1）					2	7
持統							0
文武	16（1）	1					18
元明	1（1）	1					3
元正	7	1				1	9
聖武	6（4）	1			1		12
孝謙	20（10）	1	1（1）		7	9	49
淳仁	8（2）	1				1	12
称徳	5（2）			1（1）	（5）	8	22
光仁	11（1）	3（2）	（1）		2	2	22
桓武	3（1）	1				3	8
平城							0

表15　認可型改賜氏姓

時代／例数	個人（複数カ）	2人（＋等）	3人（＋等）	4人（＋等）	5〜10人	11人以上（多数カ）	合計
天武以前							0
持統	（1）					（1）	1
文武	3 1件重出	1					3
元明	7（1）	（1）	2		1	（1）	13
元正	7	2	1	1	2	5（1）	19
聖武	34（1）	6（1）	2	（1）	4	8（1）	58
孝謙	44（34）	11（6）	4（3）	6（4）	20	48（36）	216
淳仁	12 1件重出	9	4	7	10	10	51
称徳	6（4）	2（2）	6（6）	7（7）	15	1（1）	57
光仁	16（1）	2（5）	（1）	（2）	6	16	49
桓武	29（32）	4（10）	2（3）	3（1）	13	13 1件欠損	111
平城	4（1）	1					6

賜型改賜氏姓である。それらの事例で対象とする氏人は、個人を中心とした数名程度の例が大多数であるが、前述のように恩典として近親者へも波及した可能性もある。

しかしながら、大抵は天武天皇代を中心とした改賜氏姓（とくに「連賜姓期」）が、何らかの功罪などに基づいて実施されているので、記載された個人のみを対象としたと考えるべきだろう。たとえ改賜氏姓が他の氏人へと波及した場合でも、それほど広範囲の親族には及ばず、改賜氏姓された個人が氏を代表するような立場であった、あるいはその立場（氏上）への上昇をともなっていたと見なせる。

第二に、『続紀』の下賜型改賜姓の例は、個人を中心としながらも多少その波及する範囲が広い例も見られるようになる。四十人・三十八人・二十六人・二十一人・三等以上の親族などの例では、ほぼ一つの「氏」集団が改賜姓対象になっていると考えられる。以上のことから、時代が下るにつれて、下賜型改賜氏姓においても被改賜氏姓者数の波及範囲が直系近親を中心に広がりを見せつつあることが窺われよう。(69)

第三に、複数の人名を記す事例が代を追うごとに増加する傾向にあることである。文武天皇代以後は少なくとも一件以上を数える。この内、氏族内部のある個人が代表として改賜氏姓記事に見えておらず、他の氏人との関係が横並び状態であることを窺わせる例もある。(70)

対象時期の下賜型改賜氏姓のいくつかは貶氏姓によるもので、前項で述べたように罪科の波及範囲は比較的に狭い。貶氏姓（とその逆の復氏姓）については、王清麻呂（史料62、221頁）の例や、一時的な天皇の恩寵による大人数への改賜氏姓が、代替わりなどにより復氏姓（恩寵が無くなり、本氏姓に復されてしまう）される例以外は対象範囲が依然として狭い事例が多い。

第四として、下賜型改賜氏姓に比して、『続紀』・『後紀』に見える事例とも認可型による被改賜氏姓者数の多い事例が高い割合を占めることが看取できる。とくに奈良時代に入ってからは、個人名を挙げる改賜氏姓数と十一人以上の多数への改賜氏姓数を対比すると、三対二程度と高い比率になる。この要因として、すでに指摘したような氏姓制秩序の混乱が理由と考えられる。次いで、諸王の大量臣籍降下（史料51・52など、196・197頁）による皇親賜氏姓や帰化渡来人もしくは無氏姓者への賜氏姓などのような、新たな改賜氏姓対象の拡大にともなう必然的な改賜氏姓の増加が第二の理由に挙げられよう。(71)

ところで、表中では具体的数値は省いたが、『続紀』における被改賜氏姓対象者の多い事例を挙げてみると、史料44・47・50・71・72・73などの二桁は言うに及ばず、九百六十九人・四百三人・百九十三人・百六十人・百三十六人・百二十七人・百九人・百一人という三桁の例や、千二百余烟・二十五烟・二十一烟・二十烟など大量の烟族への例がある。これに加えて、前述のように記載された具体数以上に、「某等」と記されて人的構成の広がりを想定させる事例が多いことにも注意をはらう必要がある。(72)(73)

このような大量被改賜氏姓者の知られる事例は、氏上の申請や推挙などによる改賜氏姓（史料45、192頁・史料73・74など、225〜226頁）が目立ち、氏上的な地位に立つ者の近親（本宗氏に近い氏人など）ではなく、その末端部の氏人や枝族への改賜氏姓の例が多い。しかしながら、記事に複数の氏人が記される一部の例を考えあわせると、一人の代表により氏あるいは内包枝族の構成員すべてを代表しきれていない事例が増加していることも明瞭であろう。換言すれば、認可型被改賜氏姓氏族の氏人同士においては抽んでた系統のない、同族同士の平均的関係が認められるのである。

(ii) **各天皇代の特色**　石母田正は「改賜姓の権を世襲的に掌握し、また氏姓そのものを奪うことによって犯罪者を氏姓共同体から放逐する権能を与えられ、氏姓をもつ良民とそこから排除された賤民および犯罪人との区別を維持する機能をもつ」と早くに指摘[74]している。だが、天皇の権能が改賜氏姓により日常的に発揮されていることには言及していない。

その後の研究においても、改賜氏姓における権能が各天皇毎に差があることまでには考察の手が加えられていない。このような研究状況をふまえ、表14・15（232・233頁）は改賜氏姓に表出した各天皇の個体差を俎上に上げるために各天皇毎に区分した。表に示される数値を基に天皇の個性や政情を読み取ってみたい。

まず看取できるのは、前項で触れたが、天武・持統天皇代の改賜氏姓数は特殊改賜氏姓の事例である八色の姓による賜氏姓を除けば多くはないことである（総件数９件）。

そして、文武天皇代以後に下賜型・認可型改賜氏姓ともに増加傾向が見られる。とくに、個人を対象とする下賜型改賜氏姓数は孝謙天皇代に次ぐ15件を数える[75]。下賜型は遣外国使関係や僧の才芸を用いるための還俗賜氏姓が特徴的である。認可型は文武二年八月詔（史料56、206頁）による中臣・藤原氏の分氏の確認などをとおして下賜型改賜氏姓の有効化が契機となり、それ以後増加傾向に向かったと考えられる。この場合の有効化とは、名目的恩典に実際の地位・身分の上昇がともなうことを指している[76]。

次に看取できることは、孝謙（称徳）・淳仁、とくに重祚後の称徳天皇代に下賜型・認可型ともに被改賜氏姓者数の多さが際立っていることである。下賜型改賜氏姓の対象者が二人の件数以外はいずれの数値も最多を示し、改賜氏姓の数自体が激増している。その上、五人以上への対象者が多数の改賜氏姓数も群を抜いているが、その要因については後述したい。

さらに、桓武天皇代の認可型改賜氏姓数の多さも目立ち（111件）、孝謙（称徳）天皇代に次ぐ数値を示している。この理由には、一つ目として、繰り返し述べているように桓武天皇母の高野新笠（高野朝臣への改賜氏姓は光仁天皇代）をはじめとする帰化渡来系氏族への優遇策と認められる同系氏族への改賜氏姓認可の増加がある。二つ目の理由は、土師氏の分氏と名負氏からの脱却請願とその認可が影響している点である。[77]

帰化渡来系氏族への改賜氏姓の多さが目立つことはすでに指摘されており、[78]表14・15の桓武天皇代の改賜氏姓の合計数（119件）の中で少なくとも33件以上が該当する。この点に、桓武が改賜氏姓をとおして氏族に対する人心収攬策を用いていたことが看取できよう。この桓武天皇の志向を感知した当時の人々が、改賜氏姓の申請に際して「今、聖朝運を啓き、品物交泰なるに属きて、愚民の宿憤、陳べざることを得ず。[79]」と述べている。つまり、桓武は改賜氏姓認可の機運を醸し出し、それを人々は感じ取っていたことは間違いないと言えるだろう。

ただし、このことは桓武天皇の出自に関係して、帰化渡来系氏族への優遇策の影響ばかりに収斂できる事態ではない。二つ目の理由として挙げた土師氏の例に窺えるように、名負氏を表象していた氏姓の、制度としての変革期を迎えているという状況が見出せる。そして、それは桓武天皇の革新的な個性が表れた一例[80]と見なせるのではなかろうか。

これまで改賜氏姓数や被改賜氏姓者数を見てきた。若干数ではあるが、改賜氏姓が認められないケースもある。例えば、天平十九年[81]（七四七）の御方大野・延暦二年（七八三）の山村王孫の事例[82]などが挙げられる。実際には、史料に残っていなくても不許可になった例がある程度はあったと考えられる。不許可となった場合は、基本的に国史に採録されないので件数は数えられないが、いずれにしても、改賜氏姓を行ったこと自体に何らかの天皇権の志向を認めてよかろう。

やや横道に逸れたが、表14・15から窺われた傾向から本項の主目的である各天皇の特性を読み取ろう。前述した天智・天武天皇の他、聖武・桓武天皇代を画期とすることは帰化渡来系氏族への賜氏姓・「氏族志」編纂の企図開始といった理由から見て首肯されよう。これらの天皇は、これまでに現人神化や政策の主導性からディスポティックな一面があると評価されているが、氏姓制への関与も一つの徴証とすることができよう。

しかしながら、もっとも注目されるのは、先に措いておいた孝謙（称徳）・淳仁天皇代における改賜氏姓が質量ともに多い（総数407件）ことである。その内容はおおよそ二つに分類される。

第一に、寵臣である和気清麻呂・吉備真備・藤原仲麻呂・弓削道鏡やその一族への大量の下賜型改賜氏姓の事例（19件）が目立つことである。[83]この点に、寵臣に依存的な天皇の権力発現形態と改賜氏姓との連動や、寵臣とその一族を頼みと思う天皇の精神的な信頼関係が窺われる。

第二には、帰化渡来系氏族への大人数かつ多数の認可型改賜氏姓の事例（64件）が目立つことである。孝謙天皇代に頻発する要因として、史料64・65に挙げた聖武天皇の帰化渡来系氏族・無姓者への賜氏姓政策の影響、さらに孝謙自身による66の勅を受けた改賜氏姓が顕著（10件・称徳天皇代は13件）になったことが考えられる。

これについては、新来の帰化渡来人を日本氏姓制の枠内へと包摂する作業という側面と、この頃より続出する旧来の帰化渡来系氏族の氏姓が和風化していく端緒になったと評価できる。[84]同様に、称徳天皇代になると夷俘・俘囚への賜氏姓・改賜氏姓の事例（20件）も増加傾向にあり、こちらは公民化という政策的意図が強いだろう。

二点に渡り注目したように、孝謙～称徳天皇代は改賜氏姓の濫発状態を惹起し、氏姓の本義である名負の氏名とは関連の希薄な氏名への改賜氏姓認可や大量改賜氏姓によって氏姓制の性格が大きく変わっていくこととなった。このことへの影響は大きい。このように、氏姓制の一層の混乱を生じさせたのが当該期のことと見なされるのである。孝謙～称徳の三天皇代における総改賜氏姓数408件の内、一割に満たないものの皇親賜氏姓[85]（19件）が含まれているので、これを除外すれば総数に対して、氏族側の牽強付会に近い申請による認可型改賜氏姓の占める割合はかなり高いものとなる。

このような画期を現出させた時代背景として特徴的なのは、孝謙～称徳天皇期の皇権（太上天皇も含む広義の）の混乱と政権主導者の革新的政治などが挙げられよう[86]。政治的な不安定さが政治的身分・地位秩序である氏姓制にも混乱を及ぼしたのである。とりわけ先述したように、両天皇の寵臣一族への改賜氏姓と寵臣の政治上の権勢とは同根の要素であると言えよう。逆に、孝謙～称徳天皇の施策は光仁・桓武天皇による帰化渡来系氏族への優遇策の一環としての改賜氏姓の先蹤となったと評価できよう。

つまり、桓武天皇の主たる氏族政策は、孝謙～称徳天皇代の改賜氏姓による政治的な基盤の強化を図る一つの重要な手段としていたことに範をとったものと想定できる。どちらの時期も改賜氏姓の増加をともない、氏の称も名負氏とは異なる氏族が増えるに至ったという事実が、この想定の蓋然性を高めてくれる。

この頃より、多くの氏族はより律令制的な官人出身母体へと変容し、氏姓も家名に近い個人の所属する集団名という意義しか保ちえなくなっていくが、本節ではこの過渡期の中での画期を演出した天皇での性格の違いを明らかにした。

小　結

改賜氏姓を分析素材とし、かなりの長期間を対象として推移を明らかにしたこと、手法的には天皇側と氏族側の双方向からの認識を析出した点が本章の新しい分析視角である。個別には次のとおりにまとめられる。

①天皇権の権能の一つである改賜氏姓について、その性格を明確にし、類型化した。氏々の、あるいは氏族間の結合や絶縁を改賜氏姓により管理するということは、改賜氏姓における天皇権が発動する、という構造と、それら

を認可し事務処理をさせる手続き上での発現形態であるとの結論を導き出せた。

すなわち、下賜型であれ認可型であれ、改賜氏姓には天皇による承認が必要なことにより、こと賜氏姓・改賜氏姓における権能はすべて天皇の権能へと収斂されている。つまり、広義での皇権ではなく、氏姓制をとおして検討した結果、狭義での皇権は天皇独自の権能に他ならず、太上天皇などが存在するような特殊な場合においても、この賜氏姓・改賜氏姓の賜与貶奪権は天皇大権として変動しなかった。そして、数の多寡に直接・間接に管掌している天皇個人の性格が反映されていることを指摘した。

②天智・天武・桓武天皇について従来指摘されるようなディスポティック（政治指導力という意味で用いる）な性格を改賜氏姓の視点から裏付けた。氏姓の賜与貶奪をとおして氏族の把握と管理を有効に利用しはじめたことや、庚午年籍・八色の姓・「氏族志」編纂などから一括した姓の改変などの強権的性格もあわせて看取できた。

③帰化渡来系氏族への改賜氏姓や改賜氏姓数の分析をとおして、聖武・桓武天皇代は氏姓制の形骸化する一つの画期と認められた。とくに、聖武天皇は認可型・特殊改賜氏姓政策においてその性格を窺知できた。また、桓武天皇は認可型改賜氏姓の乱発とその後の出自管理政策において特徴的な時期であった。そこには氏族側に「改賜氏姓の時運」というように意識させる時代を演出した桓武の改賜氏姓への積極的志向を指摘した。

④右の②・③の二点より以上に、孝謙（称徳）・淳仁天皇代における下賜型・認可型改賜氏姓の増加とその対象者範囲の拡大が目立つことを本章で強調して指摘した。

この内実は、②に挙げた天皇によるディスポティックな天皇権の発動とは異なる。孝謙〜称徳天皇期における政権主導者の特異性もさることながら、天皇個人の個性が改賜氏姓政策に反映されての結果であった。被改賜氏姓者が大量である例が多いのも、寵臣一族への一括改賜氏姓や、認可対象の拡大という時運に乗って申請・情願した事例が多いことに対応するものである。この改賜氏姓を政策として有効に活用していることも当代の政治的性格として孝謙（称徳）・淳仁両天皇の個性の発動と見なせるが、一側面として氏姓制の形骸化する画期を発現させた時代と評価できよう。聖武天皇代に拡大された認可型改賜氏姓の門戸は、孝謙（称徳）天皇の下賜型改賜氏姓の多用によって一層普遍的な事象へと転化した。桓武天皇は下賜型改賜氏姓の効用を認め政策的にも利用したが、同じように認可型改賜氏姓の増加を招いた。いずれも旧来の氏姓制の意義を変容させた時期として位置付けられる。

本章では、各天皇権の性格が表れた改賜氏姓の事例から、孝謙（称徳）・淳仁天皇代を氏姓制の混乱促進期としての画期という位置付けを確認した。巨視的には、奈良時代後半から平安時代初頭にかけて、律令制前の氏が急速に変化していく時期と評価できる。そして、この状況を生み出したのは他ならぬ天皇権の発動による天皇各人の個性によるところが大であったと結論付けられる。つまり、天皇を頂点とした律令制国家において、改賜氏姓とは、名負氏とその氏姓を管理統制もしくは変更する機能を機構上のみならず個人の表示機能（氏姓）においても天皇が百姓を統べる意識とその意義とを明確に発現した政治的行為であったと言える。

最後に、本章の考察は一部の政治動向に触れたが、各天皇の個別な政策の考察はしていないのでこれ以上の言及は控えたい。また、総体的な分析に終始したが、個々の事例に関してもそれぞれ歴史的な意義を内包していよう。それらの考察は別の機会に譲ることとする。

註

（1）　虎尾達哉「律令官人社会における二つの秩序」（『日本政治社会史研究』中、岸俊男教授退官記念会編、塙書房、一九八四年、後に『律令官人社会の研究』塙書房、二〇〇七年に所収）では位階制と官職制の二つの秩序を挙げ、「族姓的秩序」は考察の対象外とする。しかし、律令制的な官人の表象としては位階制が固有法の氏姓制との対置関係にあり、官職制を含めた職制とは無関係である。

（2）何度も述べてきたように、天武十三年（六八四）の単行法である八色の姓により一部序列化はされた。また、氏族の動向により姓にも若干の高下が意識されていたことも指摘されている。八色の姓以前において、内田浩史は漠然と君の姓が優位であったことを推定されている（内田後掲註（5）②論文）。

（3）本章では、律令制前も念頭に置いているが、氏姓が変改する「改賜氏姓」を考察対象とするため、官人社会とは、ほぼ律令制機構に属する人々を念頭においた官人社会を指すものとする。

（4）「賜氏姓」や「改賜氏姓」の類型については拙稿ａ論文参照。また、本書序章で要約した他、本章第二節において後述する。
なお、宇根俊範による賜氏姓や改賜氏姓・改氏姓の用字の違いは厳密にするべきとの拙稿ａへの批判がある（宇根「「賜姓」に関する考察」『史学研究』二三九、二〇〇三年）。

しかし、用字の違いは中西康裕（後掲註（5）書にまとめられる）の一連の研究のように、編纂態勢やその特徴にも影響されることを想起すべきである。よって、知りうる限り改賜氏姓の内容から類型化をする私案の方法がやはり有効と考えられる。

（5）改賜氏姓の研究史上の視点を分類し、主な先行研究を挙げる。
①改賜氏姓の手続きや波及範囲を考察したもの。阿部武彦「上代改賜姓の範囲について」『史学雑誌』五五―二、一九四四年・池上経「改賜姓と律令政治」『原田教授退官記念論文集』熊大国史科同窓会、一九六〇年・渡辺直彦「改姓序次の類型的研究」『国学院雑誌』六二―九、一九六一年・同「上代改姓範囲雑考」『国史学』七四、一九六〇年。
②改賜氏姓より姓秩序などを析出したもの。阿部武彦『日本古代の氏族と祭祀』吉川弘文館、一九八四年・内

田浩史「カバネ秩序に関する基礎的考察」『中央史学』一五、一九九二年・宇根俊範「律令制下における改賜姓について―朝臣賜姓を中心として―」『史学研究』一四七、一九八〇年・同「律令制下における改賜姓について―宿禰賜姓を中心として―」『ヒストリア』九九、一九八三年・佐伯有清「続紀にみえる賜姓朝臣と賜姓宿禰」『続日本紀研究』一―五、一九五四年・酒井紀子「天武八姓以外のカバネに関する一考察―特にその序列について―」『北大史学』三〇、一九九〇年・湊敏郎『姓と日本古代国家』吉川弘文館、一九八九年。

③改賜氏姓から氏族的な政策を看取したもの。藍原有理子「賜姓真人氏族についての一考察」『日本古代の社会と政治』吉川弘文館、一九九五年・喜田新六「八色之姓制定以後における賜姓の意義」『中央大学文学部紀要』史学科四、一九五八年・同『令制下における君臣上下の秩序について』皇学館大学出版部、一九七二年・村尾次郎「氏姓崩壊に現はれたる帰化人同化の一形相」『史学雑誌』五五―一、一九四一年。

④改賜氏姓から氏族の親族構造を読み取ったもの。明石一紀『日本古代の親族構造』吉川弘文館、一九九〇年・義江明子『日本古代の氏の構造』吉川弘文館、一九八六年。

⑤改賜氏姓を分析の素材として、究明課題は別に設定したもの。辰巳幸司「改賜姓記事の人名記載順序について」『神戸大学史学年報』一一、一九九六年・中西康裕「六国史の改賜姓記事について」『人文論究』四七―一、一九九七年・同「『続日本紀』の改賜姓記事について」『関西学院史学』二四、一九九七年（いずれも中西『続日本紀と奈良朝の政変』吉川弘文館、二〇〇二年に補訂して所収）。

⑥改賜氏姓の行為自体を分析したもの。拙稿a論文。

（6）村尾次郎、前掲註（5）③論文。

（7）阿部武彦、前掲註（5）①論文。

（8）佐伯有清、前掲註（5）②論文。

（9）喜田新六、前掲註（5）③書。以下喜田の見解は同書からとする。

（10）池上経、前掲註（5）①論文。
（11）渡辺直彦、前掲註（5）①論文。
（12）宇根俊範、前掲註（5）②各論文。
（13）伊藤千浪「律令制下の渡来人賜姓」『日本歴史』四四二、一九八五年。
（14）中西康裕、前掲註（5）⑤各論文。
（15）長谷部将司「奈良時代後期の地方出身氏族」『年報日本史叢』一九九八、一九九八年。後に、『日本古代の地方出身氏族』（岩田書院、二〇〇四年）に所収。本書と、分析素材としての改賜氏姓に関しての私見は書評で述べた（拙稿「書評　長谷部将司著『日本古代の地方出身氏族』」『日本歴史』六九五、二〇〇六年）。
（16）氏姓の与奪権に関しては石母田正の指摘（石母田『日本古代国家論』第一部、岩波書店、一九七三年）もあるが、賜与貶奪の権能とその意義に詳細な検討を加えている業績は管見の限り知られない。本書序章・第二章を参照。
（17）件数の数え方は、日付毎に1件、同日条でも別の詔勅などによるものは各々1件ずつ数えた。例数の数え方は、氏のみ・姓のみ・両方が変化した後の氏姓が異なるものをそれぞれ1例、「等」・「何人」とまとめられ、変化後が同じものは1例とした。その他、薨伝などにより過去を述べる場合はその時期に、明らかに重複する例は除外した。
（18）義江明子前掲註（5）④書。
（19）阿部武彦「天武朝の族姓改革について」『日本歴史』一三四、一九五九年。
（20）熊谷公男「天武政権の律令官人化政策」『日本古代史研究』関晃教授還暦記念会編、吉川弘文館、一九八〇年。
（21）本位田菊士「壬申の乱をめぐる古代貴族の改賜姓」『日本書紀研究』一九、塙書房、一九九四年。
（22）外位制の理解については以下の論文を参照。大町健「律令制的外位制の特質と展開」『歴史学研究』五二〇、一九八三年・仁藤敦史「外位制度について」『日本歴史』五〇八、一九九〇年・野村忠夫『律令官人制の研究』吉川弘文館、一九六七年・林陸朗「天平の廟堂と官人構成の変化」『歴史学研究』二二八、一九五九年・八木充

「律令官人制論」『岩波講座　日本通史』四、岩波書店、一九九四年。

天武朝の外位について、野村忠夫は壬申の乱の功臣に対して改賜氏姓よりも外位などの方法によってその功に報いたと考え、またその例の方が多いことを指摘した。この見解は妥当だと考える。
(23)　宇根俊範前掲註（5）②各論文、及び宇根「平安時代の氏族」（『古代史研究の最前線』二、雄山閣、一九八六年）を参照。
(24)　北村文治『大化改新の基礎的研究』吉川弘文館、一九九〇年。
(25)　上田正昭「上代系譜の形成過程」『国史学』五五、一九五一年。
(26)　溝口睦子『古代氏族の系譜』吉川弘文館、一九八七年。
(27)　前川明久「八色の姓の制定と崩壊」『歴史公論』六―九、一九八〇年。
(28)　竹内理三「天武「八姓」制定の意義」『史淵』四三、一九五〇年。
(29)　道師については、第三章でも触れたように、近年その存在が想定できることから、忌寸より下位の姓種もほぼ八色の姓制下に存在したと推測できる。
(30)　酒井紀子前掲註（5）②論文。
(31)　村尾次郎前掲註（5）③論文。
(32)　平野邦雄「8・9世紀における帰化人身分の再編」『歴史学研究』二九二、一九六四年。
(33)　大塚徳郎「8・9世紀における帰化人系氏族の系譜について」『古代学』一四―二、一九六八年。
(34)　高島正人『奈良時代諸氏族の研究』吉川弘文館、一九八三年。
(35)　外位制の理解については前掲註（22）を参照。
高島正人は、この神亀五年格制の外位を藤原氏が優位性を企図したものと捉え、その影響により「内外両階の格付変更」の契機になったとされる（高島「聖武朝における内外階制の成立と変質」『史正会創立十周年記念　日本

古代・中世史論叢』史正会、一九八〇年）。

しかし、神亀五年は左大臣長屋王・大納言多治比真人池守が中納言藤原朝臣武智麻呂の上席におり、同じ中納言には大伴宿禰旅人・阿倍朝臣広庭も拝されている。参議房前・非参議宇合がおり、数的には有位だが質的に外位制を主導するほどではないと考えられるので、高島の見解は認められない。

神亀五年の格による外位制度は、氏族の差等ではなく経済的な差等を対応官職により設定した規定であると捉えるべきである。なお拙稿「神亀五年格制外位制度の意義」（『日本社会史研究』五〇、二〇〇〇年）も参照。

（36）西野悠紀子「律令体制と氏族」『日本史研究』二五九、一九八四年。

（37）「延喜本系解状」（以下「延喜本系」と略）・「中臣氏系図」『群書系図部集』一、続群書類従完成会所収。

（38）高橋崇「藤原賜姓について」『日本歴史』二四四、一九六七年。

（39）吉永良治「藤原氏上の成立について」『史聚』一四・一五、一九八一年。

（40）黛弘道「中臣氏と藤原氏」『歴史公論』六―九、一九八〇年。

（41）前掲註（5）①各論文を参照。

（42）中臣氏の名義に関しては、中村英重「中臣氏の出自と形成」（『古代氏族と宗教祭祀』吉川弘文館、二〇〇四年、初出一九八六年）・前之園亮一「『中臣』の名義と『中臣連』」（『古代文化』二七―二、一九七五年）などがある。

しかしながら、中臣の名義については右以外にも多々議論が重ねられているが、律令制下においてもっとも特徴的であり、研究史上でも通説的理解とされる神祇祭祀を名負としているということは、残念ながら文武二年詔や「延喜本系」の影響によるところが大であって、「中臣」の本義であるとは見なしがたい。この点は後考を期したい。

（43）拙稿・j論文も参照。

（44）『三代格』巻十七、蠲免事。

（45）例えば、『平安遺文』一巻、一五二、讃岐国司解に「依㆓符旨㆒下㆓知諸郡㆒。爰祖父国益道麻呂等、検㆓拠実録㆒進㆓

本系帳一、并請二改姓一状。」や、他に「令レ進二本系帳一。」などとも見える。
(46) 庚午年籍、及びその定姓機能に関しては本書第三章を参照。
(47) 『三代格』巻一「応貢猨女事」。別稿において猨女君氏をとおして名負氏と政事構造の考察をした。拙稿e論文、及び本書第二章参照。
(48) 拙稿d論文、及び本書第三章において『大宝・養老令』について考察した。
(49) 拙稿d論文において「氏上」・「氏宗」の用字について若干言及した。あわせて本書第三章を参照されたい。
(50) 『書紀』天智天皇八年十月庚申条に「天皇遣二東宮大皇弟於藤原内大臣家一、授二大織冠与二大臣位一。仍賜レ姓、為二藤原氏一。自レ此以後、通曰二藤原内大臣一。」とある。あわせて本章第四節参照。
(51) 阿部武彦・渡辺直彦前掲註（5）①論文。他に、高橋前掲註（38）・吉永前掲註（39）論文など参照。
ただし、この事例は、後の文武二年八月丙午条の詔により不比等の系統以外は中臣の氏名に復させている。また、中臣氏と大中臣氏に関する変容は、藤森馨『平安時代の宮廷祭祀と神祇官人』（大明堂、二〇〇〇年）・森脇文子「古代氏族の変貌―中臣・大中臣氏を中心に―」（『寧楽史苑』三二、一九八七年）が祭祀の結集などの観点から述べている。
(52) 佐伯前掲註（5）②論文。
(53) 『寧楽遺文』上、一九六二年、訂正版、東京堂出版。
(54) 例えば、『三代実録』貞観三年（八六一）十一月辛巳条に「讃岐国多度郡人故佐伯直田公男・故外従五位下佐伯直鈴伎麻呂・故正六位上佐伯直酒麻呂・故正七位下佐伯直魚主・鈴伎麻呂男従六位上佐伯直貞持・大初位下佐伯直貞継・従七位上佐伯直葛野・酒麻呂男書博士正六位上佐伯直豊雄・従六位上佐伯直豊守・魚主男従八位上佐伯直粟氏等十一人賜二佐伯宿禰姓一。即隷二左京職一。（後略）」など。
(55) 改賜氏姓の手順は、註（5）①阿部・渡辺、及び③喜田の各論著を参照。

(56)「姓氏仮冒」の状況は『姓氏録』序文や前掲『後紀』延暦十八年(七九九)十二月戊戌条などに窺える。
(57)『続紀』延暦二年(七八三)九月丙子条。山村王の名が皇親籍に無かったので、孫王らは公民とされた。このとき、「真人の姓を与えず」とあるだけでいかなる氏姓を付与されたか不明である。これは貶氏姓の例と言えるが、五世以上の王の臣籍降下における脱漏によるもので、近江国の申請による認可型改賜姓の事例として捉えておく。
(58)『養老律』の犯罪縁坐条などに窺える。
(59)『書紀』天武天皇九年正月甲申条(本章史料36)・『同』天武天皇十一年五月甲辰条(本章史料38)・『続紀』天平宝字二年四月庚申条(本章史料17)などの事例から、恩典であることが明快に窺い知られる。本章第二節で前述した。
(60)拙稿a論文、及び本章第二節参照。
(61)田中史生「「王」姓賜与と日本古代国家」『国史学』一五二、一九九四年(のち『日本古代国家の民族支配と渡来人』校倉書房、一九九七年、に所収)。
(62)『続紀』延暦八年(七八九)十月乙酉条。
(63)平野邦雄前掲註(32)論文。
(64)拙稿f論文参照。
(65)熊谷公男「令制下のカバネと氏族系譜」『東北学院大学論集』地理学・歴史学一四、一九八四年。
(66)熊谷前掲註(65)論文。
(67)志田諄一「平安時代初期の氏族について」『歴史教育』一六―九、一九六八年。
(68)記事の件数としての数え方は、本章第三節と同じく日付毎に1件、同日条でも別の詔勅などによるものは各々1件ずつ数え、氏のみ・姓のみ・両方が変化した後の氏姓が異なるものをそれぞれ1件ずつ、「等」・「何人」とまとめられ、変化後が同じものは1件とした。その他、薨伝などにより過去を述べる場合はその時期に、明らかな重複は除外した。

(69) 上から順に『続紀』神護景雲元年十一月丙寅条（本章史料62）・宝亀元年四月癸卯条・神護景雲三年十一月庚辰条・天平宝字八年十月己丑条・養老五年六月戊寅条。

(70) 『続紀』大宝二年十一月丙子条・和銅四年三月辛亥条など。

(71) 拙稿a論文、及び本章第二〜三節参照。

(72) 上から順に『続紀』天平五年六月丁酉条・天平宝字三年十二月壬寅条・天平神護二年五月壬戌条・養老三年七月庚子条・天平五年六月丁酉条・神護景雲二年二月癸卯条・宝亀八年三月壬戌条・延暦二年九月丙子条。

(73) 上から順に『続紀』天平二十年五月己丑条・同十八年三月丙子条・延暦十年九月丙子条・同十年十二月丙申条。

(74) 石母田前掲註（16）書、302頁。

(75) 『続紀』文武天皇二年四月壬辰条・同三年正月癸未条・同四年八月乙丑条（2件）・大宝元年三月壬辰条・四月癸丑条・八月壬寅条（3件）・同二年九月乙酉条・十一月丙子条・同三年四月乙未条・慶雲元年二月乙亥条・十月戊辰条・十一月丙申条・同四年二月辛卯条（二人ヵ）。

(76) 拙稿a論文、及び本章第二〜四節参照。

(77) 土師氏関連では、『続紀』天応元年六月壬子条・延暦元年五月癸卯条・同四年八月癸亥朔条・同九年十二月壬辰朔条・十二月辛酉条など。

(78) 伊藤前掲註（13）論文・村尾前掲註（5）③論文など。

(79) 『続紀』延暦十年正月己巳条。他に、同年正月癸酉条・四月戊戌条・九月丙子条・十二月甲午条や史料73などが同様に聖朝の時運を申請の認可の機運と捉えている。

(80) 「氏族志」の編纂を命じて出自を管理しようとしながらも、氏の名乗りについては許容範囲が広いことが挙げられる。他には、遷都や蝦夷征討・律令制再編などの積極的政策を行っており、その個性による政策への発露と見られる。

(81)『続紀』天平十九年十月乙巳条「勅曰、春宮少属従八位上御方大野所レ願之姓、思二欲許賜一。然大野之父、於二浄御原朝庭一在二皇子之列一。而縁二微過一遂被二廃退一。朕甚哀憐。所以、不レ賜二其姓一也。」などによる。

(82) 前掲註(57)を参照。

(83)『続紀』天平勝宝九年中(神護景雲元年九月庚午条卒伝)・天平宝字元年七月辛亥条・同八年七月辛丑条・九月乙巳条(6件。貶除1件含む)・天平神護元年三月甲辰条(3件)・同二年十月壬寅条・神護景雲三年五月乙未条(3件)・九月己丑条・宝亀元年四月癸卯条(2件)。認可型と見られる例も天平神護元年六月己巳条・同二年五月癸亥条・神護景雲二年六月壬戌条(2件)・六月癸亥条・九月辛巳条などがある。

(84) 本章第三節の史料41・42や49・50などの事例が特徴的である。

(85)『続紀』天平宝字元年正月戊午条・同五年三月己酉条・神護景雲三年五月壬辰条の下賜型の例や史料51・52の他、天平勝宝三年十月丙辰条・同四年九月乙丑条・同六年閏十月庚戌条・十二月乙卯条・同七年六月壬子条・天平宝字元年閏八月癸亥条・同二年二月辛亥条に見える。

(86) この時期は、皇統や女帝論・道鏡事件など王権の動揺にも結び付いた各論点のエポックにあたり、研究が豊富で枚挙に暇が無い。

本章と同様な切り口からの孝謙・称徳天皇への評価を与えている考察では、武廣亮平「部姓の性格について―称徳朝の改賜姓記事を中心として―」(『史叢』四三、一九八九年)・石坂佳美「孝謙・称徳朝における易名」(『文学研究論集』明治大学大学院文学研究科、二四、二〇〇六年)を挙げておく。

私は、仲麻呂の紫微中台設置や官職名の唐風化、『養老律令』施行と反乱、孝謙上皇と淳仁天皇の政権分掌、道鏡の太政大臣禅師・法王任用と宇佐八幡神託事件や称徳天皇薨後の失脚といった一連の歴史事実を、王権の動揺が政治史上に表出していると捉える。

〔コラム2〕武士や大名も意識していた氏姓

幕府を開くために天皇より征夷大将軍の職に任じられる必要があることはよく知られている。

室町・江戸幕府を開いた足利・徳川の各家は、鎌倉幕府を開いた源頼朝に倣い源氏の出自であることを主張した。そのためだろう、源氏が征夷大将軍となる条件だったという不文律が存在したと、まことしやかに伝えられている。古くは平安時代初頭の坂上田村麻呂や鎌倉時代の摂家将軍・宮将軍などの例もあるが、源氏と称することに武士の統領という意識も働いたのだろう。

足利や徳川家も、正式な文書や任命の証拠となる官途状では源朝臣という本姓（本書で言う本氏姓）を記している。足利義満が対明外交において「日本国王臣源」と称した例がある。また、最終的に豊臣朝臣となる秀吉も近衛前久の猶子となることによって藤原朝臣の本氏姓を得た。そして、藤原氏のみに資格がある関白に任じられることにもなった。

もっとも、本氏姓を意識していたのは為政者層に限ったことではない。

図版をご覧いただきたい。文書の年月は永禄十二（一五六九）九月で、花押の上に「源」という氏名が記されていることからも本氏姓が重要視されていたことが窺える。江戸時代の『寛政重修諸家譜』が本氏姓の各大名家や旗本を出自によってグルーピングを行っていることから、江戸時代の下級武士にまで本氏姓が意識されていたことが分かる。

このように、本氏姓に対する意識は、公家はもちろん、武士層においても非常に高かった。名字を賜う行為が為政者の政治手段の一つとなりえるのにはこうした背景があった。

徳川氏が松平の家名を譜代大名や有力外様大名に与えていることは、為政者との親近性を高める、言わば懐柔策として用いられたことはつとに知られている。この点は古代でも同様だったことは本書第二

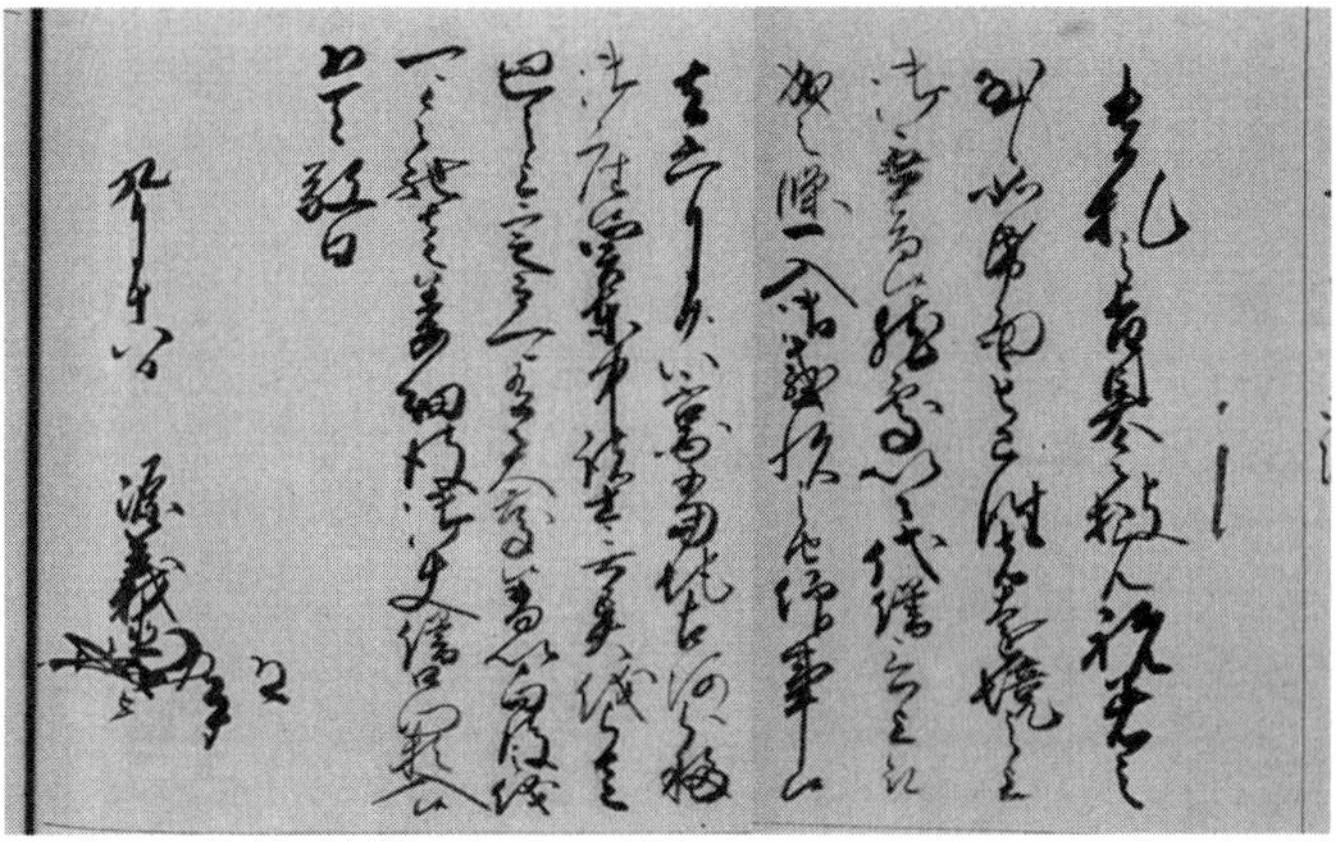

一色家が本氏姓の「源」で記されている例
永禄12年（1569）9月18日一色義直書状〔東京大学史料編纂所謄写版〕
（展示図録『幸手一色氏』幸手市教育委員会発行、2000年より転載）

章でも触れたとおりである。

一方で、家格の上昇や名跡を継ぐという名目で家名を改めたり賜るような例も見える。家康の松平から徳川への家名変更や、足利氏が重臣家の家名を別の出自の者に継がせているような事例、また家譜の編纂にともなう江戸時代の各大名家や旗本などの変更があるが、制約が少なくかなり自由である。

以上のように、古代の六世紀前半に成立した氏姓制の余香である本氏姓とそれにまつわる家名への意識が、中・近世においてもなお引き続き高いことが窺える。しかしながら、氏姓は天皇大権に帰していた古代に比べ、中・近世では出自を変更する規制が緩いことが大きな違いである。それだけ実際に権力を行使できる職制が整備されていたと言えよう。

〔参考文献〕

・木下聡「斎藤義龍の一色改姓について」『戦国史研究』五四、二〇〇七年。
・設楽薫「足利将軍が一門の「名字」を与えること―将軍側近職制の展開との関連において―」『姓氏と家紋』五六、一九八九年。

第五章　平安時代前半の氏姓制

一　本章の検討史料の性格

これまでの第一章から第四章の検討において、氏族政策の視点から、とりわけ氏上や姓の法制化と、改賜氏姓を中心に氏姓制の変容過程に迫ってきた。検討の結果、桓武天皇代に至って、氏姓の名称上の動揺が決定的になったことが分かった。

このように、奈良時代末から平安時代初頭における氏姓制は動揺期を迎えたわけだが、それではそれ以降では果たして形骸化し崩壊にまで至ったのであろうか。換言すれば、平安時代の氏姓は完全に有名無実化するのかという問題について、本章で検討していきたい。

その検討素材として『姓氏録』と『延喜式』を扱う。具体的には、まず桓武天皇が編纂を企図した『姓氏録』を扱い、その編纂過程をとおして、当該期の氏族のあり方を考察することを本章の一つ目の課題とする。

次いで、『延喜式』の規定を中心に考察する。考察の前提として、いわゆる「律令制国家」とは、律令及び単行法と施行細則である格式によって、理念上では国家の諸制度を覆うものであると言えることが必要条件となる。このことは、多くの制度は律令格式により運営されており、完全ではないにしろおおよそ認められる。よって、律令格式制は当該期の氏姓制と対比し検討する素材となろう。

ところで、『延喜式』に先行する体系的成文法の養老令制では、第三章での検討の結果、中国の令制の単なる継受ではなく日本の独自色と認められる個所に「氏宗（上）に関しては勅を聴け」とあり、このことから氏姓に対して天皇大権が存在することを指摘した。もっとも、慣習法的に制約されていたことがすべて令の規定として結実したのではない。令への影響を与えずに解消している、換言すれば、令の規定として成文法化されなかったものも想定できるのである。このことは、本章での考察をとおして『延喜式』の規定に摂取された点が明らかになるだろう。

もう一つ注意しなければならない点がある。それは『延喜式』施行（康保四年・九六七）以前にも『弘仁・貞観式』があり、規定が『延喜式』に遺存しなかったものもあったと考えられることである。さらに、弘仁五年（八一四）には、氏姓制の変容を記しとめたものとして『姓氏録』が撰上され、翌年に再撰進も行われている。しかし、法の整備や『姓氏録』の編纂をとおしても、氏姓制は『養老令』施行以後、『延喜式』編纂までの間に制度が大きく変わった点は見受けられない。よって、両極に位置する時間的な差異以外の問題、つまり、その間の制度の変遷過程についての考察は捨象する。時間軸の両極のうち、後代に位置する『延喜式』の規定には、平安前期におけるある程度の変容の結果が表出しているものと想定される。

『姓氏録』と『延喜式』の二点に見える氏族像を析出することを本章の課題に据え、奈良時代から平安時代への変容の有無を看取するという点を加えた三つの問題意識をもって行論することにしたい。

二『姓氏録』の編纂と氏族

本節では、『姓氏録』の検討から同祖同族関係の結合形態を中心に検討する。まず、考察の前に広義での「氏」

の全体像を確認しておく。そこから同祖同族関係の成立時期やその意義について考察することを主題とし、あわせて『姓氏録』の編纂理由に関しても言及していく。

広義の「氏」には、血縁・非血縁（擬制的同族）関係を内包する。非血縁関係の氏族は、本宗氏と祖先を同じくするという系譜を認められており、擬制的同祖同族関係として広義の氏族を形成する。

同祖同族関係を主題にした研究には、個別氏族の系譜関係を中心にした論考(1)が多い。また、氏の結合の形態と言うよりは氏族説話の分析に力点がおかれており、必然的にその中心に位置する氏族の考察が主となっている。

このように、これまでの研究には本宗氏の周縁に結び付いている氏族への分析視角が欠如していた。私はかつてこうした研究動向をふまえ、『姓氏録』段階における擬制的関係も含めた同祖同族関係の結合関係を明らかにした。(2)この成果をふまえて論述することにしたい。

(1)『姓氏録』の編纂

氏姓制政策の一つの成果である『姓氏録』は、研究の蓄積も多いが、編纂過程と上進について触れておこう。

第四章で明らかにしたように、政事行為の中で改賜氏姓を見れば、帰化渡来系氏族への優遇的な改賜氏姓政策を示した光仁・桓武両天皇に、氏姓の混在化が進んだのであり、この点において両天皇代に画期を認めた。

その光仁・桓武天皇の前代、氏姓制の動揺を見せた時期（孝謙～称徳天皇代）に「氏族志」編纂が企図された。「延喜本系解状」の中臣糠手子の項に「案、依二天平宝字五年撰氏族志所之宣一、勘造所レ進本系帳云。（後略）」とあることから、「氏族志」が編纂されたことが知られる。ここに書かれている本系の上進が史実であれば、おそらくは治部省（「養老令」職員令治部省条）に保管されていたのであろう。この史料には淳仁天皇代の天平宝字五年

（七六一）とあるが、このような氏々の本系により歴史性を明示するという氏族政策が桓武天皇代においても引き続いて行われた。このことは以下の史料から窺い知られる。

《史料1》『後紀』延暦十八年（七九九）十二月戊戌条

勅、天下臣民、氏族已衆。或源同流別、或宗異姓同、欲レ拠二譜牒一、多経二改易一。至レ検二籍帳一、難レ弁二本枝一。宜下布二告天下一、令レ進中本系帳上。三韓諸蕃亦同。但令レ載二始祖及別祖等名一、勿レ列二枝流并継嗣歴名一。若元出二于貴族之別一者、宜下取二宗中長者署一申上レ之。凡厥氏姓、率多二假濫一、宜レ在二確実一、勿レ容二許冒一。来年八月卅日以前、惣令二進了一。便編入録、如事違二故記一、及過二厳程一者、宜下原レ情科処、永勿中入録上。凡庸之徒、惣集為レ巻。冠蓋之族、聴二別成レ軸一焉。

右のように、桓武天皇はその治世の晩年に、氏簿とも言える『姓氏録』の作成を企図したのである。史料1の勅により編纂が開始され、これを承けて結実した結果、史料2に見える『姓氏録』が完成した。

《史料2》『日本紀略』弘仁五年（八一四）六月丙子朔条

先レ是、中務卿四品万多親王・右大臣従二位藤原朝臣園人等、奉レ勅撰二姓氏録一。至レ是而成。上表曰、云々。

《史料3》『姓氏録』上新撰姓氏録表

臣万多等言、臣聞、陰陽定位、（中略）又有下偽レ曽冒レ祖、妄認二膏腴一、證レ神引レ皇、虚託中敝冕上。（中略）然書府旧文、見進新系、讎校合之。則総以入レ録。其未レ詳者、則集為二別巻一。年肇二神武一、人兼二倭漢一。凡一千一百八十二氏、并レ目卅一巻、名二新撰姓氏録一。（後略）

弘仁六年七月廿日

中務卿四品万多親王（中略五名）等上表

右の史料2と3では弘仁五年と六年という年次の違いがある。この点から、成立年次については諸説あるが、上進した後に再撰進したものと捉え、現行『姓氏録』は嵯峨天皇代の弘仁六年成立[3]と見なすべきである。『姓氏録』編纂の目的については様々な見解[4]がある。しかしながら、その本意は氏族の出自や沿革を明らかにし、その正当性の度合いをも記そうとしたものであろう。この点は『姓氏録』が正当性によって「某同祖」・「某之後」や「日本紀合」などの記載を使い分けていることから知られる。

氏の歴史や系譜の正当性の評価を編纂の目的としたことを直接的に示したのが史料1の勅である。勅中の「本枝を弁じ難」いような、あるいは『姓氏録』序文に記されるような氏姓秩序の混乱や出自の倒錯を正すことが編纂の主要目的であるという説があるが、首肯すべき見解である。この勅により「宗中長者」（氏上の地位と同義であろう）が、本系帳を進めるようになり、さらに誤記や提出期限をオーバーした氏に罰則をも設けたのである。『姓氏録』の上表文に「然書府旧文、見進新系、讎校合之。則総以入レ録。」とあり、『姓氏録』序に「又有下諸姓漏二本系一而載中古記上、則抄二古記一以写附。本系之与二古記一違、則拠二古記一以删定。今案之中證二引古記一、則雖二文駮一而不二必改一。所下以存二其文一取中辞達上也。」とあるように、史料1の勅を受けて編者が各氏族の本系を一々古記と照応し、その内容を確かめていったことが知られる。

史料1の勅に見える編纂の企図から、『姓氏録』上進までには十五・六年ほど要している。各氏族の本系の推敲の難しかったことや、期限までに提出できなかった氏族が存在したという事情を想起させる。その要因に、各氏の冒名冒蔭による家譜や本系帳の錯乱があったのであろう。

《史料4》『姓氏録』序

（前略）臣等、歴探二古記一、博観二旧史一、文駮辞蹐、音訓組雑。会二釈一事一還作二楯矛一、構二合両説一則有二牴牾一。新進本系多違二故実一。或錯二綜両氏一混為二一祖一、或不レ知二源流一倒二錯祖次一。或迷二失己祖一過入二他氏一、或巧入二他氏一以為二己祖一。新古煩乱不レ易二芟夷一。彼此謬錯不レ可二勝数一。是以雖レ欲レ成二之不レ日一、而猶十二歳於茲一。京畿本系、未レ進二過半一。（後略）

史料4からは、元々氏姓の乱れを正す目的で『姓氏録』が作成されはじめたが、冒名冒蔭や改賜氏姓多発によって動揺した氏姓制の影響を受けて氏姓を正す作業自体が難航したということが窺える。それは氏族側とて同様で、本系の辻褄あわせや本宗氏との折衝に苦心したことであろう。

このような「氏族志」や『姓氏録』の編纂が氏族政策に及ぼす意図について、熊谷公男[5]は姓秩序の混乱を収拾しようとしたものと評価している。宇根俊範[6]はこの考えに賛同した上で、『姓氏録』の検討によって新氏族の系譜関係を明らかにし、『姓氏録』は以後増加してくる改賜姓に対処するための書であったという評価を与えている。

しかしながら、「氏族志」は残存しないのでおくことにして、『姓氏録』については私はそのような評価を与えられない。

なぜなら、先述のように桓武天皇代の前後は氏姓制の混乱化のみ目立ち、『姓氏録』と家譜の異なっている場合など改賜氏姓に用いえない事例が少なからず見られるからである。また、『姓氏録』撰進以降の改賜氏姓の際には『姓氏録』を根拠とした事例[7]がそれほど多くないことも理由に挙げられる。

このことから、当初『姓氏録』は、重要な典拠とされることを目指してはいなかったことが窺えよう。このことは、抄録本しか現存しないことに関係するのであろう（史料4）。

それでは、『姓氏録』の編纂目的とその意義は何か。桓武天皇による延暦十八年勅（史料1）がそのことを解く鍵であると考えられる。この勅と新たな「氏族志」の編纂の要因は、『姓氏録』序（史料4）や中臣氏「延喜本系」

に見える「氏族志」の編纂とは若干意味あいが異なるだろうが、賜氏姓の混乱にあるという点では何ら異議はない。
しかし、第四章で述べたように、桓武天皇が認めた賜氏姓の例を見てみる限り、後々のことまで考慮して行っていた政策とは思えない。さらに、恩寵の波及という下賜型的な契機にあやかる認可型改賜氏姓の多発は、旧来の貴・豪族層へも少なからず動揺を与えたことと思われる。桓武天皇代の二大政治案件であった「軍事」と「造作」が進められる中で、叙位などとともに改賜氏姓においても功賞という点では特殊的にならざるをえなかったことと思われる。そうした政策を打ち出せば当然の成り行きとして、律令官人と化した各氏族の氏姓による表象機能は低下していく一方であろう。そこで桓武は、これまで述べてきたように、政治的にはほとんど影響力がない氏姓の再確認を新たに意図したものと考えられる。そこには、桓武自らが認可型改賜氏姓を多数認可することで、氏姓の混雑を助長したという桓武自身の意識も看取できよう。氏々の歴史性などを聞き届け、それを国家の編纂する書物に記録し、さらに伝統的な氏族や本宗氏は上位に記載することによって、実益は乏しく多分に名誉的ではあるが、伝統的氏族などの不平を反らせようとしたものとも考えられる。

要するに、『姓氏録』は律令官人化の進行によって政治的に有効ではなくなりつつある各氏族の歴史性や出自などを記し、本宗氏を再確認するための書であった。そのように考えると、『平安遺文』に「実録、撰定」[8]の語句が見えるが、この語句の持つ意味を無理なく理解できよう。「氏族志」が政治的な効力を発揮するものであっては、近親氏族の多数登用と改賜氏姓を行ってきた桓武としては政治上・地位序列上でも不都合であった。そのため、『姓氏録』は結局のところ再確認の機能こそ有していたものの、政治的には無効力になることを想定の上で編纂が始められたのであろう。正しい系譜を選び定め、事実を記録する、それ以上でも以下でもないのである。

畿内の中級程度以上と見なされた氏族を中心として、その庶流氏族などを含めて選抜登載したものが、現在残る

『姓氏録』の抄出本として定着した。逸文が多数残存しているとはいえ、畿内を中心としているのは、中央官人を出す氏族を中心視しているためであって、桓武に全国の氏族に及ぼす意図がどの程度あったかは疑問である。収載する氏族を鑑みると、ある程度の「氏」としての結合と勢力を保持している氏族を対象としていたと考えられる。

大きく混乱した氏姓制の表象機能は、『姓氏録』により再び定姓、本宗氏の明確化が図られた。同書は撰進以降、少数例ではあるが改賜氏姓の主張や審査の基準としても利用された。桓武天皇代に至るまでに混乱しかけている氏姓序列にあって、改賜氏姓によって氏姓を追認されたことによる当時の現実の有力氏族（本宗氏）が、出自においても同祖同族関係の氏族群の中心に位置することを、『姓氏録』編纂をとおして国・氏族側ともに再認識させることとなった。『姓氏録』は、桓武天皇代よりも成立は下るが、桓武の勅という天皇権によりその意志が発現した独特の氏族政策と言えよう。

項を改めて、ある程度選抜された氏簿である『姓氏録』の内容について簡単に触れることとしたい。

⑵『姓氏録』の史料的性格と同祖同族関係

まず、『姓氏録』自体の史料的性格は、その序文に述べられている。

序文には、収載一一八二氏を「三体・三例」により分類編纂したことが示されている。「三体」とは、(i)天皇・皇子の後裔である「皇別」、(ii)天神・地祇の後裔である「神別」、(iii)帰化渡来系氏族である「諸蕃」の、以上三つの出自に分類したことを指す。その上で、分類の信憑性を①古記・本系帳両方に載るものを「出自」、②先のいずれか一方に載るものを「同祖之後」、③古記に漏れており祖を立てて誤りないがやや疑わしいものを「之後」とする、以上の「三例」に類型化している。

次に、『姓氏録』における同祖同族関係の結合について、三体の記載順に簡単に見ていくことにしよう。

(i) **皇別氏族**　皇別氏族の最初に結合の中心になるのは神武天皇の後裔氏族群であり、それは神八井耳命を祖とする多朝臣氏が中心となっている。一方で神八井耳命の男、彦八井耳命の後裔は茨田宿禰を中心とした結合を見せている。

孝昭天皇の後裔氏族群は、和邇氏に始まる大春日朝臣と小野朝臣を系譜結合の中心に、二つの氏族群を形成している。

孝霊天皇の後裔氏族群は、伝承の質量ともにかなり有力な吉備朝臣氏を中心とするが、氏名の数からだけ見ると氏族の数はそれほど多くはない。

孝元天皇の後裔氏族群は、最大で二つの大きなグループに大別できる。大彦命と武内宿禰をそれぞれの祖とするグループである。四道将軍の説話を持つ、大彦命を祖とする阿部朝臣氏を中心に、「饗（あえ）」関係氏族が同祖同族関係にある。

武（竹・建）内宿禰後裔氏族群は、有勢を誇った蘇我氏の後裔、石川朝臣氏以下は並列的な結合状態を呈している。

開化天皇の後裔氏族群は、『姓氏録』では大私部の「同右」の関係とされる日下部宿禰・日下部連氏を中心にしていることが分かる。

崇神天皇の後裔氏族群は、下毛野朝臣が系譜的中心に位置しているが、その実は上毛野朝臣氏が同祖同族関係の本宗に位置していると見て大過なかろう。

景行天皇の後裔は、景行の皇子日本武尊命を祖とするという犬上朝臣氏を中心とする。だが、別氏として分立していると見なせる讃岐公や佐伯直氏なども多い。

応神後裔氏族群は、息長真人を中心とする。

敏達天皇後裔氏族の中心は、大原真人である。かなり明瞭に同祖同族関係氏族の繋がりを示している。

この他、少数の氏族の先祖とされるのは、安寧・孝安・垂仁・仲哀・継体・用明・舒明・天智・大友王（皇子）・天武が挙げられる。

以上、皇別氏族の同祖同族関係の結合形態を概観した。各天皇を起点としつつも、一つの始祖に並列的にではなく、末広がりな形態の同祖同族関係として本宗氏に収斂している関係であることが明らかになった。

(ii) **神別氏族（天神・天孫・地祇系）** 次に神別氏族を取り上げる。

神別氏族のうちまず挙げられるのは、天神系の出自を持つ氏族であり、それぞれ高皇産霊・神魂命・神饒速日命・天津彦根命・火明命・大国主命・綿積命を祖とする一群が大きな同族群を形成している。

もっとも多くの氏族が収斂しているのは高皇産霊命だが、その後裔氏族群は、一方は天押日命の後裔である大伴宿禰が中心となるが、別祖を立てている氏族も多い。他に、斎部宿禰も同祖同族関係の氏族群を形成している。

次いで、神別氏族の雄藤原朝臣氏を輩出した一群が挙げられる。『古語拾遺』では神皇産霊神の子とされ、『姓氏録』では津速魂命の三世孫とする天児屋（根）命を祖神とする。『姓氏録』では中臣朝臣氏から分氏した藤原氏の方が同祖同族関係の中心とされるが、元来の本宗氏である同祖同族関係の（大）中臣朝臣の方に、その他の同族氏族が結び付いている。この氏族群にも別祖氏族が多い。

その他の神魂系の後裔氏族には、それほど氏数の多い結合は見られないが、額田部宿禰（明日名門命）・賀茂県主（武津之身命）・県犬養宿禰（阿居太都命）・額田部湯坐連（天津彦根命）の各氏が、小さいながらもそれぞれ同祖同族関係の氏族群を形成していた。

次に、神別氏族の中で最大の氏族群を形成するのが神饒速日命を祖とする氏族群である。物部守屋の敗亡によって本宗氏は途絶えたが、同族後裔の中では石上朝臣氏が緩やかな結合の中心となっている。しかし、別祖を立てる氏族の数ももっとも多いという特徴がある。他にも、火闌降命をそれぞれ祖とする氏族や、振魂命を祖とする小群がある。

天孫系氏族の火明命後裔氏族群の中心は、尾張宿禰である。天香山命を祖とする氏族をはじめ、別祖を立てる氏族も多い。

同じく天孫系の天穂日命後裔氏族群は、出雲宿禰を中心としている。中でも出雲宿禰系統の土師氏は、四腹から三氏に改賜氏姓（第三・四章でふれた）して、それぞれ別個の基盤を形成していたにもかかわらず、未改賜氏姓の土師宿禰や改賜氏姓した三氏ともに同祖関係を保持していた。このことは、同祖関係の紐帯が『姓氏録』段階においてもなお有効に機能していたことを示している。

同じ神別氏族のうちの地祇系氏族については、大国主命（大己貴命）と綿積命という二つの大きなグループがある。同祖同族関係の氏数が多いのは大国主命の後裔氏族群であり、その中心は大神朝臣氏である。宗形朝臣氏が六世孫より分出したとされるのは、後次的な同族関係を結んだことを示唆しているようでもある。

次いで、同じ地祇系の「海神」綿積命後裔の氏族群の中心は安曇宿禰である。

その他、神知津命の後裔系である大和宿禰、椎根津彦の後裔系の小群、天押穂根命後裔系の弓削宿禰などが見られる。

以上見てきたように、大伴宿禰・忌（斎）部宿禰・土師宿禰・藤原朝臣（大中臣朝臣）・石上朝臣・尾張宿禰・出雲宿禰・大神朝臣・安曇宿禰氏などが神別氏族の本宗氏として、同祖同族関係の中心に位置付けられていた。

ⅲ 諸蕃　三体の一つ、ⅲの諸蕃に分類されるのは「帰化渡来系氏族」[9]である。繰り返し帰化渡来系氏族においては、太秦公宿禰・坂上大宿禰氏に結合する氏族が多い。次いで、広階連・文宿禰・菅野朝臣・日置造が小さな氏族群を形成しているが、それ以外は少数の氏族が同族関係にあるか、単独の祖を主張して他氏と結び付いていない氏族が大多数である。

秦や東漢氏の後裔の氏族群は、日本在来の氏族と同じような同祖同族関係の氏族群を形成している。このことから、帰化渡来系氏族の中でも日本に帰化渡来してから長い年月を経た氏族は、比較的大きな同祖同族関係を形成していると見なせる。一方、新来のとりわけ白村江の戦い以後に帰化渡来した氏族は、それぞれ祖を立てて独自性を保っていたと考えられる。

これらとは別に、百済王氏は独自性を保っており、同族関係をほとんど形成していない。この事例は、事実上百済王族という尊貴性が認められてのことと考えられる。帰化渡来人の中でも亡命王族と認定されていない人々までに王族との擬制的な同族関係を認めることは、尊貴性を保ちたい百済王氏側も、出自を表示し特例の「王」姓の数を増やすことになる日本の制度的にも認めることがなかったものと想定される。

また、『姓氏録』では「未定雑姓」[10]という別の分類も行われている。「未定雑姓」には、文字どおり同族関係もしくは始祖名が決定できなかった氏姓が収載されている。この点は、「未定雑姓」氏族として収載されることにより公認されながらも、擬制した本宗氏の氏上に同族関係だと認定されなかった事情が反映していると考えられる。

以上のように、『姓氏録』の編纂段階においてもなお本宗氏のみならず、その周縁に結び付く氏族同士においても系譜関係に階層性が明瞭に表れているのである。

三　同祖同族関係の成立と管理

前節では、『姓氏録』の編纂と同祖同族関係の結合形態を中心に考察した。それでは、同祖同族関係が成立する契機や、その管理体制などはどのようなものであったのか、ここで検討しておきたい。

前節の(ii)神別氏族で挙げた出雲臣（後に宿禰）氏については、平石充の論考[11]がある。平石は、出雲国内の豪族層における族長位の継承次第の検討から、広い傍系親族間における族長位の移動が見られること、また氏族の系譜観念には始祖と氏族構成員全体を結び付けるウヂ的構造を見出せることの二点を指摘している。この指摘は、始祖に繋がる氏族構成員全体をフレキシブルな族長の地位によってゆるやかに広義の氏族を管掌する体制を析出したと見なしうる。

これと同様の指摘は加藤謙吉[12]もしている。要約すれば、推古天皇代から舒明天皇代にかけて、蘇我氏一族及び大夫を輩出するようになった蘇我氏の同族は、いずれも稲目の時代の前後に蘇我氏より分立した血縁親族の氏人に出自があるという。このことから、一族・同族からの大夫の輩出が大夫層の掌握を図るための政治的な措置であったとする。この加藤の理解では、蘇我本宗氏の立場は変化しないことになるが、本宗氏が同族関係氏族を管掌したという管理体制が別の角度から指摘されていると言ってよかろう。

一方、氏の同祖同族関係の進展について、阿部武彦[13]は、朝臣や宿禰などの新姓の授与が同一氏の中に分裂をもたらした契機となったと述べている。阿部の指摘は、一氏一氏上をもって代表される広義の「氏」が分裂して細分化していくことを意味すると思われる。「氏」の分裂・細分化というよりは例とする時期や対象が貴族層であり、「氏」が細分化したのではなく、むしろ家令をおく、いわゆる「公的家（律令制的に）」から後の家門と言われる「家」へと変化していく過渡的段階であると解釈すべきであろう。

「氏」から「家」への細分化の契機は別の角度からも指摘されている。それは議政官構成氏族を考察した高島正人[14]によるもので、和銅元（七〇八）年の中臣意美麻呂の中納言補任、次いで養老元（七一七）年の藤原房前の参議補任を、議政官構成氏族の変化の画期とする。この議政官構成氏族の段階的な変化は、本章の視角から見れば氏から家へ、「腹」という同族観念ではなく、一つの氏内に別個に財産や系譜を繋げる個人、もしくはその人を中心とした集団を形成させる端緒となったとも捉えられる。

ここで取り上げられる中臣氏の同族結合は、『姓氏録』左京神別上、天神・藤原朝臣条に、出自が「出レ自二津速魂命三世孫天児屋命一也。廿三世孫内大臣大織冠中臣連鎌子。」とあり、その次には大中臣朝臣が「藤原朝臣同祖」とされることが参考となる。一見すると藤原氏が中臣氏族の本宗的な位置にいるように受け取れる。しかしながら、左京神別の大中臣朝臣より後の条、もしくは右京神別上以下の各条では「天児屋（根）命之後也」や「大中臣朝臣同祖」とあるように、やはり中臣氏族は藤原氏を別枠として、大中臣朝臣氏を本宗氏として結集していると見なせる。

この結合状況については別稿[15]に述べたが、この後嘉祥年間（八四八〜五〇）頃に、中臣氏は許米の後裔の逸志が氏上の地位に立ち、同族の管理を積極的に行っている。まだ逸志が表面には出てこないが、『三代実録』貞観二年（八六〇）九月己酉条には、斉衡三年に右京人の中臣朝臣福成を同族ではないと訴えて除籍も認められたが、ここに至って福成は惟岳宿禰に改賜氏姓、及び貫籍し直された。その上、「延喜本系」には福成を含めた二十五烟を除籍せしめていることも知られるのである。

さらに、『三代実録』同三年六月甲辰朔条には、すでに神祇伯となっていた逸志らが奏言により大中臣・中臣両氏の絶戸や無身戸である左右京の一百三十七烟を籍帳から削除したり、反対に『三代実録』同六年（八六四）八月甲子条では、右京で戸籍が途絶えていた百姓の大中臣朝臣豊御気らを保証し、本属に復貫させたりもしている。

各々の極官を見ていくと気が付くが、大中臣朝臣と中臣朝臣氏は完全に分氏したのではなく、前述の三門の後裔がそれぞれ家長として家門に属する氏人を管掌し、最上位の人物が氏上として総合的に管理していたのである。しかしながら、多くの中臣氏は、逸志の子伊度人の代に「大中臣」への改賜氏姓を申請して認可されている。「中臣」の名義を捨てていないことから、平安時代半ばに至り、各家に分立してもなお中臣氏族の同族意識が高かったことが窺われる。

ところで、中臣氏は鎌足の弟垂目らの系統、国子から国足―意美麻呂へと繋がる系統、糠手子から金の弟許米の系統といった三門があり、三門それぞれが断絶することなく家を形成するようになる。藤原四家・恵美家や土師氏の四腹などと同じく、血縁親族による系譜的な繋がりを持つ家の意識が存在していたことは、親族論の分野においても検討素材になりうると言えよう。

このような「家」問題について、中村英重[16]は官人の地歩や名誉など具体性に乏しいとし、さらに「家」の定義を行い、「家」の継承は、後世の家職（家業・官職）・家領・家財などの相続・継承ではなく、官人として出仕することによる政治的地歩の継承で、それがひいては氏と「家」の伝統性、名誉の継承となっていった、とする。血縁親族による系統を重視する私見とは異なる見解である。

私見を具体的に述べてみよう。『姓氏録』編纂段階では中世的「家」の形成はいまだ過渡期である。種々の同祖同族関係氏族の結合状態を見れば窺われるように、同祖関係の中心となる氏族と、それに連なる同祖同族関係氏族との間には、歴然とした勢力や階級の差があることは言を俟たない。また、『姓氏録』において「同氏」・「同上」

と記載される氏族は、概して本宗氏に比べ勢力のより劣る氏族である。これらの結合形態は各氏族群によって様々であるが、その中心となる本宗氏は周縁の同祖同族関係氏族よりも、勢力的に凌駕していたのである。

以上のような氏の構造が基本と捉えれば、阿部朝臣氏に見られる氏上の流動性や、壬申の乱の功臣の氏上任命などの特殊事例を除いては、官人の出身母体としての「氏」として氏の中での勢力変動は起きないと考えられる。官人としての地位を示す位階は蔭位によって子孫へ継承されていくことを考えあわせると、氏から家へと分化する際には、そこで相続・継承するもの自体が「家」の重要なファクターとなったと考えるべきである。養子が発生するのも擬制的な親―子関係により系統を嗣ぎ、財産を相続するのである。

さて、論点を広義の氏の管理体制に戻すと、周縁氏族に対して優位性を保ち続けた本宗氏族は、氏上を輩出する氏族と認知されること以外にも、朝廷内部においても政治的に優位な地歩があった。つまり、同じ氏内において、本宗氏族は位階・職や保有財産も他の氏人より優っているのである。氏上を中心とする本宗氏に変動が無いことは、換言すれば、天皇と貴族層との関係にも変動が無いことを意味する。

それでは、本宗氏を媒介にして氏族群の間接的管理がなされたのはどのような方式があったのかをまとめてみよう。これまでに述べてきた論点は次の二点である。第一には第三章で検討した氏上による氏人の管掌が挙げられる。第二には、第四章及び本章第二・三節で述べた本宗氏に収斂する同祖同族関係である。

同祖同族関係は政治的な紐帯（名負氏の職掌を中心にして。後には地縁なども関係する）によって、氏同士が結び付いている。それは、氏姓が成立したことによって発現する宗族以外の氏の主張が見え隠れしているのである。より始祖に近い神へと結び付けられるかどうかは、同族として本宗氏との親縁性にもかかわる問題とされていたことが、同祖や別祖の立て方に窺われる。

本宗氏を中心とした同祖同族関係氏族の把握という管掌の方式は、王権の氏族への管掌が、氏上をとおした間接的なものであった名残りと、出自統制の権限は依然として氏族側、とりわけ氏上に残されていたことを物語っている。

それでは、これまで検討した氏族の結合構造という観点ではなく、氏名を異にする各氏族それぞれが単体として、一つの氏として把握されたことと、そのような単位の氏族がどのように法の中に取り入れられていったのであろうか。節を改めて考察を加えることにしたい。

四『延喜式』から見る平安時代前半の氏姓制

(1)『延喜式』と『養老令』の対比

まず、『延喜式』の諸規定を分析していくことにする。そこで、先に示した表6（136頁）と同様に、氏姓・部・戸の規定項目を抽出したものが表16（後掲286〜290頁）となる。

表16を一見して窺えることは次の四点である。

一点目として、養老令制と同じく、氏姓制は『延喜式』でも日本において特徴的な神祇祭祀系の各条文に色濃く影響を与えていることである。とくに、新興氏族である藤原氏をはじめ、同族の中臣氏、さらにその下僚で後に同族的な氏族と主張する卜部氏、これらと競う忌（斎）部氏の記載が多いことが挙げられよう。

二点目は、部が規定されているのは「神祇式」が中心であるが、それ以外の式の規定においても、神祇祭祀にかかわる事柄（準備や行事に関してなど）が大多数を占めていることである。

三点目として、藤原氏や王氏（王族）は、神祇祭祀の他に仏教系の斎会についても規定が多く見出せることである。これについては言うまでもないが、平安時代に至っての議政官構成氏族に偏りが見えたことと、貴族中心の政事運営という背景が表れた結果と言えよう。この点については、次節において詳述する。

最後に四点目として、『養老令』の規定（表6、136頁）には、その名が見えないものの、『延喜式』になって見える例がある。この点は表16中に「×」印を付した項目が多いということが一瞥して諒解されよう。式が令の施行細則という法の性格からすれば、『延喜式』により具体的に氏族名が挙がるようになるというのも当然のことと考えられる。一方で、逆に『養老令』にあった名が『延喜式』になり消えてしまっている氏族も存在する。このことは前掲表6に付した「×」印（『延喜式』の規定にその名が見えないもの）から窺われる。

この要因として考えられるのは、第三章で瞥見したような職能系氏族の保っている技能が、『延喜式』の頃になるとそれほど特殊ではなくなったという点である。換言すると、ある氏族が有した特徴的な技術が、この頃にはすでに他氏（この段階では、他氏というよりは官司制における職能者と言うべきだろう）に優越するものではなくなってしまったということである。一方で、土（師）部や遊部といった規定が見えなくなった事例などは、それら氏族が関与する技能自体の必要性が無くなってしまったという事情も考えられよう。

(2) 官人輩出氏族の成文法化

前項では総体的な観点から『延喜式』の規定を検討したが、これ以外にも平安期に入ると下級官人や儀式での役割分担などにおける氏族の固定化が『延喜式』に明文化された。下級官人に目を向ければ、こと『延喜式』においては『養老令』より幅広い名負氏[17]・名負入色者の存在と任用規定が見られるようになる。

この点を探るために、まずは先行する単行法との関係が知られる例をいくつか挙げることにしたい。

石上・榎井氏という、名負の性格から儀式などでの役割（職掌）を負う上級氏族の例を掲示する。

《史料5》『続紀』神亀元年（七二四）十一月己卯条

大嘗。備前国為二由機一、播磨国為二須機一。従五位下石上朝臣勝男・石上朝臣乙麻呂・従六位上石上朝臣諸男・従七位上榎井朝臣大嶋等、率二内物部一、立二神楯於斎宮南北二門一。

《史料6》『続紀』天平十四年（七四二）正月丁未朔条

百官朝賀。為二大極殿未一レ成、権造二四阿殿一。於レ此受レ朝焉。石上・榎井両氏始樹二大楯槍一。

《史料7》『続紀』天平十六年（七四四）三月甲戌条

石上・榎井二氏、樹二大楯槍於難波宮中外門一。

右の三つの史料ではいずれも、石上・榎井氏が大楯槍を樹てる役を負っている。ここには、氏族の特徴を表す観念的な役割を負って、両氏が都城や儀式場において武人的な性格を体現したと見られる。具体的には、守衛者として威儀具を樹立し、王権の藩屏としての役目が具現化されている。このことは、とりもなおさず両氏が武人的な伴造であったことに由来していると見てよい。天平十七年（七四五）に石上・榎井氏が新京（紫香楽宮）に大楯槍を樹てるのに急だったので間にあわないことがあった。その際には、やはり武人的な性格を持つ大伴宿禰・佐伯宿禰氏が代わりを務めていることからも諒解されよう。

この点についての榎村寛之[18]の専論を参照しておこう。榎村は、この儀礼の一部の行為は令制導入前よりデフォルメされながらも残り、九世紀に衰退していったことを指摘する。基本的に首肯すべき見解である。もっとも、令制や儀式といった幹に相当する部分が変質・衰退する全体的な流れの中では無理からぬことだろうし、連動して枝葉に当たる部分も衰退することは致し方ないことだろう。それにかかわる氏族が、むしろ成文法により職掌を保護されるようになった点を積極的に評価したい。

《史料8》『延喜式』神祇式、斎宮条

初斎院別当以下員

（前略）神部四人、〈中臣連部二人・忌部連部二人。〉卜部三人・宮舎人十人・炊部・酒部各二人・采女四人・宮女孺廿五人・洗人二人・厠人二人・女丁八人。

《史料9》『続紀』天平宝字元年（七五七）六月乙未条

始制、伊勢大神宮幣帛使、自レ今以後、差二中臣朝臣一。不レ得レ用二他姓人一。

《史料10》『続紀』天平宝字二年（七五八）八月庚子朔条

其中臣・忌部、元預二神宮常祀一、不レ闕二供奉一久年。宜三両氏六位已下加二位一級一。

次に中臣氏を取り上げる。史料8~10を挙げるまでもなく、中臣氏が神祇担当氏族ということは言うまでもないことだろう。その神祇担当としての性格が決定付けられたのは『続紀』文武天皇二年（六九八）八月丙午条の詔（第四章史料56、206頁）によると言える。さらに、史料9・10からは、中臣氏が役職に預かり、活動する機会が多いという点で他氏より優遇されていることが認められる。このような発展を経たことが、『延喜式』で中臣氏の規定の多さに繋がり、それに引きずられた形で中臣氏以外の神祇系氏族の記載数が多くなったことに繋がるものと理解できよう。

《史料11》『延喜交替式』施薬院別当条

凡施薬院別当、用二藤原氏一人、外記一人一、遷替時不レ責二解由一。

《史料12》『延喜式』式部省式上、興福寺国忌斎会条他凡参二興福寺国忌御斎会一藤原氏六位已下、不レ論二有職・無職一、聴レ着二堂前之座一。

凡可レ参二薬師寺最勝会、興福寺国忌并維摩会一王氏・藤原氏若不参者、五位已上不レ預二新嘗会節一。六位已下官奪二季禄一。其参不者、待二太政官所レ下簿一知之。

凡興福寺維摩会、十月十日始、十六日終。其聴衆九月中旬僧綱簡定、先経二藤原氏長者一定レ之。（後略）

《史料13》『延喜式』内蔵寮式、鹿嶋・香取祭条

鹿嶋・香取祭
鹿嶋社〈宮司・禰宜・祝各一人・物忌一人。〉
香取社〈宮司・禰宜・各一人・物忌二人。〉
社別五色薄絁各一丈、（中略）
使等装束
藤原氏六位已下一人、（後略）

史料13に関連して、「大蔵省式」には禄物として「使藤原氏六位已下一人。当色一具・夾纈・紅臈纈・紅〔衍字カ〕支子帛各一疋・中緑帛二疋・絹二疋・調綿廿屯・細布三端。」ともある。儀式祭祀の規定が見える氏族は、さらに禄物や幣物・祭祀料など、関連する規定がそれぞれあり、その多寡に差を生じている。

さて、前述した文武二年八月丙午詔により、中臣氏の扱う神事から切り離された藤原氏について見てみよう。右に引用した史料11〜13の各条や表16を参照すると明らかなように、藤原氏関連の規定には春日祭と鹿嶋・香取祭といった氏神祭祀にかかわるもの、また興福寺国忌・維摩会といった氏寺斎会にかかわるものがある。それらへの使いや参加についての規定がもっぱらであると言える。

この藤原氏の特徴は、王氏についても同様である。王氏の関連のものとして、「神祇式」や「中務式」・「正親司式」・「式部式」・「掃部寮式」に平野祭・最勝会に関する規定が見られ、また「太政官式」に春日祭や国忌・維摩会に関しての規定が見られるのである。

とくに注目されるのは、「正親司式」で王が改姓・出家した際の時服・節禄を管理することと、死去した際に宮内省への連絡の中継をする規定である。また、「弾正台式」に見える一世源氏有犯の際には弾正台の疏（主典相当）を派遣して弾じるという規定も注意される。これらを総合すると、『延喜式』はときの王権の中枢に位置する王氏と源氏、とりわけ藤原氏を中心においた編纂態度であり、儀式法会の執行・参加をとおして氏人の統率などにまで国家的な管掌が行われている。裏を返せば、藤原・王・源氏の三氏が平安時代前半における政事構造の中枢を担っていることを示していると見られるのである。

これに関連して、大津透[19]は春日大社の鍵の管理を国家（神祇官）が行っていることを指摘し、その点から藤原氏の氏社としてよりも国家祭祀としての性格が濃厚である点を強調した。上述した藤原氏や王氏への管掌は、大津の指摘するような、国が鍵を管掌する性格が表出している事象と同根の理由によるのではなかろうか。つまり、クラの管理も祭事や禄・参加者などの式による管掌は、国家と藤原氏が不可分の関係にあることを明瞭に示している。そして、その令制的ではない氏族を直接対象とする規定が『延喜式』に摂取されていることは、成文法により保護される変容した氏姓制のあり方の一端を示していると言える。

この他にも、伴・佐伯氏が大儀において門部を率いて侍り・出雲国造は神賀詞を奏上する事例[20]や、東西文氏による横刀を献上する事例[21]、吉野国栖による舞の事例[22]などが『貞観儀式』などに散見する。これは、朝廷の儀式整備にともない、服属儀礼などを体現する象徴的な役割をそれぞれが負うことによって式の規定へと摂取されていったものと言える。

忌（斎）部氏については、左に掲げた史料14や後掲の表16、及び第三章掲示の表6や『古語拾遺』の記述などから、神祇氏族であることは疑いない。しかし、名負氏という慣習的な性格であっても律令制下でその職を維持していくためには、やはり成文法化された根拠も必要であった。

《史料14》『続紀』天平七年（七三五）七月庚辰条

依二忌部宿禰虫名・鳥麿等訴申一、検二時々記一、聴下差二忌部等一為中幣帛使上。

右が忌部氏を神祇氏族と考える根拠の一つとなるが、史料14の天平七年以後、藤原仲麻呂の政権下で中臣氏の偏重策が出されるなど、紆余曲折を経て『延喜式』の規定へと繋がっていることは言うまでもない。

次に、忌部氏の同族で神祇系氏族の玉作氏について見てみよう。ここからは下級の官人などが中心であり、『延喜式』の規定以外からはなかなか実態を窺うことのできない諸例となるが、その中でも玉作氏は「玉作」という名に負うとおり御富岐玉のことに関しての規定がある。

《史料15》『延喜式』神祇式、臨時祭・御富岐玉条

凡出雲国所レ進御富岐玉六十連、〈三時大殿祭料卅六連、臨時廿四連、〉毎レ年十月以前、令下二意宇郡神戸玉作氏一造備上、差レ使進上。

ここでは、臨時祭に御富岐玉を造り供えることが職掌として規定されている。施行細則という面から式の規定に玉作氏の名が見えるようになった例だろう。菊地照夫[23]によれば、出雲の玉作は六世紀に倭王権が玉生産を管理して出雲に一本化したことを指摘している。

忌部と同族ながら玉作氏として別扱いされていることは、ある意味では両氏の分化が近しい時代ではなく、菊地

の述べるような古い時期に特殊化された結果と考えることも可能だろう。だが、同族化という点では両氏の職能上の親縁性による擬制的関係と見なすのが穏当である。いずれにしても、『延喜式』に規定されていることから判断すれば、神祇祭祀にかかわる氏族は成文法化されて摂取されやすい性格があったと見てよい。

最後に猨女氏については、第二章で述べたが改めて簡単に言及しておく。猨女の規定は『養老令』に見えないが、「延喜神祇式」四時祭下、鎮魂祭条と践祚大嘗祭、斎服（織麁妙服）条、十一月卯日条に散見する。その他にも『三代格』に名負氏としての性格を窺わせる、猨女貢進氏族の限定を示す史料が残る。神事の場において俳優となることが名負の職掌と見られ、この性格によって氏のまとまりを保っていた。猨女氏のような弱小の氏族が成文法に影響を与え規定の中に名が見えていることだけをとってみても、神祇祭祀にかかわる氏族が律令制下においてもその特徴を保持しやすく、王権にとっても氏族にとっても神祇祭祀が重要なファクターとなっていた政事構造を知りえよう。

以上述べてきた名負氏と同様に、名称的に見ればより氏姓制の影響を窺わせる制度として名負入色者がある。入色とは、「養老職員令」32囚獄司条「物部卌人。」の義解に「〈謂、此伴部之色。故式部補任。其衛門府門部亦同也。〉」とあるように、伴部つまり部民の種類を言う。入色者はその色＝名負の性格や技能に関する下級職に優先的に補任に与るのである。

まずは『延喜式』に散見する名負入色者の規定を列挙してみる。

《史料16》『延喜式』式部省式上、囚獄司物部条他

凡囚獄司物部者、通二取負名氏并他氏白丁一、補二十人一帯二兵仗一。其東西市各亦取二負名氏入色十人・白丁十人一。〈若不レ足者、通二取他氏白丁一。〉

凡薬生十人之中、五人取二白丁一、勘籍補レ之。五人用二入色一。

凡諸司伴部者、各以二負名氏入色者一補レ之。不レ得三輙取二白丁一。若其氏無二入色一者、本司録レ状請二官処分一。但主殿寮殿部・掃部寮掃部・主水司水部、並取二負名外異姓白丁五人一、預二勘籍例一。亦主殿寮殿部十人・造酒司酒部廿人、並負名外、取二異姓入色一補レ之。

《史料17》『延喜式』民部省式上、入色輩得度条

凡入色之輩得度、并補二左右近衛・兵衛・門部等一、勿二更勘籍一。補二自余色一者亦同。

《史料18》『延喜式』兵部省式、衛門府門部条

凡衛門府門部、先簡二負名入色人一補レ之。若不レ足者、三分之一通二取他氏一。

《史料19》『延喜式』造酒司式、新嘗会白黒二酒料条

新嘗会白黒二酒料（中略）

右九月二日、省并神祇官赴二集司家一卜定。酒部官人・仕丁各二人、〈若当二子日一聴二省処分一。其負名官人在者、先卜二官人一、後及二酒部一。〉春稲仕女四人、即祭二其殿地神一。（後略）

《史料20》『延喜式』左右兵衛府式、擬兵衛条

凡擬兵衛者、預択下定便レ習二弓馬一者入色廿人已下・白丁五人已下上、修奏二進内侍一。奏訖即遣二勅使一試二其才芸一。騎二射一尺五寸的一、皆中者為二及第一、歩射卌六歩十箭、中レ的四已上者為二及第一。若一箭不レ中レ皮者、以二二的一准折。

《史料21》『延喜式』左右馬寮式、馬部条

凡馬部卅人、取二負名入色者一充レ之。

先に、神祇官に所属する名負の部称者に関する神部などの史料を引用した（前掲史料8、274頁。第二章参照）。このように、具体的な氏族名が記されていない事例以外では、官司に所属する部については、ほぼ『延喜式』の規定にも挙げられている。例えば、物部・薬生（おそらく薬部と同じ）・殿部・掃部・水部・酒部・門部・馬部などである。物部については、右に引用した史料16の囚獄司物部条が任用規定になる。門部は史料17・18などにも見られるが、その他にも『三代格』所収大同三年（八〇八）七月二十日太政官謹奏によれば、門部が左右衛士府におかれることになったが、「左右衛士府式」には規定が見られない。しかしながら、第二章で述べたように、山部氏をはじめとした門号氏族の存在が知られ、門部の名負入色としての実態[24]もかなり把握されるようになっている。

この他、名負氏にかかわる殿部については井上光貞[25]の精緻な研究がある。また、掃部に関しては近時に研究が公表[26]されているし、斎宮十二司に所属する伴部についても分析[27]されている。よって、本章では措くことにするが、先に挙げた史料群以外の名負入色者の大枠の補任方法や管理に関する規定には次のような例がある。

《史料22》『延喜式』式部省式上、扶省掌台掌条

凡中務・治部・民部・兵部・大蔵・弾正等省・台正員之外、扶省掌・台掌以二入色者一、各置二二人一、令レ習二儀式一。皆待二本司所レ送名簿一乃補レ之。若正員有レ闕者、以二扶省掌一補レ之。但兵部省扶省掌二人、本省便任二隼人司権史生一令二把笏一。自余不二把笏一。

《史料23》『延喜式』民部省式上、入色徒条

凡式部・治部・兵部等入色之徒、応レ徴二免課役一。季帳者、四孟月十六日各申レ官、官符并帳下レ省。省吏勘弁、毎レ国造レ符、至二後孟月一、申レ官行下。

《史料24》『延喜式』兵部省式、入色人勘籍条

凡入色人須㆓勘籍㆒者、就㆓民部省㆒勘合。〈事見㆓民部式㆒。〉

以上の史料を要約すると、入色者の任じられる扶省掌・台掌が存在すること、入色者は課役が徴免となったこと、季帳に記載されること、民部省勘合による勘籍が行われたことが知られる。

名負入色者からの優先的な任用形態については、中村敏勝[28]が言うように下級官人の資格と言えよう。入色は郡司任用における譜第と同じように、技能を伝承しその家柄を勘籍によって認められている。優先任用規定は氏族側にも有利となるが、ある程度の職能を保持していると見込まれる人材を任じる国側にもメリットがある。

そして、このような下級官人までもが名負入色者として成文法となって規定されていることが『延喜式』の特徴の一つになっていると考えられる。律令制を円滑に運用し、それぞれの儀式ごとの意義を体現するために律令制の中に氏姓制の部分的導入が必要であり、さらにそれを詳細に『延喜式』に規定した点において、律令そのものより一層、日本独自の特徴として顕現化しているからである。

以上、各事例を簡単に参照したにすぎないが、これまでの検討結果をまとめておきたい。

まず表16から窺われるように、『延喜式』においては氏姓制の影響をより幅広い範囲で看取することができた。しかしながら、それら式文のすべてを鑑みても、とても氏姓制全般を覆うもの、もしくは氏姓制を摂取解消させてのものではないと言える。だからと言って、種々見られる氏姓制の関連条文を不当に低く評価するつもりもない。言うならば、氏姓制の機能の一部、とりわけ神祇祭祀にかかわる名負氏や職能を有する氏族が式における官司制の中で有効に機能することを国家が意図して、それらの氏族・部・名負入色者らが摂取されて立条された規定であると評価すべきだろう。

各方面に渉る規定も、本質的には神祇祭祀・仏事斎会にかかわるものが主であり、執行主体やそこへの関与に見られる中心的な氏族などは養老令制とほとんど変化は無い。石上・榎井氏や伴・佐伯氏・出雲国造・猨女などの例に特徴付けられるように、神祇祭祀に観念的に参加する点、儀式に象徴的に君臣関係を体現する点などの意義を有しており、それらに関与する規定に摂取されている例が目立つ。また、この点とは違った意味で諸王・藤原氏の規定が多数新出していることが注目される。桓武天皇の母方に連なる大江・和氏の規定が表れてきていることをあわせ考えると、律令の制定以後、時代を経たことによって政治的な影響が表れている例と言うべきだろう。

換言すると、王権の中枢とその近縁の氏族、そしてその祭祀・法会などが国の主体的な規定と密接不可分になっていった結果を看取できよう。さらに、神祇祭祀にかかわる氏族や部称者に関しても規定によって職掌が保護された。とりわけ、名負入色を中心とする部称者は氏姓制が温存されやすく、別の見方をすれば、成文法が氏姓制の影響をより受けることとなったと結論できよう。

この他、王氏（王族）については、『三代格』国諱追号并改姓名事に王の改氏姓制限や源朝臣賜氏姓に関する規定があるが、このことも式条が新たに作られたことにかかわってくる。また、改賜氏姓の手続きなども慣例的に行われていた。別に天皇家に近い問題・臣籍降下にかかわる事例は、氏族的な問題とは別次元ながら詔勅などでの処分が行われ、それが成文法となって後々に残ったものと見られる。さらに、摂関期には通常の改氏姓手続きの次第が年中行事書[29]に記載される。これもまた政務処理としての次第が明文化したものである。

小結

最後に、本章の考察結果をまとめておきたい。

本章前半において『姓氏録』の記載を基に考察した結果、以下の四点の見解を提示した。

第一に、『姓氏録』編纂の背景について、改賜氏姓による氏姓の混雑という背景があったことを挙げた。桓武天皇代において、すでに改賜氏姓は多数行われている。中でも帰化渡来系氏族への改賜氏姓によって、本来氏姓制が示していた表象機能は大きく混乱した。このような背景の中で、氏族政策についても有効な施策が行われることは無く、『姓氏録』に各氏族の同祖同族関係などを記して、本宗氏の氏上による擬制的同祖同族関係の認定を形式的に国家側からも再確認することが行われたのである。

『姓氏録』の編纂以後も、盛んに改賜氏姓が行われるが、ほとんどが氏族側からの認可型改賜姓である。この点から、氏姓制全体に関する天皇側の氏族政策という意味での改賜氏姓も意義が薄れ、それにともない改賜氏姓が見られなくなる。一方で、天皇の恣意による下賜型改賜氏姓には身分上昇などの政治的な意図も含まれ、そのために個別の事例として頻発するようになるのである。

第二に、『姓氏録』に表される同祖同族関係を明確に示した。これは、一つの本宗氏に収斂する広義の「氏」として、血縁・擬制的関係が混在しながらも系図的関係を有すること、また同祖同族関係の形態の違いがあっても、その周縁氏族との結合により構成されているということである。この点は、平安時代初期に至っても本宗氏を中心とする氏のまとまりが保たれていたことを指摘した。

第三として、右に関連して同祖同族関係の中心に据えられている氏族は、少なくとも奈良時代前後を通じて基本的に変動が無かったことを指摘した。

これに関連して、天皇は、氏上を中心とした本宗氏をとおして、各氏を族というまとまりとして最低限度管掌することを志向していたことを述べた。

さらに言及しておくと、以上の三点は、日本古代の天皇と氏という社会構造の人的な要素の大枠が基本的に変化していないことにも関係してくるものと考えられる。

第四として、同祖同族関係の結び付きの契機は、八色の姓制定や国史などの編纂であり、各本宗氏に相当する上位氏族の、可視的な認知度の向上による点が大きかった点を挙げた。つまり、同族の結合は本宗氏が身分的に同族と認知したり、あるいは各氏族の保持する伝承などが王権によって国史などに載録されることで認知されること、またその過程により社会的に周知のこととなることにかかわるということである。これに関連して、第四章で示したように、認可型改賜氏姓が天武天皇代より後になって見えはじめるのも、同祖同族関係の結合契機と連動することによるものと考えた。

以上の考察をふまえて、改めて『姓氏録』を評価するならば、氏族の分類・配列や再編成という編纂意図は窺えず、先述のように、むしろ本宗氏を再確認することが編纂目的と考えられる。そして、本宗氏から裾拡がりに結合する同祖同族関係を定めること、それによって氏の緩やかな結合をとおした間接的管掌をすることに意味があった。結果として、ときに『姓氏録』が改賜氏姓の際の参考に供される場合もあったのである。

本章後半においては、『延喜式』を素材に検討することにより、成文法と慣習法である氏姓制との影響・被影響関係の到達点を示すことができた。この関係の示す意義は、固有性を持つ慣習法である氏姓制が天皇大権による管掌を受けている点にある。それが成文法的な論理の基本となる律令格式に影響を及ぼしていることは、天皇大権が成文法に影響を与えたことによると換言できる。

関連式条文が広範に抽出できる『延喜式』からは、養老令制よりも一層神祇関係氏族と部称者という偏った氏姓制の摂取状況が看取された。この点には政事構造の変革も影響していると考えられる。日本独自の神祇祭祀系の規定を中心としながらも、とりわけ皇権のすぐ外縁を固める王権と摂関家を規定することに主眼が変化しつつある時代背景を想定できよう。細部については氏族ごとに消長があるが、王権側が要請する技能や儀式などで役割を担う象徴的立場の変化が、政事形態の変化に対応するためであると結論付けられる。

また、天皇家の家産・祭祀を担当した内廷的氏族が、成文法化に中心的に影響を与え摂取されている。これにより、連姓氏族が名負氏の特徴的性格を良好に体現している存在という通説的な理解にも、おおよそで首肯できる結果が得られた。これらが成文法として規定されるに至ったことは、中国・朝鮮の氏族制や律令制とは異なる要素によるものと言えるだろう。この点にこそ、天皇の意志・権能により慣習的に律されていた氏姓制に起因するということが重要な点として指摘できたと思う。

なぜなら、様々な法体系により皇帝の大権やその分掌が明示される中国皇帝に比較すれば、日本の規定が疎漏であるというよりも、天皇の権能を規定したり侵害するものではないことを如実に示す例だと捉えられるからである。この観点から氏姓制を時間軸の中で捉え、成文法体系の全体の流れに即して見直せば、令と格式のいずれにも部分的な影響関係を示しているが、どちらも個別事例の摂取にとどまっている。

もっとも、摂取された事例の濃淡ははっきりしている。とくに『延喜式』では皇権に近縁な氏族や王族に関する祭祀・法会の範疇と、神祇祭祀にかかわる氏族・部民がかかわる部門については、氏姓制の影響の強さを指摘できた。

このように、氏姓制と律令格式制との部分的ではあるが密接不可分な関係は、氏姓制への反作用としては働いていないようである。つまり、氏姓制への影響は薄く、部分的に成文法化されたが、総合的には規定されなかったということである。この点が慣習法として残存し続ける一つの要因となっている。さらに、その本質でもある名負氏・名負入色者の伝統は、一部に「家」や「氏」による家職の世襲化へと形を変えて残存していき、氏姓制の余韻として残ることになるのである。

表16『延喜式』に見える氏・部

氏・部・戸名	式編目・条文	備考
安曇宿禰・高橋朝臣氏	〔神〕織麁妙服／〔式〕内膳司長官／〔宮〕諸司行列	×
安倍氏	〔神〕織麁妙衣／〔太〕臨廻立殿	×
石上・榎井氏	〔神〕十一月中寅日	×
礒部氏	〔神〕斎王到国	×
忌部	〔神〕月次祭・供神今食料・大殿祭・供奉神今食禄料・祈年官祭・伊勢神嘗祭・鎮魂祭中寅日・十六日度会宮祭・太神宮修造使・正殿柱祭使・神嘗祭幣帛使禄・臨時幣帛使禄・大殿祭禄・初斎院員・員食法・斎宮祈年祭造幣・斎宮新嘗造幣・遷野宮装束・在京三年潔斎・臨行監送使・従行給馬・元日遙拝・斎王還京・所有雑物・定賀茂斎王・供幣帛使・阿波国所献・造大嘗宮・南北門神楯・斎服・十一月中寅日・織麁妙服・辰日・午日・祭祀祝詞・大嘗祭祭祝詞・神嘗祭祝詞・豊受宮同祭／〔太〕行幸八省院／〔内蔵〕供奉新嘗祭禄／〔大蔵〕征夷使給法／〔宮〕大嘗小斎・明日大殿祭／〔庫〕新造戟	祭祀祝詞は「斎部」一個所
采女朝臣	〔神〕織麁妙服／〔中〕青摺布衫／〔宮〕諸司行列	×
采女部	〔神〕斎王臨行監送使／〔中〕時服／〔宮〕大嘗大斎	監送使は女部
卜部	〔神〕園韓神祭・同斎服・平岡神斎服料・同禄料・霹靂神祭・平野神斎服料・卜庭神祭・月次祭・(晦日大祓)・御贖・中東宮御贖・鎮魂祭装束料・中宮晦日御麻・宮主取・石上社門鑰・御巫等衣服・不仕卜部・遷宮使・太神宮置卜部・臨時幣帛使禄・祭使祇候・斎王告示・初斎院員・員食法・斎宮御贖料・遷野宮装束・従行給馬・陪従給装束・定賀茂斎王・供幣帛使・抜穂田・斎郡斎院祭・抜穂・料理御膳・在京斎場・由加物器料・斎服・十一月中寅日・織麁妙服・辰日・大嘗祭畢・六月晦日大祓／〔太〕御体御卜／〔中〕時服／〔中宮〕六月晦日／〔式〕遣渤海卜部／〔大蔵〕入諸蕃使・入渤海使・入新羅使／〔宮〕小斎人・大嘗小斎・新嘗祭稲粟・御麻御贖／〔掃〕平野祭座	

王　氏	〔神〕平野神斎服料・神嘗祭幣帛使／〔太〕祭春日祭他・国忌維摩会／〔中〕堂童子・平埜祭物忌／〔式〕参最勝会・同不参／〔掃〕平野祭座／〔親〕参平野祭・参最勝会・出家・死去／〔弾〕一世源氏有犯／〔春〕読師布施料	×
大江・和氏	〔神〕平野神斎服料／〔太〕平野祭／〔掃〕同祭座	×
凡直氏	〔神〕淡路国所造	×
大神・宇佐氏	〔神〕八幡神宮司	×
（神）麻績氏	〔神〕神衣祭荒妙衣・麻績機殿祭・神嘗祭・十六日度会宮祭・太神宮考文・輸調免庸・神衣祭祝詞	
笠取直・車持朝臣・子部宿禰	〔神〕織麁妙服	×
語　部	〔神〕物部他・斎服・織麁妙服／〔太〕臨廻立殿／〔式〕践祚大嘗会／〔宮〕大嘗小斎	×
膳　部	〔神〕園韓神祭・同斎服・平岡神斎服料・同禄料・初入斎院・初斎院員・斎宮年料供物・正月三節料・五月節・供新嘗料・神忌御服料・元日遙拝・陪従給装束・斎院司祓物・三年斎・織麁妙服／〔中〕時服／〔内蔵〕進物所／〔宮〕大嘗小斎・同大斎・諸司行列・諸祭給食・諸節会給饌／〔大膳〕宴会雑給／〔内膳〕春日春祭・豊楽料・最勝王経斎会料・正月三節・五月五日節・年料・膳部粮・筑摩長・労十年・仕丁／〔春〕東宮鎮魂日・年料	
門　部	〔神〕初入斎院・斎王臨行監送使・元日遙拝・斎院司祓物・三年斎・物部他・斎服・十一月中寅日・織麁妙服／〔中〕時服／〔民〕入色輩得度／〔計〕勘大帳／〔兵〕衛門府門部・斎宮寮／〔宮〕大嘗小斎／〔炊〕月料／〔衛〕大儀・宮門・横刀緒色・給大衣・斎王初斎時・守諸所	
掃　部	〔神〕初斎院員・斎王遷入禊・正月三節料・臨行監送使・陪従給装束・十一月中寅日・織麁妙服／〔中〕時服／〔式〕諸司伴部／〔宮〕大嘗小斎／〔掃〕践祚大嘗会・賜女王禄／〔春〕釈奠講説・平野祭	
鴨県主氏	〔神〕斎宮卜戸座	割書　×
河内忌寸部	〔宮〕御麻御贖	×

氏・部・戸名	式編目・条文	備考
神部	〔神〕祈年官祭・平野神斎服料・供神今食料・大殿祭・中東宮御贖・鎮魂祭・同装束料・同中寅日・国造賜負幸物・同奏神寿詞平旦・石上社門鑰・神部粮米・服部機殿祭・遷宮使・不得譲所帯職・斎王告示・大殿祭禄・初斎院員・祭料・陪従給装束・新嘗解斎日・斎服・十一月中寅日・月次祭祝詞・豊受宮神嘗祭祝詞／〔玄〕新羅客入朝	× 祝詞は神主部
国造	〔神〕賜負幸物・奏神寿詞・同平旦・座摩巫＊・進御冨岐玉・神賀詞／〔太〕出雲国造／〔中〕応奏神寿詞辞／〔舎人〕奏神寿詞／〔式〕初任出雲国造・銓擬国造／〔民〕諸国大祓馬／〔税〕国造田／〔大蔵〕初任賜物・給禄／〔掃〕神事座／〔京〕斎王祓除／〔衛〕小儀	＊は神祇官西院（出雲臣の記載一個所重複）
蔵部	〔神〕斎王臨行監送使・元日遙拝・陪従給装束／〔中〕時服／〔監〕応出納大蔵物／〔内蔵〕威儀具・献卯杖・七日舞台装飾・雑染／〔式〕総検目録／〔大蔵〕元正・最勝王経斎会・蕃客来朝・同交関／〔宮〕大嘗小斎	
猨女	〔神〕鎮魂祭・践祚大嘗祭織麁妙服・十一月卯日	×
（諸司雑部）	〔計〕勘大帳	×
炊部	〔神〕初斎院員・正月三節料・臨行監送使・供新嘗料・陪従給装束／〔中〕時服／〔宮〕大嘗小斎／〔炊〕宴会雑給・斎内親王・最勝王経斎会	（大炊部）
工部	〔中〕時服／〔式〕修理職長上工／〔民〕割衛士・兵馬寮騎士／〔木〕工部五十人・大学寮修理	
酒部	〔神〕初斎院員・斎宮年料供物・正月三節料・五月節・臨行監送使・供新嘗料・陪従給装束・織麁妙服／〔中〕時服／〔宮〕大嘗小斎・諸司行列・新嘗黒白二酒／〔酒〕新嘗会白黒二酒料・大嘗祭供神料・供奉年料・諸節装束	
丹比部	〔民〕勘籍帳	× 用例として
楯縫氏	〔神〕南北門神楯／〔庫〕新造神楯	×
玉作氏	〔神〕進御冨岐玉	×
殿部	〔神〕初斎院員・正月三節料・斎王臨行監送使・陪従給装束・十一月中寅日／〔中〕時服／〔式〕諸司伴部／〔殿〕寮家年料・五月五日節供・車駕行幸供奉	
伴・佐伯氏	〔神〕十一月中寅日・織麁妙服・辰日・石上鑰／〔衛〕大儀	×

中臣氏（一部大中臣含む）	〔神〕祈年官祭・祈年国司祭・平野神斎服料・卜庭神祭・月次祭・供神今食料・大殿祭・供奉神今食禄料・（晦日大祓）・中東宮御贖・同禄・伊勢神嘗祭・鎮魂祭中寅日・新嘗祭中卯日・中宮晦日御麻・造遣唐使船木霊并山神祭・唐客入朝路次神祭・伊勢月次祭・十六日度会宮祭・太神宮修造使・太神装束使・神嘗祭幣帛使・同禄・臨時幣帛使禄・太神宮司・初入斎院・大殿祭禄・初斎院員・員食法・斎宮大殿祭禄・斎宮御贖料・遷野宮装束・在京三年潔斎・臨行監送使・従行給馬・神嘗祭使・斎王発日・三時祭禊料・元日遙拝・遷入野宮後・相代帰京・斎王還京・所有雑物・定賀茂斎王・斎院司祓物・晦日解除・供幣帛使・造大嘗宮・十一月中寅日・織麁妙服・辰日・午日・祭祀祝詞・六月晦日大祓・月次祭祝詞・神嘗祭祝詞・豊受宮同祭・同神嘗祭祝詞・斎王奉入時／〔太〕御体御卜・行幸八省院・臨廻立殿／〔内蔵〕供奉新嘗祭禄・大祓賜禄／〔玄〕新羅客入朝／〔大蔵〕征夷使給法／〔宮〕御麻御贖／〔掃〕平野祭座／〔酒〕新嘗会白黒二酒料／〔春〕平野祭・六月十二月晦日給禄・晦日昏時	
縫部	〔中〕時服	
秦氏	〔神〕斎宮火炬／〔殿〕火炬	×
（神）服部氏（宿禰）	〔神〕神衣祭和妙衣・服部機殿祭・神嘗祭・十六日度会宮祭・太神宮考文・輸調免庸・織神服斎服・十一月中寅日・織麁妙服・午日・神衣祭祝詞／〔宮〕大嘗小斎	
水部	〔神〕初斎院・斎宮年料供物・正月三節料・五月節・臨行監送使・陪従給装束・織麁妙服／〔中〕時服／〔式〕諸司伴部／〔宮〕大嘗小斎・同大斎・諸司行列／〔水〕神今食料・松尾祭・最勝王経斎会・七種御粥料・正月三節・司家年料・中公用・中宮水部／〔春〕年料	
祝部	〔神〕祈年官祭・国造奏神寿詞・同平旦・諸神宮司等遭喪・織神服・大嘗祭祝詞／〔計〕勘大帳／〔大蔵〕出雲国造初任賜物	
藤原氏	〔太〕祭春日祭他・国忌維摩会／〔中〕堂童子／〔内蔵〕鹿島香取祭使／〔式〕参国忌斎会・同不参／〔玄〕維摩会／〔大蔵〕鹿島香取幣帛使／〔掃〕春日祭座・大原野祭座／〔春〕春日祭	×
馬部	〔神〕斎王臨行監送使／〔兵〕寮掌・斎宮寮・大蔵諸祭装物／〔馬〕諸祭祓馬・平野祭馬・大神社夏祭・春日祭神馬・大原野祭神馬・諸祭走馬・行幸御馬・負名入色者	
巫部	〔神〕斎服／〔宮〕大嘗小斎	×
牟義都首氏	〔水〕御生気御井祭	×

氏・部・戸名	式編目・条文	備考
水取連氏	〔神〕織麁妙服／〔宮〕諸司行列	×
物部	〔神〕物部他・斎服・十一月中寅日／〔式〕囚獄司物部／〔刑〕決死囚／〔囚〕禁囚処・補物部・応戮罪人／〔弾〕横刀緒色	
東西文氏（史）	〔神〕晦日大祓・中東宮御贖・同禄・上大祓大刀・献横刀時咒／〔内蔵〕大祓賜禄	
靫編氏	〔神〕祈年官祭	×
吉野国栖	〔神〕織麁妙服／〔太〕臨廻立殿／〔民〕永勿課役／〔計〕勘大帳／〔宮〕大嘗大斎・諸節饗・御贄奏歌笛／〔大膳〕宴会雑給／〔炊〕宴会雑給	×
笠縫氏	〔匠〕御輿一具	割書 ×
飼戸	〔馬〕飼戸・計帳	
楽戸	〔治〕雅楽寮	楽戸郷 △
鍛冶戸	〔木〕鍛冶戸	
雑工戸（部）	〔庫〕雑工戸・雑工部廿人	×
鼓吹戸（部）	〔庫〕構建宝幢・鼓吹戸・計帳日・鼓吹部	
服織戸・麻績戸	〔神〕伊勢機殿祭	×

〔凡例〕

神＝神祇（細分せず）／太＝太政官／中＝中務省／監＝監物／中宮＝中宮職／舎人＝大舎人寮／内蔵＝内蔵寮／匠＝内匠寮／式＝式部省／玄＝玄蕃寮／民＝民部省／計＝主計寮／税＝主税寮／兵＝兵部省／刑＝刑部省／囚＝囚獄司／大蔵＝大蔵省／宮＝宮内省／大膳＝大膳職／木＝木工寮／炊＝大炊寮／殿＝主殿寮／掃＝掃部寮／親＝正親司／内膳＝内膳司／酒＝造酒司／水＝主水司／弾＝弾正台／京＝左右京職／春＝春宮坊／衛＝左右衛門府／馬＝左右馬寮／庫＝兵庫寮

・備考欄の「×」は、『養老令』及び義解に見えないことを示す。

・式条文名は、ほぼ私が独自に称するもので、国史大系本及び集英社刊の訳註本を参考とした。また、長期間に渉る儀式については、分割したりまとめての呼称とした個所もある。

註

（1）例えば、岸俊男「大和朝廷の外征と紀氏同族」（『歴史教育』一〇―四、一九六二年）・桑原正史「中臣氏と帰化系氏族」（『新潟史学』四、一九七一年）・小池良保「平群氏同族系譜について」（『史叢』一九、一九七六年）など多数あり、個々の氏族を描き出していくという意味では貴重な業績であると言える。

（2）拙稿b・c・f論文。

（3）『姓氏録』の成立については佐伯有清『新撰姓氏録の研究』（研究篇、吉川弘文館、一九六三年）・田中卓『新撰姓氏録の研究』（著作集九、国書刊行会、一九九六年）・拙稿b・c・f論文などを参照。

（4）『姓氏録』編纂の目的について、関晃は律令体制下での旧勢力の後退・皇室権の伸張、その上での官僚世界の形成という諸勢力の交替の経緯が撰修の根本的要因と捉え、氏族の分類・配列の意義を強調する（関「新撰姓氏録の撰修目的について」『史学雑誌』六〇―三、一九五一年）。

　佐伯有清は、「冒名冒蔭」をする氏族側の切迫した事情と、律令国家側の、その体制崩壊にも繋がる危険事態という認識とのせめぎあいの所産とする（佐伯『古代史への道』吉川弘文館、一九七五年）。

　「冒名冒蔭」の盛行は『三代格』巻十七、国諱追号并改姓名事（序章掲示、国史大系本510頁）所収の神護景雲二年（七六八）五月三日勅に「或取二真人朝臣一立レ字。於レ氏作レ字。是近レ冒レ姓。」などとあるのによる。同様に延暦十一年（七九二）七月に「不レ可三輙改二王之姓事一」（同513頁）、延暦十七（七九八）年二月に「不レ可三輙聴二百姓改名一事」（同514頁）という太政官符などからも冒姓の状況を窺い知ることができる。ただし、「冒名冒蔭」については、たやすく改名することを禁じたこの格の効力を疑うこともありえようが、氏上制のときと同じように、再度同様の格を出すことなく『姓氏録』編纂へと方針転換（名から氏姓の統制）をしたと考えることは不自然である。

（5）熊谷公男「令制下のカバネと氏族系譜」『東北学院大学論集』地理学・歴史学一四、一九八四年。

（6）宇根俊範「平安時代の氏族」『古代史研究の最前線』二、雄山閣、一九八六年。

(7) 『三代実録』貞観十四年八月辛亥条など。
(8) 『平安遺文』一巻、一五二、讃岐国司解、東京堂出版、126頁。
(9) 拙稿c論文。
(10) 拙稿f論文。
(11) 平石充「八・九世紀における出雲臣氏について」『出雲古代史研究』六、一九九六年。
(12) 加藤謙吉「大夫制と大夫選任氏族」『日本古代の社会と政治』吉川弘文館、一九九五年。
(13) 阿部武彦「上代氏族の祖先観について」『日本古代の氏族と祭祀』吉川弘文館、一九八四年。
(14) 高島正人『奈良時代諸氏族の研究』吉川弘文館、一九八三年。
(15) 拙稿b・j論文。
(16) 中村英重「律令国家と「家」」『日本古代の社会と政治』吉川弘文館、一九九五年。
(17) 名負氏については序章で定義した。拙稿e論文、及び本書第二・四章参照。
(18) 榎村寛之「物部の楯を巡って」『日本書紀研究』一七、塙書房、一九九〇年。
(19) 大津透「クラの思想」『日本古代社会の史的展開』塙書房、一九九九年。
(20) 出雲国造の神賀詞奏上に関する研究史は多いので、主なものを掲げておく。大浦元彦「出雲国造神賀詞奏上儀礼をめぐる国司と国造」『出雲古代史研究』二、一九九二年・大川原竜一「律令制下の神賀詞奏上儀礼についての基礎的考察」『ヒストリア』二一一、二〇〇八年・篠川賢「出雲国造神賀詞奏上儀礼小考」『日本常民文化紀要』二三、二〇〇三年・関和彦「出雲古代史と神賀詞―復奏儀礼としての神賀詞」『出雲古代史研究』二、一九九二年・瀧音能之「出雲国造神賀詞奏上儀礼の始原とその背景」『出雲古代史研究』一五、二〇〇五年・武廣亮平「「出雲国造神賀詞」研究小史―その成立と出雲国造の性格について」『出雲古代史研究』二、一九九二年・野々村安浩「「出雲国造神賀詞」小考」『出雲古代史研究』二、一九九二年。

(21) 吉川美春「東西文部解除に関する一考察」『金沢工大日本学研究所　日本学研究』一、一九九八年。

(22) 尾崎富義「国栖奏の成立と現況」(『常葉国文』九、一九八四年)・永田一「俘囚の節会参加について―隼人・吉野国栖との比較を通じて―」(『延喜式研究』二三、二〇〇七年)・林屋辰三郎『中世芸能史の研究』(岩波書店、一九六〇年)・吉井巌「国栖と国栖奏」(『橘茂先生古稀記念論文集』古稀記念会、一九八〇年)・同『天皇の系譜と神話』三(塙書房、一九九二年)・和田萃「吉野の国栖と王権国家」(『歴史評論』五九七、二〇〇〇年)などを参照。

(23) 菊地照夫「出雲国忌部神戸をめぐる諸問題」『祭祀と国家の歴史学』塙書房、二〇〇一年・同「古代王権と出雲の玉―文献にみる出雲玉作―」『玉文化』二、二〇〇五年。

(24) 本書第二章註(79)掲示の門号氏族に関する論考の他、舘野和己「大伴氏と朱雀門」(『高岡市万葉歴史館紀要』一〇、二〇〇〇年)など木簡を用いた研究も進展している。

(25) 井上光貞「古代国家と氏族」『井上光貞著作集』一、岩波書店、一九八五年、初出は一九六二年。

(26) 岡森福彦「古代の清掃と掃守氏」『日本歴史』六五四、二〇〇二年。しかし、表16からすると多様な儀式にかかわっており、掃守の本質的な性格が穢と祓に収斂するだけではないとも考えられる。

(27) 榎村寛之「斎宮十二司についての基礎的考察」『延喜式研究』一九、二〇〇二年。『三代格』所収の廃置諸司、神亀五年(七二八)七月二十一日勅に見える伴部を中心に挙げられている。

(28) 中村敏勝「伴部・品部・雑戸の成立過程―入色問題を中心として―」『日本歴史』二〇一、一九六五年。

(29) 『北山抄』巻七、都省雑例、中大納言雑事に「改戸・改姓事」があり、同じく「請二内印一雑事」にも「同(民部)省下二左右京職一符、改二姓某姓某丸一事」などともあることから、依然として内印によって裁可が確定する政事案件の一つであったことが知られる。この時期の実例としては、例えば『権記』長保元年(九九九)十二月十五日条に文宿禰守永が朝臣姓を請願した案件などが挙げられる。この他、平安時代に始まる氏爵も、平安時代の貴族社会的に変容しつつある姿ながら、氏姓制の枠組みが一部で良好に残されていく例と言えよう。

〔コラム3〕華族制度と家名（苗字・名字）

明治維新に四民平等を唱いながら、すでに明治二年の段階で、旧特権階級を新たな枠組みで華族と平民とに弁別することになった。

図版は明治十七年（一八八四）に出された華族令草案の一部である。それまでの華族を公・侯・伯・子・男の五爵へと分類することを定めたものである。

華族について多くを述べる必要はないだろう。華族を登録する際には、依然として本氏姓が意識されている。明治十一年に上申して頒布された『華族類別録』には、平安時代の『姓氏録』と同様に「皇別」・「神別」・「外別」に区分されている。若干異なるのは、本氏姓、例えば皇別の源朝臣があり、それをさらに出自で分けた項目内に「従一位　徳川慶勝」と叙爵者名が記されている点である。永代叙爵の場合は、「家」が継承されるわけである。その上、出自ごと、例えば宇多源氏には「宗族条約」が定められ、古代の氏上（氏宗）と同じように広義での「氏」のまとまりを保持していたことが知られる。

ここで、「氏」と「家」・「苗字・名字」との違いを述べておこう。

本書中で述べたように、「氏」とは血縁親族以外も含み込んだ王権との政治的関係を持った集団である。藤原氏をはじめとした有力な氏族は、財産とりわけ家を伝領したことから、その門流・家門として「家」が分立される。これは「家令職員令」の規定に基いて公的な「家」が家政機関をおき、本宗とは別に家産を管理する制度に端を発するものである。早くに藤原四家の分立や、藤原仲麻呂が「恵美家」を起こした例など、奈良時代には「家」が成立する。

一方、「苗字」と「名字」は成立の事情や時期が異なる。両者とも名田や荘園の役職などを請け負うことを世襲し、それを表示する機能として発生したものである。「苗」の字を用いる場合は、より土地に由来することに主眼がおかれた名称である。その成立も、七四三年の墾田永年私財法の施行以降であり、史料上も平安時代後半頃から見えはじめる。

このように、「氏」をベースにしながらもより親族集団を弁別するために「家」が発生し、さらに領地や権益を表した「苗字・名字」が起こるのだが、前述の華族制度を見れば明らかなように、近代まで

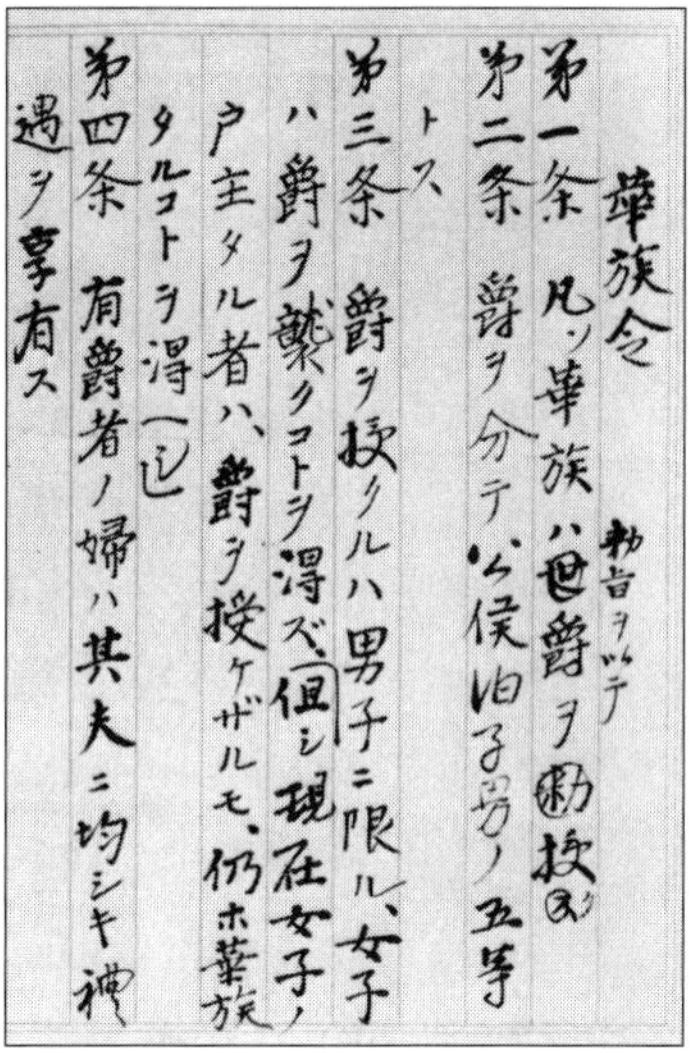
華族令
第一条 凡ソ華族ハ勅旨ヲ以テ世爵ヲ勅授ス
第二条 爵ヲ分テ公侯伯子男ノ五等トス
第三条 爵ヲ授クルハ男子ニ限ル、女子ハ爵ヲ襲クコトヲ得ズ、但シ現在女子ノ戸主タル者ハ、爵ヲ授ケザルモ、仍ホ華族タルコトヲ得（シ）
第四条 有爵者ノ婦ハ其夫ニ均シキ禮遇ヲ享有ス

「華族令」草案
華族の等級が五爵（公・侯・伯・子・男）に定められた
（國學院大學図書館所蔵。日本歴史学会編『演習 古文書選』近代編、吉川弘文館、一九七八年より転載）

一貫して本氏姓による区分が存在し続けていた。

古代以来の氏名は、「家」を分立するほど有力ではない一部の氏族が保っていたが、本宗氏自体も「家名」を称していることもあった。いずれにしても、明治時代に至り、戸籍制度上における人々の名字は、「氏名」・「家名」・「苗字・名字」という、それぞれ由来を異にする称が混然となって登録されることとなったのである。

平成時代になっても『華族家系大成』が新修されている他、源・平・藤・橘の四姓などの名字の出自や家紋などを集成した事典や雑誌の特集は跡を絶たない。このように、日本人の心底に今なお出自意識が息づいていることが知られよう。

〔参考文献〕

・霞会館華族家系大成編輯委員会『平成新修 旧華族家系大成』霞会館、一九九六年。
・霞会館諸家資料調査委員会『華族制度資料集─昭和新修 華族家系大成 別巻─』霞会館、一九八五年。
・酒巻芳男『華族制度の研究』霞会館、一九八七年。

終　章

本書では、氏姓制を中心に検討したが、各章の概要は序章において述べているのでここでは繰り返さない。本書によって明らかにできたことの意義、及び新たに関連することになる課題を、簡単にではあるが述べておくことにしたい。

第一に、これまでは氏姓制が漠然と「大化」前代（本書で用いる「律令制前」とおおよそ対応する）の制度として語られてきた。本書ではより具体的に氏姓制の成立と契機を明らかにし、加えて、律令制下にも残存している点とその構造を突き止めた。氏姓制が少なくとも古代において通時代的に存在した要因は、氏姓の持つ本質的な意義が大王・天皇と氏族との政治的な関係を表示する点にあり、その名負氏と姓は日本固有の呼称である点にあったのである。

第二に、氏姓を賜与貶奪する権能を、天皇は大権として有していた点である。氏姓の賜与貶奪を政事行為として行うことによって、天皇大権に日本固有な性格を見出すことができた。

近年の歴史学の研究動向は現代の政治情勢の影響もあってか、ともすれば国際交流的な面を重視する傾向がある。日本古代史においても対外関係というよりもアジア史の中での日本の位置付けを議論するような段階に至っているが、本書ではむしろ対外関係、とりわけ中国との正式国交の中絶期という、中国からの影響力が少ないことを積極的に評価する視覚から六世紀初頭に氏姓制がスタートしたと結論付けたのである。

氏上政策と八色の姓制定によって姓の序列化が企図され、それらが単行法として一部成文法化したことを経た後に、氏姓制の変容は始まった。この点を析出するために改賜氏姓の検討を行ったが、氏族と王権との研究分野における大きな幹となる動向をつかむことができた。すなわち、皇族とそれを取り巻く王族と中心的な氏族との関係が不変であることと、有力氏族がすでに固定化していたことを析出した。

同時に、氏姓制が政治史に大きく関連していることも窺知できた。この点から政治史と氏族の問題が相即不離の関係にあることが見出せた。本書が日本古代の中で通時代的に氏姓制を追った意義はこの点にあり、法制史の一部としてだけではなく、政治史の分野にも大きく影響を与えるものと考えられる。

第三に、律令制下における成文法としての令や式と氏姓との関係を、慣習法としての氏姓制という視点から捉え直した。これまでは法制史の中で概説的に語られる[1]程度の氏姓制であったが、律令制下においても影響・被影響の関係で継続して脈付いていることを明らかにした。

また、平安時代の氏姓制を検討するにあたっては、本書で狭義の氏とした血縁親族から成る「家」と氏との関係について明らかにしてゆかねばなるまい。第一章で触れたように、骨考古学の成果から[2]、親族関係は父系制を基軸として相承していることは明らかである。

その成果を重視すれば、文化人類学や民俗学に依拠した親族論を日本古代における家族の存在形態へと敷衍することは不可能か、もしくは誤謬を犯す可能性が高いことを痛感する。つまり、文化人類学や民俗学でいうエスキモー型とされ、双系制とされる出自観念そのものを疑う必要があるのである。

そもそも、双系的性格を示すものとして使われる系譜史料は、キンドレッド型系図の都合のよい系を抽出して示している点が問題である。実はその母方自体も父系による集団なのである。氏姓は、基本的には父系リネージによる出自を表示しており、その中心をなす血縁親族もやはり父系と見なすべきだろう。

ただし、系譜・戸籍もしくは「儀制令」五等親条などの令条に見える親族名称は母系に詳しく、名称が細分化していることから、当時は母方を重視していたとする見解があるが、考慮すべきだろう。(3) この点について、前述の骨考古学の成果からは、五世紀中頃までは女性の身分が男性と差等の無いことが示されている。首長の地位にある女性が存在したことからすれば、(4) そのような時期に親族名称が成立し、有史以降にも継続して用いられることになった可能性も考えられる。あるいは、父系制が基本となった後に、母方の尊貴の差などが考慮されるようになるに及んで、母方の親族名称を細分化する必要性が生じたという可能性も考えられるかもしれない。

いずれにしても、通常の父方のオバを「姑」、母の姉妹のオバを「姨」と書き分けたり、アニヨメを「嫂」と表記する例などのように、国字ではなく、漢字に該当する字があって訓を充てていることからすれば、父系制を規範とする中国の親族名称とそれほど大差はなかったと考えられる。であるならば、親族名称にあまりこだわりすぎる必要性もないだろう。

本書はこれらの親族論に深入りすることはしないが、全時代的に盛んに論じられる「家」や「家族」という問題は当然射程に入れるべき事項である。(5) 氏は「家」を内包するからであり、むしろ家族史研究者も氏へ照射する視点を持つ必要がある。以下、見通しを簡単に述べておく。

「家」は本書で描出した氏の構造のそれぞれの核となる問題である。古代においては、血縁親族である「家」が氏に包括されるという関係を解消せずに、中世的な「家」の形成へと繋がっていくことになると想定される。中世においては、家父長制的な「家」の上位にさらに惣領が存在するようになり、「家」の中にも屋号を加えて判別したり、また別の家名を称するようになっていく。

また、血縁親族の家が氏により包括されるという関係を解消せずに、中世的な「家」の形成に繋がることになることも想定される。氏族と大いに重なる問題ではあるが、財産と相続という視角から考察していく必要があるので、この点は今後の課題としておきたい。

「家」や「家族」の上位に、本姓（氏姓）として古代以来の氏が意識されていた。戦国時代であれ、江戸時代であれ、武家が系図を改変して出自を偽ることや、養子関係などを駆使して改氏姓を行うことがあるが、この点から見ても疑いなく氏姓制の影響を知ることができるのである。

この傾向は、明治維新における下級武士出身の功労者らにも見られる。そして、明治二年（一八六九）の華族制によって、古代ほどではないものの、氏姓が再び強く意識されることとなった。加えて、朝廷が発給する正式な文書には一貫して本氏姓が記された。この華族制は、第二次世界大戦敗戦後の法制度の改変にともない廃止されるまで存続した。

以上のことからすれば、氏姓制はやや形骸化するとはいえ、古代以来日本の固有法として、少なくとも為政者層において一貫して意識されていたと言えるのである。また、江戸時代に農民も名字を隠し称した例、帰農していた武士が明治時代に四民平等に基づき再び以前の名字を名乗る例、同じ契機にすでに存在する名字にあやかって農民が戸籍登載する例などから窺うと、より下位の人々にも名字という面での氏姓制の影響を指摘できるのではなかろうか。名字に本氏姓の一部である「藤」を用いる伊藤・江藤・加藤・後藤・近藤・斎藤などはその好例であろう。

名字については別に考察も必要なのでこれ以上立ち入らないが、名字の研究の上位に氏姓制が位置することから、少なくとも氏姓制の全時代的な存在を指摘することはできただろう。

註

（1）例えば、石井良助『法律学演習講座　日本法制史』（青林書院、一九五四年）・金沢理康『法制史論集』（成文堂、一九七八年）・瀧川政次郎『日本法制史』（有斐閣、一九二八年）・中村吉治『家の歴史』（人間選書一八、農山漁村文化協会、一九七八年）・牧健二『日本法制史論』上、（弘文堂書房、一九二九年）などが挙げられる。ただし、氏姓を社会階級として捉えている論考もあり、その内実はより政治的な問題である点に注意しなければならない。この点は本書で述べた「氏」の性格から明らかだろう。

（2）本書第一章の註（60）・（61）で掲示した田中良之・清家章らの成果が主なものである。

（3）系譜・戸籍などから双系制を論じる近年の研究には以下のものがある。
官文娜『日中親族構造の比較研究』思文閣出版、二〇〇五年・田中禎昭「日本古代における在地社会の「集団」と秩序」『歴史学研究』六七七、一九九五年・義江明子『日本古代の氏の構造』吉川弘文館、一九八六年。

「儀制令」五等親条を中心に双系制を論じる近年の研究には以下のものがある。

成清弘和『日本古代の王位継承と親族』岩田書院、一九九九年・同『日本古代の家族・親族―中国との比較を中心として―』岩田書院、二〇〇一年。

（4）今井尭「古墳時代前期における女性の地位」『歴史評論』三八三、一九八二年・同「原始古代の女性と戦争」『歴史評論』五五二、一九九六年・清家章「女性首長と軍事権」『待兼山論叢』三二、一九九八年・同「古墳時代女性首長の出産歴」『ＥＣＯＳＯＰＨＩＡ』九、二〇〇二年。

（5）例えば、関口裕子・鈴木国弘・大藤修・吉見周子・鎌田とし子『日本家族史』（梓出版社、一九八九年、古代は関口裕子執筆）、関口裕子・服藤早苗・長島淳子・早川紀代・浅野富美枝『家族と結婚の歴史』（森話社、一九九八年、古代は関口裕子執筆）などが挙げられる。

あとがき

本書は、二〇〇七年度に明治大学大学院に提出した博士論文を基に大幅に加筆修正したものである。ここで、初めて単著を上梓することができた経緯を簡単に述べさせていただきたい。

高校時代まで日本史は趣味の一つであり、もっぱら野球に打ち込んでいた。一年の浪人生活を経て明治大学文学部に進学すると野球をあきらめ（草野球サークルを作って学部生時代はプレイしていたが）、日本史で身を立てていきたいと考えるようになった。入学後、同学年の日本史専攻有志で「究史会」という日本史サークル（公認）を立ち上げた。各自の関心により時代ごとに分かれて研究報告を行う活動だったが、漠然と戦国史に興味のあった私は、そのとき誘われるままに古代史に属することになった。この流れで、大学二年生の専門の時代選択を兼ねたプロゼミでも古代史を選択した。かくして私は、現在まで古代史を専門とすることになったが、今振り返ってみれば、このときの選択はとても大きなジャンクションであったと思う。

学部生時代には吉村武彦先生に、『日本書紀』『続日本紀』を中心とした各講義・演習、そして卒業論文の指導を受けた。社会科好きから日本史好きへ、中でも藤原氏に関心を持って、中学生時代の興味の対象となった名字や氏族への関心を突き詰めていった。結果、三年生の頃より興味を持った氏族の論点の一つである改賜氏姓について卒業論文で取り上げた。引き続き修士論文では「氏」の構造と実態をテーマとし、氏姓制が本書へと継続する研究課題となったのである。

博士後期課程の修了年限をオーバーすると、文学部助手や古代学研究所のリサーチ・アシスタントなど、吉村先生には公私に渉る援助を受けた。古代学研究所での活動は、当初は『令集解』を、二年目より文字瓦を担当することになった。名前を掲示することは控えるが、ここでの活動を通じて、また新たな出会いを得るとともに学問的視野が広がった。以上のように、吉村先生には学部生時代以来、博士論文執筆の指導とその主査の労をとっていただくなど多大なる学恩を受けている。

学部二年生のプロゼミでは、加藤友康先生の『続日本紀』の演習を受講した。加藤先生にはその年の暮れ、吉川弘文館で国史大系購入の便宜を図っていただいたことを鮮明に記憶している。また、明治大学大学院では聴講生時代も含めて『小右記』の演習を受講し、古記録を懇切丁寧に読み解くことを教えていただいた。

二〇〇〇年の四月から明治大学大学院博士後期課程に進学した。学部生時代と同じく吉村先生に師事し、加藤先生と佐藤和彦先生の『東寺百合文書』の輪読、さらに平安時代の各種史料を用いた田島公先生の演習に参加した。また、駿台史学会での活動をはじめ、お世話になっていた上杉和彦先生にも副査の労をとっていただき、佐々木憲一先生には英文の推敲などでもお世話になった。

ところで、私は一年の聴講生生活を経て修士課程は法政大学大学院へと進学した。当時は夜間で三年コースだったが、充実した期間だった。同課程では、中野栄夫先生のゼミに属し、柴辻俊六先生の『戦国遺文』の演習とあわせて、古文書を実際に手に取りながら学ぶ機会を得た。

この他にも、法政大学大学院では多くの方々の学問に接して啓発された。東洋史の堀敏一先生には『隋書』琉球伝や渤海関係史料の読解の術を教わった。古代史では、阿部猛先生の『北山抄』の演習を受講した。古記録と儀式という、私にとっては新たな関心を持つことができたこともさることながら、学問的な視野が広がりとても有益だった。さらに、授業のみならず、事典の執筆機会などを与えていただくことによって、多面的に勉強することができたことに対しても感謝の念を禁じ得ない。
また、佐藤信先生のゼミにはとても刺激を受けた。各年度で様々な史料を用い、バラエティーに富んだ学習をさせていただいた。佐藤先生の丁寧なご指導だけではなく、先輩方に加え、伊藤循・菊地照夫・斎藤融・戸川点・丸山理の学兄諸氏が参加され、非常に高レベルな議論が行われた。修士一年の頃には発表中に知恵熱が出たことも何度かあったことを記憶しているが、発表に際しての打たれ強さや自分の考えを的確に表すことの大事さも学んだ。修士課程の修了後もゼミに参加し、引き続き研鑽を積ませていただいた。その他にも、佐藤先生には研究会活動などにおいて様々な便宜を図ってくださった上に、博士論文の副査の労をもとっていただき、感謝してもし尽くせないほどの学恩を賜った。

授業外でも歴史学研究会や、あたらしい古代史の会、古代史サマーセミナー、木簡学会などの研究会へ参加し、多くの研究に触れることで蒙を開かれた。そもそも、授業外での研究会は学部二年の末から参加した『令義解』研究会が最初である。博士前期課程の院生が学部生を指導するという形式の勉強会であり、今なおお連綿と続いている。この『令義解』研究会において、多くの先輩に法制史料読解の手ほどきを受けることができた。中でも、河内春人・服部一隆の両先輩には、現在に至るまで学内外でお世話になっている。また、名前は挙げないが、ゼミでの同輩や後輩にも多くの刺激を受けるとともに、自らの学究姿勢を見つめ直す機会を与えられた。その意味では、明治大学大学院では常に切磋琢磨の状態であった。これも、私の学問形成に多大な影響を与えた。

既発表論文と同様に、本書中では敬称を省略したが、末尾ながらその非礼をお詫びさせていただく。
上述のように、各恩師と学兄をはじめ「究史会」などで得た友人によって学問的にも人間的にも成長させていただいた。性格や学問姿勢に難がある私を、暖かくご指導を賜った皆様に改めて感謝申し上げる。本書をなすことができたのも以上のような学恩の賜物と考える次第である。

そして、本書刊行の機会を与えてくださった代表取締役社長の八木壮一氏をはじめとする八木書店の方々にお礼申し上げる。前述のように、本書を成すにあたり大幅に加筆修正を行ったが、博士論文提出までに多くの時間を費やしてきたにもかかわらず、その後一年で本書を刊行するところまでこぎつけたのは、八木書店出版部の恋塚嘉氏の叱咤激励のお蔭である。

恋塚氏とは「究史会」結成時に古代史に誘われたという間柄でもある。誕生日が二日違いということもあってか、学問的にも良きライバルであった。ゼミナール活動や『令義解』研究会などでも、第一に鎬を削る学友でもあった。根気強く推敲していただき、本書が意味のとおる文になっているとしたならば、それはまったくもって恋塚氏のお蔭である。ここに明記し、感謝の意を表したい。

最後に、遅々として研究や就職などが進展しない私を暖かく見守り、かつ支援してくれた父義広と母啓子、そして弟の平に感謝し、本書を捧げることをお許し願いたい。

二〇〇九年四月十六日

著者識

索　引

一，本索引は，神名・氏族名（人名），事項，史料名，研究者名からなる。
一，配列は五十音順とした。
一，→で参照先を示した。
一，頻出する「氏姓」「氏姓制」「天皇」は立項を省略した。

神名・氏族名（人名）

【あ】

【か】

【さ】

【ま】

【や】

【わ】

事　項

【あ】

【か】

【さ】

【た】

【な】

史料名

【た】

【な】

【わ】

研究者名

【あ】

【か】

【さ】

【た】

【な】

【著者】中村 友一（なかむら ともかず）

〔略歴〕

1972 年　埼玉県北本市に生まれ，北葛飾郡杉戸町で育つ
1996 年　明治大学文学部史学地理学科日本史学専攻卒業
2000 年　法政大学大学院人文科学研究科修士課程修了
2008 年　明治大学大学院文学研究科博士後期課程博士号取得（史学）
現　在　明治大学日本古代学教育センター研究推進員

〔論文〕

「河田町史」（『新宿区河田町遺跡』第 5 章，新宿区河田町遺跡調査団，2000 年）
「「上月系図」について」（『季刊 ぐんしょ』58，2002 年）
「『令集解』跡記の再検討―「足云」を中心に―」（『文化継承学論集』1，2005 年）
「日本古代氏姓の成立とその契機」（『歴史学研究』827，2007 年）
「龍角寺関連文字瓦の釈読」（『房総と古代王権―東国と文字の世界―』吉村武彦・山路直充編，高志書院，2009 年）

日本古代の氏姓制《しせいせい》

2009 年 5 月 14 日　初版第一刷発行　　定価（本体 9,800 円＋税）

著　者　中　村　友　一
発行者　八　木　壯　一
発行所　株式会社　八　木　書　店
〒101-0052 東京都千代田区神田小川町 3-8
電話 03-3291-2961（営業）
03-3291-2969（編集）
03-3291-6300（FAX）
E-mail pub@books-yagi.co.jp
Web http://www.books-yagi.co.jp/pub

印　刷　上毛印刷
製　本　牧製本印刷
用　紙　中性紙使用
装　幀　大貫伸樹

ISBN978-4-8406-2036-9